塑性力学引论

（第二版）

李铀 著

科学出版社

北京

版权所有，侵权必究

举报电话：010-64030229，010-64034315，13501151303

内 容 简 介

工程结构或构筑物在受载过程中，常有局部或整体应力超出弹性范围进入塑性状态的情况，塑性力学就是专门研究材料进入塑性状态后应力应变与位移分布规律的一门科学，但传统塑性力学理论（增量理论和全量理论）发展与应用面临很大困难．本书引入了新型本构关系——弹性应变与塑性应变相互关系，重点介绍了作者在塑性力学理论和应用研究方面取得的重大进展——弹塑性折线理论及其应用成果．

本书在第一版的基础上增补了新的研究成果，全书共分 10 章，内容包括：绪论，笛卡儿坐标张量简介，应力分析，应变分析，本构关系，屈服条件、加载条件与加卸载准则，塑性力学问题的求解方法，塑性力学传统方法存在的问题与解答分析，弹塑性折线理论的重要结论与典型问题解答，工程应用专题——圆形巷道应力场与相关问题．

本书可供力学、土建结构、船舶、航空、金属加工、机械等专业师生及相关科技人员学习和参考．

图书在版编目(CIP)数据

塑性力学引论/李铀著.—2版.—北京：科学出版社，2018.8
ISBN 978-7-03-058109-9

Ⅰ.①塑⋯ Ⅱ.①李⋯ Ⅲ.①塑性力学 Ⅳ.①O344

中国版本图书馆 CIP 数据核字(2018)第 134210 号

责任编辑：冯贵层　王　晶／责任校对：董艳辉
责任印制：赵　博／封面设计：彬　峰

科学出版社 出版
北京东黄城根北街 16 号
邮政编码：100717
http://www.sciencep.com

北京凌奇印刷有限责任公司印刷
科学出版社发行　各地新华书店经销

*

开本：787×1092　1/16
2018 年 8 月第 一 版　印张：12 3/4
2025 年 1 月第四次印刷　字数：295 000

定价：48.00 元
（如有印装质量问题，我社负责调换）

第二版前言

本书第一版出版发行后,相关研究又取得了一些新进展.修订出版第二版的目的主要在于补充介绍这些新进展.补充的主要内容有:

(1) 第5章5.6节补充了材料强度判据研究新成果.

(2) 第一版中第9章9.1节"杆系结构的弹塑性分析"不是应用弹塑性折线理论的基本方程组求解的,最新成果可完全依据弹塑性折线理论的基本方程组进行求解,所以重写了该节,并在本书中调整为9.6节.

(3) 增加了第10章"工程应用专题——圆形巷道应力场与相关问题".

第二版还进行一些调整与修正,主要有:

(1) 塑性力学理论新体系统一了弹性力学与塑性力学的基本方程组,也能用于求解弹性力学问题,参考传统塑性力学增量理论和全量理论的命名方法,本书将其命名为弹塑性折线理论.

(2) 调整了第一版一些章节的顺序:第一版第7章7.4节部分内容调至本书第8章8.8节;第一版第9章9.4～9.7节调整为本书的9.2～9.5节.

(3) 修正了第一版的一些笔误.

此外,感谢国家自然科学基金项目(51474251)、湖南省科技计划(2014SK3226)、"十二五"国家科技支撑计划(2012BAF14B05)等项目对本书出版与研究工作的支持,也感谢饶秋华教授、黄方林教授、郭少华教授、刘静副教授等同事们的支持与有益讨论.

重印补充说明:弹塑性折线理论及其应用已于2019年5月通过湖南省力学学会组织的鉴定,结论为成果属原始创新、优于传统塑性力学理论、国际领先.

李 铀

2018年4月于长沙

第一版前言

物体受力后会产生变形,受力较大时会产生不可恢复的变形——塑性变形,研究产生塑性变形时的物体力学响应特性,这包括物体的应力、应变和位移规律,是工程实践迫切需要解决的问题,这也就是塑性力学拟解决的问题.

一般认为,塑性力学理论的研究起源于1864年法国科学家特雷斯卡(Tresca)提出的最大剪应力屈服准则,至今已经历了一百多年的发展历程.在这一百多年的历程中研究人员取得了很多成果,例如逐渐形成了本书将介绍的传统塑性力学理论.传统塑性力学理论从形式上看是完善的,但实际上由于理论的方程组求解复杂且方程中包含有难以确定的东西,其解决实际问题的能力深受限制.初学者包括作者本人在最初学习传统塑性力学时,大多感觉它假设多、逻辑性不强、难学,已没有了弹性力学所具有的数学上的完美性.因此另辟蹊径,促进塑性力学的发展已形成共识.

作者自1984年开始学习传统塑性力学起,就致力于塑性力学理论的研究.1986年在第一次全国塑性力学会议上宣读了第一篇论文《材料弹性变形与塑性变形相互关系的探讨》,引进了本构关系研究的一个全新方向(该文后发表在《岩土力学》杂志1988年第3期上);1991年在中国科学院武汉岩土力学研究所学术年会上正式提出了塑性力学问题的一种新的求解方法(论文刊登在《岩土力学》杂志1992年第2/3期上).塑性力学问题求解新方法的重要特点是,新方法的基本方程组也能用于求解弹性力学问题,它使弹性力学理论与塑性力学理论的求解基本方程融为了一体,形成了统一的形式.由于新方法融合吸收了弹性力学的成熟理论,其求解过程比传统理论简洁,逻辑性也强,能求解一些传统理论难以求解的问题,使塑性力学理论及其应用取得了重大进展.

本书重点在于介绍作者建立的塑性力学问题求解新方法及其应用成果(个别内容为首次发表),为使读者较全面地了解塑性力学理论并方便比较新方法和传统理论方法,也介绍了传统塑性力学理论.传统塑性力学理论这一部分系参考后列有关参考书籍写作而成,在此就不对原书作者一一致谢了.

特别感谢中国科学院武汉岩土力学研究所所级科技计划项目(1991年(计)字第7号)、湖南省自然科学基金(04JJ6002)、湖南省科技计划项目(2007FJ3072)和中南大学科学研究基金(No.76163)对塑性力学新方法研究的资助.

衷心感谢中南大学研究生教育创新工程教材建设基金和中南大学土木建筑学院教材建设基金对本书出版的资助.

感谢陈至达教授、朱维申研究员、白世伟研究员、陈守义研究员在研究工作中给予的鼓励与支持.

感谢彭意高级工程师、叶梅新教授对本书写作的支持.

李 铀
2008年7月

目 录

第1章　绪论 ··· 1
　1.1　塑性力学的任务 ··· 1
　1.2　塑性力学的发展简况 ··· 2
　1.3　塑性力学的基本假定 ··· 3

第2章　笛卡儿坐标张量简介 ··· 5
　2.1　预备知识 ··· 5
　2.2　张量 ·· 7
　2.3　张量的代数运算 ··· 9
　2.4　张量识别定理 ·· 13
　2.5　张量的微分运算 ·· 14

第3章　应力分析 ··· 16
　3.1　基本概念 ··· 16
　3.2　一点的应力状态与应力张量 ·· 17
　3.3　任意斜截面上的应力 ·· 19
　3.4　主应力及应力（张量）不变量 ·· 19
　3.5　最大、最小正应力和最大剪应力 ·· 21
　3.6　偏应力张量及其不变量 ·· 23
　3.7　平衡方程 ··· 25

第4章　应变分析 ··· 27
　4.1　位移和应变 ··· 27
　4.2　坐标变换 ··· 30
　4.3　一点的应变状态 ··· 32
　4.4　主应变和应变不变量 ·· 34
　4.5　变形协调方程 ·· 35
　4.6　偏应变及其不变量 ·· 37

第 5 章 本构关系 ··· 38
- 5.1 概述 ··· 38
- 5.2 基本实验结果 ··· 38
- 5.3 弹塑性变形的物理基础 ··· 45
- 5.4 应力应变本构关系 ··· 48
- 5.5 弹性应变与塑性应变之间的关系 ··· 55
- 5.6 依据弹性应变和塑性应变相互关系导出的强度判据 ··· 66

第 6 章 屈服条件、加载条件与加卸载准则 ··· 69
- 6.1 一维问题的屈服条件、加载条件与加卸载准则 ··· 69
- 6.2 复杂应力状态的屈服条件 ··· 70
- 6.3 几个常用的屈服条件 ··· 74
- 6.4 屈服条件的实验验证 ··· 79
- 6.5 复杂应力状态的加载条件与加卸载准则 ··· 83

第 7 章 塑性力学问题的求解方法 ··· 88
- 7.1 塑性力学问题的求解基本方程组 ··· 88
- 7.2 塑性力学问题求解的传统理论方法 ··· 89
- 7.3 塑性力学问题求解的新方法——弹塑性折线理论 ··· 95
- 7.4 弹塑性问题基本定理 ··· 108

第 8 章 塑性力学传统方法存在的问题与解答分析 ··· 111
- 8.1 塑性力学传统方法存在的问题 ··· 111
- 8.2 简单桁架的弹塑性分析 ··· 113
- 8.3 加载路径对简单桁架应力应变状态的影响 ··· 116
- 8.4 几何非线性的影响 ··· 120
- 8.5 矩形截面梁的弹塑性弯曲 ··· 121
- 8.6 理想弹塑性材料厚壁圆柱筒的弹塑性分析 ··· 127
- 8.7 塑性平面应变问题的近似求解方法 ··· 135
- 8.8 理想刚塑性体极限分析与上、下限定理 ··· 138

第 9 章 弹塑性折线理论的重要结论与典型问题解答 ··· 141
- 9.1 引言 ··· 141
- 9.2 两类边界条件下弹塑性应力场的重要结论 ··· 141

9.3	残余应力问题	143
9.4	断裂力学中的应力强度因子问题	144
9.5	弹塑性问题应力场表达式与弹性模量的关系	147
9.6	杆系结构弹塑性分析	149
9.7	弹塑性纯弯曲梁的求解	163
9.8	半空间体在水平边界上受均布压力	167
9.9	塑性力学问题的一种近似解法	171

第10章 工程应用专题——圆形巷道应力场与相关问题 ... 175

10.1	引言	175
10.2	圆形巷道围岩弹塑性应力场已有结果与问题分析	175
10.3	基于弹塑性折线理论的圆形巷道弹塑性应力场解析解	177
10.4	基于弹塑性折线理论的圆形巷道弹塑性应力场数值解	178
10.5	圆形巷道破损区估算	184
10.6	地层残余强度、支护设计压力与破损区近似关系	185
10.7	圆形巷道围岩应力扰动区	188

参考文献 ... 191

第1章 绪 论

1.1 塑性力学的任务

众所周知,物体受外力作用后形状会有所变化,即有变形.当所受外力较小时,随着外力的除去,已产生的变形能够完全恢复;但当外力大到一定程度后,再除去外力,产生的变形并不会完全恢复,而会保留一部分"残余变形".在这个过程中,可恢复的变形称为"弹性变形",不能恢复的"残余变形"则称为"塑性变形".当物体在外力作用下产生的变形均是可恢复的弹性变形时,可用弹性力学的理论和方法来研究确定这种状态下物体的应力应变及位移规律;而当产生了塑性变形时,弹性力学便无力解决了,这时的问题属于塑性力学的研究范畴.塑性力学是固体力学的一个分支,它的主要任务就是研究固体发生塑性变形后的应力应变和位移规律.

固体材料的塑性变形性质既与所研究材料的本身性质有关,又与外界条件如温度、工作过程的持续时间等相关.例如,在常温条件下,钢材和各种高强度合金的塑性变形与时间无关,但在高温条件下,维持载荷不变,它们的塑性变形仍会随着时间的延续而增大,这种与时间相关的变形称之为"蠕变";当材料受到高速载荷作用时,例如子弹的冲击、烈性炸药的爆炸作用等,材料本身的弹塑性性质将与高速载荷相关,这时,载荷与时间均是产生塑性变形的主导因素.要同时研究所有产生塑性变形的相关的因素,会使塑性力学这门课程因涉及的因素太多而非常复杂,因此,通常意义下的塑性力学仅研究与时间无关的塑性状态应力应变和位移规律,这也就是本书要介绍的内容.而与时间相关的问题另有专门课程,例如"塑性动力学""爆炸力学""流变力学"等进行研究.

塑性力学是一门理论性很强、应用范围很广的学科,它既是基础学科又是技术学科.塑性力学的产生与发展与工程实践的需求是密不可分的.工程中存在的实际问题,如构件上开有小孔,在小孔周边附近区域会产生"应力集中"现象,导致局部产生塑性变形;地下工程开挖会使开挖面周边围岩局部进入塑性状态;又如杆件、薄壳结构的塑性失稳问题,金属的压力加工问题等,均是因产生塑性变形而超出了弹性力学的范畴,需要用塑性力学理论来解决的问题.另一方面,塑性力学能为更有效地利用材料的强度并节约材料、金属压力加工工艺设计等提供理论依据.正是这些广泛的工程实际需要,促进了塑性力学的发展.

1.2 塑性力学的发展简况

金属材料产生塑性变形后的应力应变和位移规律研究,作为一门独立的学科距今已有一百多年的历史,一般认为它始于 1864 年特雷斯卡(Tresca)公布关于冲压和挤压的初步实验报告,这一报告提出了最大剪应力屈服准则. 1870 年,圣维南(Saint-Venant)应用 Tresca 屈服准则计算了理想塑性圆柱体受扭转或弯曲时的弹塑性应力,并建立了二维流动平面应变方程式;同年,莱维(Levy)推广了圣维南的工作,列出了三维情况下的方程式. 此后,塑性力学的发展在一段时间里相对较缓慢,直到 1909 年,哈尔(Haar)和冯·卡门(T. Von Kármán)才从某些变分原理出发建立了塑性理论方程式.

在 20 世纪初,人们已通过实验研究工作总结提出了多种屈服准则. 不过对比研究表明,其中较令人满意的还是米泽斯(Mises)在 1913 年提出的屈服准则,同时 Mises 还提出了类似于 Levy 的方程. Mises 的屈服准则及应力应变关系发表以后,引起强烈反应. 1924 年,亨基(Hencky)采用 Mises 屈服准则提出另一理论,用于解决塑性微小变形问题; 1926 年,洛德(Lode)证实了 Levy-Mises 应力应变关系在一级近似下是准确的; 1930 年,罗伊斯(Reuss)依据普朗特(Prandtl)的观点,考虑弹性应变分量后,将 Prandtl 所得二维方程式推广到了三维; 1937 年,那达依(Nadai)研究了材料的加工硬化,建立了大变形情况下的应力应变关系; 1943 年,依留辛(Ильюшин)的"微小弹塑性变形理论"问世,由于计算方便而很受欢迎; 1949 年,巴道夫(Batdorf)和布第扬斯基(Budiansky)从晶体滑移的物理概念出发提出了滑移理论.

1950 年前后,学者们曾应用塑性势理论,讨论了满足德鲁克(Drucker)假定的屈服条件及与之相联系的一般应力应变关系; 1953 年,考依特(Koiter)和普拉格(Prager)提出了与 Tresca 屈服条件相关联的流动法则,这给极限分析带来了很大的方便. 20 世纪 50 年代,塑性力学的研究在许多国家得到重视,那一时期开展了大量的理论和实验研究工作. 20 世纪 60 年代,由 Drucker 和 Prager 针对三维应力状态提出的极值原理,导出了上限及下限定理,使结构承载能力的研究取得了进展.

以上介绍的工作主要是针对金属材料的,岩土材料与金属材料相比有如下更加复杂的强度特性和变形特性:

(1) 岩土材料系由颗粒材料堆积或胶结而成,其强度和变形特性与颗粒材料界面或胶结面的摩擦特性(内聚力、内摩擦角及界面压应力)相关,表现形式为岩土材料抗剪强度和刚度在一定范围内随压应力的增大而增大. 这种特点称为岩土材料的压硬性.

(2) 岩土材料的体积应变与剪应力有关,这一特点称为剪胀性(或剪缩性).

(3) 岩土材料的剪应变与平均应力相关.

(4) 静水压力可引起塑性体积变化.

(5) 岩土材料的弹性模量随塑性变形发展而减小,称为弹塑性耦合. 而金属材料的弹性模量与塑性变形无关,称为弹塑性不耦合.

由于岩土材料有上述不同于金属材料的特点,在研究其塑性性质时,相关表述与金属材料有所差异,如岩土材料的剪切屈服与破坏必须考虑平均应力及岩土材料的内摩擦,因而它们必须采用不同于金属材料的屈服准则、破坏准则和本构关系等.

文献表明,针对岩土类介质材料塑性性质的研究起源很早.例如,1773 年,库仑(Coulomb)提出了土质破坏条件,其后推广为莫尔-库仑准则(Mohr-Coulomb);1857 年,兰金(Rankine)研究了半无限体的极限平衡,提出了滑移面概念;1929 年,费伦纽斯(Fellenius)提出了极限平衡法;1943 年,太沙基(Terzaghi)等人发展了 Fellenius 的理论,用来求解土力学中的各种稳定问题,其后陈惠发(W. F. Chen)等人又在发展土的极限分析方面做过许多工作.不过,上述工作没有考虑材料的应力应变关系,一般只局限于求解岩土类材料的极限承载力,因而有一定的局限性.

随着传统塑性力学、近代土力学、岩石力学及有限元法等数值计算方法的发展,岩土材料塑性性质的研究也随之发展.1957 年,德鲁克等人首先指出平均应力或体应变会导致岩土材料产生体积屈服,因而需要在 Mohr-Coulomb 的锥形空间屈服面上再加上一族帽形的屈服面.1958 年,英国剑桥大学的罗斯科(Roscoe)及其同事提出了土的临界状态概念,1963 年又提出了剑桥黏土的弹塑性本构模型.自 20 世纪 70 年代前后至今,岩土材料本构模型的研究十分活跃,一直处于百花齐放、方兴未艾的阶段.

随着塑性力学的发展,上面介绍的一些早期研究成果有些已不适用,因此本书不再一一涉及.

1986 年,李铀提出了材料弹性应变和塑性应变之间相互关系的研究方向,这是材料本构方程研究的一个新方向.以此新型本构方程的研究为出发点,通过塑性力学问题求解基本方程组的分解,1991 年本书作者提出了塑性力学问题的求解新方法,参考传统的塑性增量理论与全量理论命名方法,2016 年该新方法被命名为塑性折线理论.塑性折线理论的一个重要特点是,新方法的基本方程组也能用于求解弹性力学问题,它使弹性力学与塑性力学的求解基本方程融为了一体,形成了统一的形式.考虑到塑性折线理论也能求解弹性力学问题这一特点,本书将其更名为弹塑性折线理论.弹塑性折线理论的求解过程比较简洁,能求解一些传统理论方法难以求解的问题,使塑性力学理论及其应用取得了重大进展.例如,在弹塑性应力场研究中取得了如下重要成果:当边界条件全为应力边界条件,或有位移边界条件但在塑性区边界上仅有零位移边界条件时,塑性力学问题的应力场表达式完全等同于把所讨论问题当成弹性问题求解所获得的应力场表达式等,这些将是本书的重点介绍内容.

1.3 塑性力学的基本假定

塑性力学和弹性力学都是固体连续介质力学的基本组成部分,因而它们有不少共同的东西,例如均将所研究的对象看成是均匀连续介质,都只考虑小变形问题等.因此弹性力学中的大部分基本概念和与材料性质无关的基本方程如平衡方程、几何方程、边界条件等,在塑性力学中仍然适用.塑性力学与弹性力学的主要区别在于本构关系的不同,弹性力学中本构关系(应力应变关系)遵循广义胡克定律,而塑性力学中的本构关系是一种非线性、非单值的关系,并且这种关系对于不同的材料、不同的加载过程表现都不一样.

由于塑性问题的规律很复杂,全部考虑所有影响因素存在很大困难,因此有必要根据材料的主要性质作出一些假设,忽略一些次要因素.传统塑性力学理论采用了以下假设:

(1) 材料是均质连续的,只产生小变形,而且是初始各向同性的.

(2) 塑性变形部分的体积变化为零,即体积变化是弹性的.因体积变化本身是微小的,有时也采用不可压缩的假设.

(3) 静水压力不影响屈服应力,也不引起塑性变形,只引起体积的弹性改变.在静水压力不太大的情况下,这个假设对金属和饱和土质是适用的,但对岩石一类材料是不符合实际的.

(4) 时间因素对塑性变形规律无影响,即不考虑蠕变、松弛效应及变形速度(应变速率)对塑性变形规律的影响.

(5) 材料的拉、压屈服应力相等.一般不考虑包辛格(Bauschinger)效应(第 5 章详细介绍).

(6) 只考虑稳定材料,即只考虑后面将提到的满足 Drucker 公设的材料(第 5 章详细介绍).

本书将重点介绍的弹塑性折线理论仍在发展中,目前可只采用上述假设中的(1)和(4).

第 2 章 笛卡儿坐标张量简介

2.1 预备知识

张量(tensor)这一术语最初是用来描述弹性介质各点应力状态的,后来发展成为力学和物理学的一个有力数学工具,目前力学方面的理论性文献都不同程度地使用了这一工具,所以本章简单介绍一下笛卡儿坐标张量.

由坐标原点和三条不共面的标架直线构成的坐标系称为直线坐标系,如果三条标架直线上的单位尺度相同,则称为笛卡儿坐标系,否则称为仿射坐标系.

笛卡儿坐标系又分为笛卡儿直角坐标系和斜角坐标系:三条标架直线互相垂直时为笛卡儿直角坐标系,否则为笛卡儿斜角坐标系.下面的讨论只针对笛卡儿直角坐标系.

通常习惯用 x,y,z 三个坐标值来定义笛卡儿直角坐标系中的一点,以后将用 x_1, x_2, x_3 来分别代表 x,y,z,并简记为 x_i $(i=1,2,3)$.类似地,用 i_j $(j=1,2,3)$ 表示三个坐标的单位矢量 $\boldsymbol{i}, \boldsymbol{j}, \boldsymbol{k}$.下标 j $(j=1,2,3)$ 称为自由指标,它可用其他字母替代.无限定时,下标的取值均是 1,2 或 3.

2.1.1 求和约定

在同一项中,如果某个下标重复出现两次,就表示要对这个指标从 1 到 3 求和.例如,算式中有一项 $A_i B_i$,下标 i 出现了两次,则应理解为

$$A_i B_i = A_1 B_1 + A_2 B_2 + A_3 B_3 \quad \left(=\sum_{i=1}^{3} A_i B_i\right)$$

又如 $C_{mn} D_n$,意义为

$$C_{mn} D_n = C_{m1} D_1 + C_{m2} D_2 + C_{m3} D_3 \quad m=1,2,3$$

式中:m 为自由指标,将其完全展开,则等同于

$$\left.\begin{array}{l} C_{1n} D_n = C_{11} D_1 + C_{12} D_2 + C_{13} D_3 \\ C_{2n} D_n = C_{21} D_1 + C_{22} D_2 + C_{23} D_3 \\ C_{3n} D_n = C_{31} D_1 + C_{32} D_2 + C_{33} D_3 \end{array}\right\}$$

以后我们称重复出现的下标 i 为约定求和指标,约定求和指标在展开式中不再出现,因此也称为"哑指标",哑指标的字母可以更换成其他字母而不影响结果.

2.1.2 克罗内克符号

δ_{ij} 称为克罗内克(Kronecker Symbol)符号,其定义为

$$\delta_{ij} = \begin{cases} 0, & i \neq j \\ 1, & i = j \end{cases}$$

由定义可知 $\delta_{ij} = \delta_{ji}$.

采用克罗内克符号和约定求和方法,可使复杂公式的书写和运算简捷化. 例如,单位矩阵可表示成

$$I = \begin{pmatrix} 1 & 0 & 0 \\ 0 & 1 & 0 \\ 0 & 0 & 1 \end{pmatrix} = \begin{pmatrix} \delta_{11} & \delta_{12} & \delta_{13} \\ \delta_{21} & \delta_{22} & \delta_{23} \\ \delta_{31} & \delta_{32} & \delta_{33} \end{pmatrix} = (\delta_{ij})$$

又在笛卡儿直角坐标系中,两单位矢量的点乘 $\boldsymbol{i}_i \cdot \boldsymbol{i}_j$ 可表示成

$$\boldsymbol{i}_i \cdot \boldsymbol{i}_j = \delta_{ij}$$

2.1.3 偏导数的下标记法

以后我们将记 $\dfrac{\partial f}{\partial x_i}$ 为 $f_{,i}$,记 $\dfrac{\partial^2 f}{\partial x_i \partial x_j}$ 为 $f_{,ij}$,下标中的逗号即为导数记号.

例如, $B_{ij,k}$ 意为 $\dfrac{\partial B_{ij}}{\partial x_k}$,又 $A_{i,i}$ 应理解为

$$A_{i,i} = \frac{\partial A_i}{\partial x_i} = \frac{\partial A_1}{\partial x_1} + \frac{\partial A_2}{\partial x_2} + \frac{\partial A_3}{\partial x_3}$$

2.1.4 置换符号 $\in_{ijk}$

置换(permutation)符号 $\in_{ijk}$ 其定义为

$\in_{ijk} = 1$,当 i,j,k 为 $1,2,3$ 的循环序列;

$\in_{ijk} = -1$,当 i,j,k 为 $1,2,3$ 的逆循环序列;

$\in_{ijk} = 0$,当 i,j,k 中有两个赋值相同时.

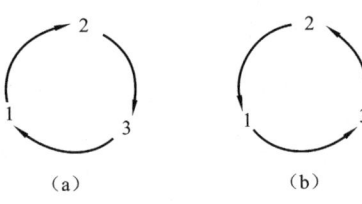

图 2-1 循环序列与逆循环序列

$1,2,3$ 的循环序列与逆循环序列可参见图 2-1,三个数字按图 2-1(a)顺时针转时,有 $1,2,3;2,3,1;3,1,2$;这种序列即称为循环序列,也称偶排列. 三个数字按图 2-1(b)逆时针转时,则为逆循环序列,也称奇排列,这时有 $1,3,2;3,2,1;2,1,3$.

利用置换符号可简化复杂表达式的书写,例如,可用置换符号表示三阶行列式的值

$$\begin{vmatrix} a_{11} & a_{12} & a_{13} \\ a_{21} & a_{22} & a_{23} \\ a_{31} & a_{32} & a_{33} \end{vmatrix} = a_{11}a_{22}a_{33} + a_{12}a_{23}a_{31} + a_{13}a_{32}a_{21} - a_{13}a_{22}a_{31} - a_{11}a_{23}a_{32} - a_{33}a_{12}a_{21}$$

$$= \in_{ijk} a_{i1} a_{j2} a_{k3} = \in_{ijk} a_{1i} a_{2j} a_{3k} \quad (i,j,k = 1,2,3)$$

第 2 章 笛卡儿坐标张量简介

2.2 张　　量

张量是由一组元素组成的一个整体,它在坐标变换时满足一定的关系. 为便于理解张量的定义,我们先介绍坐标轴旋转时空间一点的坐标变换关系.

2.2.1 坐标变换

参见图 2-2,图中两个坐标系原点相同,设原坐标系为 $Ox_1x_2x_3$,新坐标系为 $Ox_1'x_2'x_3'$,新旧坐标轴的夹角余弦示如表 2-1 所示.

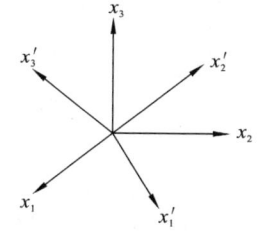

图 2-2　新旧坐标系示意图

表 2-1　新旧坐标轴的夹角余弦

	x_1	x_2	x_3
x_1'	β_{11}	β_{12}	β_{13}
x_2'	β_{21}	β_{22}	β_{23}
x_3'	β_{31}	β_{32}	β_{33}

研究一矢量 **P**,其始端在原点,终端在旧坐标系中的坐标为 x_i ($i=1,2,3$);在新坐标系中的坐标为 x_i' ($i=1,2,3$). 我们知道 x_i' 可用 x_i 表示成

$$x_1'=\beta_{11}x_1+\beta_{12}x_2+\beta_{13}x_3$$
$$x_2'=\beta_{21}x_1+\beta_{22}x_2+\beta_{23}x_3$$
$$x_3'=\beta_{31}x_1+\beta_{32}x_2+\beta_{33}x_3$$

进而可表示成

$$x_i'=\beta_{ij}x_j \tag{2-1}$$

反过来,x_i 也可用 x_i' 表示成

$$x_1=\beta_{11}x_1'+\beta_{21}x_2'+\beta_{31}x_3'$$
$$x_2=\beta_{12}x_1'+\beta_{22}x_2'+\beta_{32}x_3'$$
$$x_3=\beta_{13}x_1'+\beta_{23}x_2'+\beta_{33}x_3'$$

即

$$x_i=\beta_{ji}x_j' \tag{2-2}$$

由式(2-1)和式(2-2),可以导出一个很有用的关系式. 将式(2-2)改写成 $x_j=\beta_{kj}x_k'$ 代入式(2-1)有

$$x_i'=\beta_{ij}x_j=\beta_{ij}\beta_{kj}x_k' \tag{2-3}$$

展开式(2-3)有

$$\begin{aligned}
x'_i &= \beta_{i1}\beta_{k1}x'_k + \beta_{i2}\beta_{k2}x'_k + \beta_{i3}\beta_{k3}x'_k \\
&= \beta_{i1}(\beta_{11}x'_1 + \beta_{21}x'_2 + \beta_{31}x'_3) + \beta_{i2}(\beta_{12}x'_1 + \beta_{22}x'_2 + \beta_{32}x'_3) \\
&\quad + \beta_{i3}(\beta_{13}x'_1 + \beta_{23}x'_2 + \beta_{33}x'_3) \\
&= (\beta_{i1}\beta_{11} + \beta_{i2}\beta_{12} + \beta_{i3}\beta_{13})x'_1 + (\beta_{i1}\beta_{21} + \beta_{i2}\beta_{22} + \beta_{i3}\beta_{23})x'_2 \\
&\quad + (\beta_{i1}\beta_{31} + \beta_{i2}\beta_{32} + \beta_{i3}\beta_{33})x'_3
\end{aligned} \quad (2\text{-}4)$$

显然,当 $i=1$ 时,等式右侧第一项系数应等于 1,其余项系数应为 0,即应有

$$\beta_{11}\beta_{11} + \beta_{12}\beta_{12} + \beta_{13}\beta_{13} = \beta_{11}^2 + \beta_{12}^2 + \beta_{13}^2 = 1$$

$$\beta_{11}\beta_{21} + \beta_{12}\beta_{22} + \beta_{13}\beta_{23} = 0$$

$$\beta_{11}\beta_{31} + \beta_{12}\beta_{32} + \beta_{13}\beta_{33} = 0$$

当 $i=2$ 和 3 时,有类似的结果,综合起来,即

当 $i=k$ 时, $\beta_{ij}\beta_{kj} = 1$

当 $i \neq k$ 时, $\beta_{ij}\beta_{kj} = 0$

所以

$$\beta_{ij}\beta_{kj} = \delta_{ik} \quad (2\text{-}5)$$

类似地,还有

$$x_i = \beta_{ji}\beta_{jk}x_k \quad (2\text{-}6)$$

由式(2-6)有

$$\beta_{ji}\beta_{jk} = \delta_{ik} \quad (2\text{-}7)$$

2.2.2 张量的定义

张量元素的个数由空间的维数 N 及张量的阶数 n 决定,即它等于 N^n 个,在笛卡儿坐标系中,$N=3$,下面给出 $N=3$ 时各阶张量的定义.

1. 零阶张量

零阶张量元素个数为 $N^0 = 3^0 = 1$,它是坐标变换的不变量,即

$$f'(x'_1, x'_2, x'_3) = f(x_1, x_2, x_3) \quad (2\text{-}8)$$

这实际上是我们熟知的标量,是与坐标系无关的量.

2. 一阶张量

一阶张量元素个数为 $N^1 = 3^1 = 3$,设为 $T_i\ (i=1,2,3)$,当坐标轴旋转时,它的变换规律满足式(2-1)或式(2-2),即有

$$T'_i = \beta_{ij}T_j \quad (i=1,2,3) \quad (2\text{-}9)$$

或

$$T_i = \beta_{ji}T'_j \quad (i=1,2,3) \quad (2\text{-}10)$$

由定义可知,一阶张量即我们熟知的矢量.

3. 二阶张量

二阶张量元素个数为 $N^2=3^2=9$,用 T_{ij} $(i,j=1,2,3)$ 表示它,它们随坐标的变化规律为

$$T'_{ij}=\beta_{im}\beta_{jn}T_{mn} \quad (i,j,m,n=1,2,3) \tag{2-11}$$

或

$$T_{ij}=\beta_{mi}\beta_{nj}T'_{mn} \quad (i,j,m,n=1,2,3) \tag{2-12}$$

也可以这样来理解二阶张量变换系数的形成:有两个一阶张量 A_i 和 B_j 相乘,用 A_i 每一个分量与 B_j 每一个分量相乘,共得到 9 个元素,用 T_{ij} 表示张量 A_i 和 B_j 相乘的结果有

$$T_{ij}=A_iB_j \tag{2-13}$$

写成矩阵形式为

$$(T_{ij})=\begin{pmatrix} A_1B_1 & A_1B_2 & A_1B_3 \\ A_2B_1 & A_2B_2 & A_2B_3 \\ A_3B_1 & A_3B_2 & A_3B_3 \end{pmatrix}$$

当坐标变换时,

$$A'_i=\beta_{im}A_m \quad B'_j=\beta_{jn}A_n$$

所以

$$T'_{ij}=A'_iB'_j=\beta_{im}A_m\beta_{jn}B_n=\beta_{im}\beta_{jn}A_mB_n=\beta_{im}\beta_{jn}T_{mn}$$

两个一阶张量作上述张量乘积的运算也称为并矢.

4. n 阶张量

n 阶张量有 $N^n=3^n$ 个分量,可用 $T_{i_1i_2\cdots i_n}$ 表示,它随坐标的变换规律为

$$T'_{i_1i_2\cdots i_n}=\beta_{i_1j_1}\beta_{i_2j_2}\cdots\beta_{i_nj_n}T_{j_1j_2\cdots j_n} \tag{2-14}$$

或

$$T_{i_1i_2\cdots i_n}=\beta_{j_1i_1}\beta_{j_2i_2}\cdots\beta_{j_ni_n}T'_{j_1j_2\cdots j_n} \tag{2-15}$$

式(2-14)和式(2-15)中变换系数的来源也可按张量乘积的定义来理解,张量乘积的一般定义在下一节介绍.

为表示简单,$T_{i_1i_2\cdots i_n}$,$T'_{i_1i_2\cdots i_n}$ 后面有时会记为 T_{i_n},T'_{i_n}.

2.3 张量的代数运算

下面介绍的内容适用于各阶张量,现以黑体字笼统地表示张量,而不涉及其具体阶次,同时略去证明过程.

2.3.1 张量的恒等

如果两个同阶张量的每个对应分量都相等,则称这两个张量相等.

根据张量的定义可知,在某一坐标系下,若两个张量相等,则变换到任一坐标系下这两个张量也必相等,即若有 $\boldsymbol{A}=\boldsymbol{B}$,则必有 $\boldsymbol{A}'=\boldsymbol{B}'$.

2.3.2 张量的加减

只有同阶张量才可以相加减,加减结果仍是同阶张量. 若 $\boldsymbol{A},\boldsymbol{B}$ 是 n 阶张量,令其加减结果为

$$C = A \pm B$$

则 $\boldsymbol{C}$ 也是 n 阶张量.

由张量的恒等与加减规则我们可得如下结论:

若在某一笛卡儿直角坐标系中建立了张量方程

$$A - B = 0$$

则当坐标轴旋转时总有

$$A' - B' = 0$$

这表明张量方程在坐标变换时其形式不变. 进一步的研究表明,上述结论对任意坐标系都是正确的. 张量这一数学工具的重要性正在于此,它体现了这样的事实:任何物理规律都是客观存在的,与坐标系的选择无关. 而分量方程却不具有这一性质,在不同坐标系(如笛卡儿直角坐标系、柱坐标系、球坐标系等)中建立的分量方程各不相同. 例如,在弹性力学中我们建立了笛卡儿直角坐标系、柱坐标系、球坐标系中的以分量表示的平衡方程(这些方程在塑性力学中也适用),它们是各不相同的:

笛卡儿直角坐标系

$$\left.\begin{array}{l} \dfrac{\partial \sigma_x}{\partial x} + \dfrac{\partial \tau_{yx}}{\partial y} + \dfrac{\partial \tau_{zx}}{\partial z} + F_x = 0 \left(\rho \dfrac{\partial^2 u}{\partial t^2} \right) \\[6pt] \dfrac{\partial \tau_{xy}}{\partial x} + \dfrac{\partial \sigma_y}{\partial y} + \dfrac{\partial \tau_{zy}}{\partial z} + F_y = 0 \left(\rho \dfrac{\partial^2 v}{\partial t^2} \right) \\[6pt] \dfrac{\partial \tau_{xz}}{\partial x} + \dfrac{\partial \tau_{yz}}{\partial y} + \dfrac{\partial \sigma_z}{\partial z} + F_z = 0 \left(\rho \dfrac{\partial^2 w}{\partial t^2} \right) \end{array}\right\}$$

柱坐标系

$$\left.\begin{array}{l} \dfrac{\partial \sigma_r}{\partial r} + \dfrac{1}{r}\dfrac{\partial \tau_{\theta r}}{\partial \theta} + \dfrac{\partial \tau_{zr}}{\partial z} + \dfrac{\sigma_r - \sigma_\theta}{r} + F_r = 0 \left(=\rho \dfrac{\partial^2 u_r}{\partial t^2} \right) \\[6pt] \dfrac{\partial \tau_{r\theta}}{\partial r} + \dfrac{1}{r}\dfrac{\partial \sigma_\theta}{\partial \theta} + \dfrac{\partial \tau_{z\theta}}{\partial z} + \dfrac{2\tau_{r\theta}}{r} + F_\theta = 0 \left(=\rho \dfrac{\partial^2 u_\theta}{\partial t^2} \right) \\[6pt] \dfrac{\partial \tau_{rz}}{\partial r} + \dfrac{1}{r}\dfrac{\partial \tau_{\theta z}}{\partial \theta} + \dfrac{\partial \sigma_z}{\partial z} + \dfrac{\tau_{rz}}{r} + F_z = 0 \left(=\rho \dfrac{\partial^2 u_z}{\partial t^2} \right) \end{array}\right\}$$

球坐标系

$$\left.\begin{array}{l}\dfrac{\partial \sigma_r}{\partial r}+\dfrac{1}{r\sin\varphi}\dfrac{\partial \tau_{\theta r}}{\partial \theta}+\dfrac{1}{r}\dfrac{\partial \tau_{\varphi r}}{\partial \varphi}+\dfrac{2\sigma_r-(\sigma_\theta+\sigma_\varphi)+\tau_{\varphi r}\cot\varphi}{r}+F_r=0\left(=\rho\dfrac{\partial^2 u_r}{\partial t^2}\right)\\ \dfrac{\partial \tau_{r\theta}}{\partial r}+\dfrac{1}{r\sin\varphi}\dfrac{\partial \sigma_\theta}{\partial \theta}+\dfrac{1}{r}\dfrac{\partial \tau_{\varphi\theta}}{\partial \varphi}+\dfrac{3\tau_{r\theta}+2\tau_{\varphi\theta}\cot\varphi}{r}+F_\theta=0\left(=\rho\dfrac{\partial^2 u_\theta}{\partial t^2}\right)\\ \dfrac{\partial \tau_{r\varphi}}{\partial r}+\dfrac{1}{r\sin\varphi}\dfrac{\partial \tau_{\theta\varphi}}{\partial \theta}+\dfrac{1}{r}\dfrac{\partial \sigma_\varphi}{\partial \varphi}+\dfrac{3\tau_{r\varphi}+(\sigma_\varphi-\sigma_\theta)\cot\varphi}{r}+F_\varphi=0\left(=\rho\dfrac{\partial^2 u_z}{\partial t^2}\right)\end{array}\right\}$$

2.3.3 张量的乘积

若 A 是 m 阶张量，B 是 n 阶张量，则用 AB 表示它们的乘积，其定义为：用前一个张量的每一个分量与后一个张量的每一个分量相乘，共得到

$$3^m \cdot 3^n = 3^{m+n}$$

个元素，它们构成的是 $m+n$ 阶张量。

AB 各元素指标的书写规定为：先写前一个张量的指标，保持其顺序不变，再写第二个张量的指标，也保持其顺序不变。

例如，设 A,B 均是二阶张量，其分量分别为 A_{ij},B_{mn}，则 A 与 B 的乘积为四阶张量，用 T 表示，$T=AB$，T 的分量指标应书写成

$$T_{ijmn}=A_{ij}B_{mn}$$

张量的乘积具有如下性质：

(1) 张量乘积满足分配律，即

$$(A+B)C=AC+BC$$

(2) 张量乘积满足结合律，即

$$(AB)C=A(BC)$$

(3) 张量乘积不满足交换律，即

$$AB\neq BA$$

2.3.4 标量与张量的乘积

设 λ 为一标量，A 是 n 阶张量，则标量 λ 与张量 A 的乘积 λA 定义为用 λ 去乘 A 的每个分量，所得新的分量用 $B_{i_1 i_2 \cdots i_n}$ 表示，有

$$B_{i_1 i_2 \cdots i_n}=\lambda A_{i_1 i_2 \cdots i_n}$$

$B_{i_1 i_2 \cdots i_n}$ 构成一个新的 n 阶张量 B，

$$B=(B_{i_1 i_2 \cdots i_n})$$

2.3.5 张量的缩并

张量的缩并运算定义为:任一 n 阶张量($n>2$)的每个分量有 n 个自由指标,令其中的两个自由指标相同(重复)进行约定求和,而其余自由指标固定不变.

张量缩并后,得到一组具有 $n-2$ 个自由指标的元素,它们构成一个 $n-2$ 阶新张量.例如,对三阶张量 A_{ijk} 的后两个自由指标缩并得

$$A_{ijj}=A_{i11}+A_{i22}+A_{i33}$$

A_{ijj} 只有三个元素,为一阶张量,记为 B_i,它们为

$$B_1=A_{111}+A_{122}+A_{133}$$
$$B_2=A_{211}+A_{222}+A_{233}$$
$$B_3=A_{311}+A_{322}+A_{333}$$

由张量的缩并运算定义可知,缩并运算必需指明是对哪两个指标进行的,否则缩并运算的结果不是唯一的.

2.3.6 张量的内积

对张量 $\boldsymbol{A},\boldsymbol{B}$ 的乘积再进行一次缩并的联合运算,称为张量 $\boldsymbol{A},\boldsymbol{B}$ 的内积,记为

$$\boldsymbol{C}=\boldsymbol{A}\cdot\boldsymbol{B}$$

前面已说明,同一个张量对不同指标进行缩并,结果不同.为了使张量内积的结果唯一,对张量内积中的缩并运算我们有进一步的规定:缩并的两个指标为前一个张量的最后一个指标和后一个张量的第一个指标.

内积一般情况下不服从交换律,即

$$\boldsymbol{A}\cdot\boldsymbol{B}\neq\boldsymbol{B}\cdot\boldsymbol{A}$$

特殊情况如 $\boldsymbol{B}$ 是二阶张量,且 $B_{ij}=B_{ji}$ 时交换律成立.

$B_{ij}=B_{ji}$ 时,称张量 $\boldsymbol{B}$ 为二阶对称张量;$B_{ij}=-B_{ji}$ 时,则称张量 $\boldsymbol{B}$ 为二阶反对称张量.且有:一个二阶张量一定可以唯一地分解成一个二阶对称张量和一个二阶反对称张量.

证 若 $\boldsymbol{A}$ 是二阶张量,则 A_{ij} 可写成

$$A_{ij}=\frac{1}{2}(A_{ij}+A_{ji})+\frac{1}{2}(A_{ij}-A_{ji})$$

令

$$B_{ij}=\frac{1}{2}(A_{ij}+A_{ji}) \qquad C_{ij}=\frac{1}{2}(A_{ij}-A_{ji})$$

则有
$$B_{ij} = \frac{1}{2}(A_{ij} + A_{ji}) = \frac{1}{2}(A_{ji} + A_{ij}) = B_{ji}$$
$$C_{ij} = \frac{1}{2}(A_{ij} - A_{ji}) = -\frac{1}{2}(A_{ji} - A_{ij}) = -C_{ji}$$

所以(B_{ij})是二阶对称张量，(C_{ij})是二阶反对称张量.

2.4 张量识别定理

要判断一组元素是不是张量，依据定义要检查该组元素在坐标变换时是否满足特定的关系，而在实际工作中这样做常常是很麻烦、很复杂的. 下面将利用张量的线性变换关系导出张量识别定理.

设 A 是 m 阶张量，B 是 n 阶张量，若 A 的每一个分量都可以用 B 的所有分量的线性组合表示出来，且变换是齐次的，即有

$$A_{i_m} = T_{i_m j_n} B_{j_n} \tag{2-16}$$

则有 3^{m+n} 个变换系数的 $T_{i_m j_n}$ 可形成一个 $m+n$ 阶张量 T，称 T 是由 n 阶张量 B 到 m 阶张量 A 的线性变换.

先用实例说明一下张量线性变换的含义. 设 A 是一阶张量，B 是二阶张量，则上述由张量 B 到张量 A 的线性变换可表示成

$$A_i = T_{ijk} B_{jk}$$

即
$$\begin{aligned}
A_i &= T_{i1k}B_{1k} + T_{i2k}B_{2k} + T_{i3k}B_{3k} \\
&= T_{i11}B_{11} + T_{i12}B_{12} + T_{i13}B_{13} + T_{i21}B_{21} + T_{i22}B_{22} + T_{i23}B_{23} \\
&\quad + T_{i31}B_{31} + T_{i32}B_{32} + T_{i33}B_{33}
\end{aligned}$$

将 A_i 完全展开有
$$\begin{aligned}
A_1 &= T_{111}B_{11} + T_{112}B_{12} + T_{113}B_{13} + T_{121}B_{21} + T_{122}B_{22} + T_{123}B_{23} \\
&\quad + T_{131}B_{31} + T_{132}B_{32} + T_{133}B_{33} \\
A_2 &= T_{211}B_{11} + T_{212}B_{12} + T_{213}B_{13} + T_{221}B_{21} + T_{222}B_{22} + T_{223}B_{23} \\
&\quad + T_{231}B_{31} + T_{232}B_{32} + T_{233}B_{33} \\
A_3 &= T_{311}B_{11} + T_{312}B_{12} + T_{313}B_{13} + T_{321}B_{21} + T_{322}B_{22} + T_{323}B_{23} \\
&\quad + T_{331}B_{31} + T_{332}B_{32} + T_{333}B_{33}
\end{aligned}$$

共三个变换式子，每个式子均包含了张量 B 的每一分量，共有 9 项，所以 T_{ijk} 共有 $3^{1+2} = 27$ 个变换系数.

下面论证变换系数 $T_{i_m j_n}$ 是 $m+n$ 阶张量的分量.

证 因对 m 阶张量 $\boldsymbol{A}$，n 阶张量 $\boldsymbol{B}$，式(2-16) $A_{i_m}=T_{i_m j_n}B_{j_n}$ 成立，而在新坐标系中，等式两边的 A_{i_n}，B_{j_n} 因是张量，它们遵循如下变换规律：

$$A'_{i_1 i_2 \cdots i_m}=\beta_{i_1 k_1}\beta_{i_2 k_2}\cdots\beta_{i_m k_m}A_{k_1 k_2 \cdots k_m} \tag{2-17}$$

$$B_{l_1 l_2 \cdots l_n}=\beta_{j_1 l_1}\beta_{j_2 l_2}\cdots\beta_{j_n l_n}B'_{j_1 j_2 \cdots j_n} \tag{2-18}$$

将式(2-16)的下标改写成 $A_{k_m}=T_{k_m l_n}B_{l_n}$，即

$$A_{k_1 k_2 \cdots k_m}=T_{k_1 k_2 \cdots k_m l_1 l_2 \cdots l_n}B_{l_1 l_2 \cdots l_n}$$

代入式(2-17)和式(2-18)有

$$A'_{i_1 i_2 \cdots i_m}=\beta_{i_1 k_1}\beta_{i_2 k_2}\cdots\beta_{i_m k_m}T_{k_1 k_2 \cdots k_m l_1 l_2 \cdots l_n}B_{l_1 l_2 \cdots l_n} \tag{2-19}$$

$$=\beta_{i_1 k_1}\beta_{i_2 k_2}\cdots\beta_{i_m k_m}T_{k_1 k_2 \cdots k_m l_1 l_2 \cdots l_n}(\beta_{j_1 l_1}\beta_{j_2 l_2}\cdots\beta_{j_n l_n}B'_{j_1 j_2 \cdots j_n})$$

而式(2-16)的等号右侧在新坐标系中可表示成

$$A'_{i_1 i_2 \cdots i_m}=T'_{i_1 i_2 \cdots i_m j_1 j_2 \cdots j_n}B'_{j_1 j_2 \cdots j_n} \tag{2-20}$$

比较式(2-19)和式(2-20)可知，有

$$T'_{i_1 i_2 \cdots i_m j_1 j_2 \cdots j_n}=\beta_{i_1 k_1}\beta_{i_2 k_2}\cdots\beta_{i_m k_m}T_{k_1 k_2 \cdots k_m l_1 l_2 \cdots l_n}(\beta_{j_1 l_1}\beta_{j_2 l_2}\cdots\beta_{j_n l_n}) \tag{2-21}$$

$$=(\beta_{i_1 k_1}\beta_{i_2 k_2}\cdots\beta_{i_m k_m})(\beta_{j_1 l_1}\beta_{j_2 l_2}\cdots\beta_{j_n l_n})T_{k_1 k_2 \cdots k_m l_1 l_2 \cdots l_n}$$

依据张量的定义，可知 $T=(T_{i_m j_n})$ 是 $m+n$ 阶张量。

于是有**张量识别定理**：

若 $\boldsymbol{A}$ 是 m 阶张量，$\boldsymbol{B}$ 是 n 阶张量，且

$$A_{i_m}=T_{i_m j_n}B_{j_n}$$

恒成立，则 $\boldsymbol{T}$ 必是 $m+n$ 阶张量。

例如，因 $x_i=\delta_{ij}x_j$ 恒成立，而 x_i，x_j 是一阶张量，所以可知 δ_{ij} 是二阶张量。

2.5 张量的微分运算

在笛卡儿直角坐标系下，设张量分量在所定义的区域中是连续可微的，则张量的微分运算等于张量分量的直接微分。

例如，对于坐标变换式(2-2)的关系 $x_i=\beta_{ji}x'_j$ 有

$$\frac{\partial x_i}{\partial x'_j}=\beta_{ji}$$

又如，对一阶张量 $\boldsymbol{A}$ 有

$$A'_i=\beta_{ij}A_j$$

将上式对 x'_k 求偏导数有

$$\frac{\partial A'_i}{\partial x'_k}=\beta_{ij}\frac{\partial A_j}{\partial x'_k}=\beta_{ij}\frac{\partial A_j}{\partial x_m}\frac{\partial x_m}{\partial x'_k}=\beta_{ij}\beta_{km}\frac{\partial A_j}{\partial x_m}$$

在一般情况下，若 $\boldsymbol{A}$ 是 n 阶张量，即

$$A_{i_n} = A_{i_n}(x_1, x_2, x_3)$$

则其偏导数 $\dfrac{\partial A_{i_n}}{\partial x_k} = A_{i_n,k}$ 构成 $n+1$ 阶张量.

证 因 $\boldsymbol{A}$ 是 n 阶张量,所以有

$$A'_{i_1 i_2 \cdots i_n} = \beta_{i_1 j_1} \beta_{i_2 j_2} \cdots \beta_{i_n j_n} A_{j_1 j_2 \cdots j_n}$$

对上式微分有

$$dA'_{i_1 i_2 \cdots i_n} = \beta_{i_1 j_1} \beta_{i_2 j_2} \cdots \beta_{i_n j_n} dA_{j_1 j_2 \cdots j_n}$$

依据张量的定义可知 $d\boldsymbol{A}$ 是与 $\boldsymbol{A}$ 同阶的张量. 又 $d\boldsymbol{A}$ 可进一步表示成

$$dA_{i_n} = \frac{\partial A_{i_n}}{\partial x_k} dx_k = A_{i_n,k} dx_k$$

因 dx_k 是一阶张量, dA_{i_n} 是 n 阶张量,根据张量识别定理可知 $A_{i_n,k}$ 是 $n+1$ 阶张量.

第 3 章 应力分析

3.1 基本概念

3.1.1 外力

外力指的是我们熟知的机械力、电磁力等,物体因外力作用而变形.作用于物体的外力可分为体积力和表面力,它们分别简称为体力和面力.

体力是分布在物体体积内的力,例如重力和惯性力.一般来说,物体内各点所受体力各不相同,为了表述物体内某一点 P 所受体力的大小和方向,取一个包含点 P 的微元体,它的体积为 ΔV,见图 3-1.

设作用于 ΔV 上的体力为 $\Delta \boldsymbol{F}$,则称 $\Delta \boldsymbol{F}/\Delta V$ 为体力的平均集度.设体力为连续分布,命 ΔV 无限减小而趋于点 P,则 $\Delta \boldsymbol{F}/\Delta V$ 将趋于一极限,即

$$\boldsymbol{F} = \lim_{\Delta V \to 0} \frac{\Delta \boldsymbol{F}}{\Delta V} = F_i \boldsymbol{i}_i = F_x \boldsymbol{i} + F_y \boldsymbol{j} + F_z \boldsymbol{k} \tag{3-1}$$

式中:F_x, F_y, F_z 为体力沿三个坐标轴分量,我们规定它们与坐标轴的正向相同时为正,反之为负.

体力的量纲为[力][长度]$^{-3}$.

面力是分布在物体表面上的力,例如流体压力和接触力等.物体内各点所受面力一般也是各不相同的,为了表述物体表面某一点 P 所受面力的大小和方向,取包含点 P 的一微小表面区域,它的面积为 ΔS,见图 3-2.

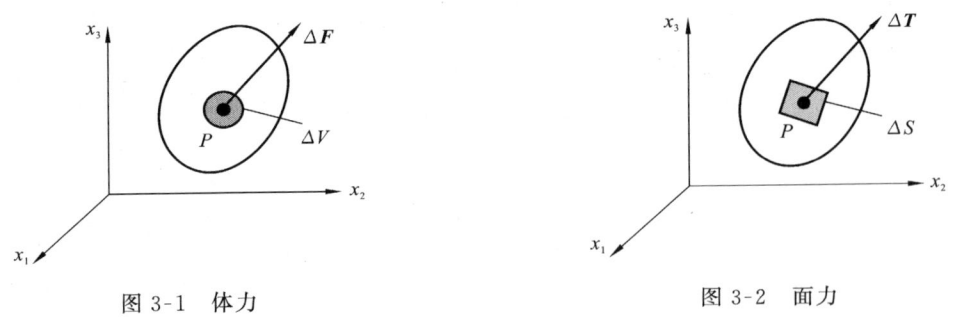

图 3-1 体力 　　　　　　图 3-2 面力

设作用于 ΔS 上的面力为 $\Delta \boldsymbol{T}$,则称 $\Delta \boldsymbol{T}/\Delta S$ 为面力的平均集度.设面力为连续分布,命 ΔS 无限减小而趋于点 P,则 $\Delta \boldsymbol{T}/\Delta S$ 将趋于一极限,即

$$\boldsymbol{T} = \lim_{\Delta S \to 0} \frac{\Delta \boldsymbol{T}}{\Delta S} = T_i \boldsymbol{i}_i = T_x \boldsymbol{i} + T_y \boldsymbol{j} + T_z \boldsymbol{k} \tag{3-2}$$

第 3 章 应力分析

式中:T_x, T_y, T_z 为面力沿三个坐标轴分量,我们也规定它们与坐标轴的正向相同时为正,反之为负.

面力的量纲为[力][长度]$^{-2}$.

3.1.2 内力和应力

物体由于外力的作用,内部将产生抵抗外力的力,即内力. 通常用应力这个概念来描述内力的大小.

如图 3-3 所示,物体内一点 P 的应力确定方法为:将物体沿任一过点 P 的假想截面(如图中含阴影区域 ΔS 的截面)截开,截面两侧区域分别用 V^+ 和 V^- 表示,相应截面的外法线用 v^+ 和 v^- 表示,取其任意一侧如图 3-4 所示,在截面上点 P 的邻近区域取微面积 ΔS,其上所受内力的合力设为 $\Delta \boldsymbol{P}$,则该截面上 P 点的应力定义为

$$\boldsymbol{p} = \lim_{\Delta S \to 0} \frac{\Delta \boldsymbol{P}}{\Delta S} \tag{3-3}$$

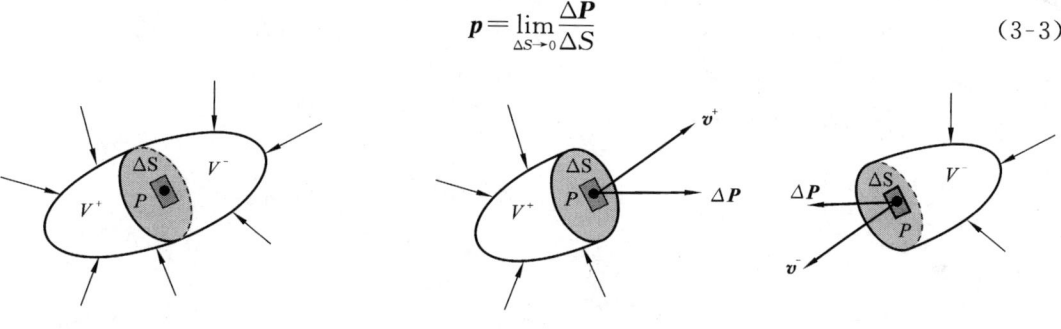

图 3-3　一点的应力　　　　图 3-4　用截面法确定应力

我们称式(3-3)表示的应力为全应力.

通常,将全应力 $\boldsymbol{p}$ 分解成两个分量:一个是沿截面法线 v 方向,该方向的分量称为正应力,并用 σ 表示;另一个是位于截面上的分量,称为剪应力(或切应力),用 τ 表示.

3.2　一点的应力状态与应力张量

很显然,上面介绍的确定点 P 应力的方法与通过该点的截面方位相关,通过点 P 的截面不同,按上面定义所确定的应力也将不同. 要确定点 P 的应力,我们需要确定过点 P 所有截面上的应力. 一点的应力状态就是指通过物体内一点的所有截面上的应力集合.

为确定一点的应力状态,我们通过该点截取一个微小的正六面体,如图 3-5 所示. 研究表

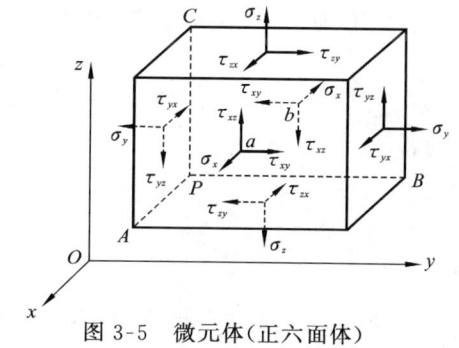

图 3-5　微元体(正六面体)

明:只要该正六面体六个面上的应力已知,过该点其他任意方向上的应力均可以确定下来(详见 3.3 节).

我们为图 3-5 的微小正六面体建立一坐标系,该六面体沿三个坐标轴方向的棱长设为 $\Delta x, \Delta y$ 和 Δz,同时把位于截面上的剪应力进一步分成两个分量:两个分量分别平行于与该截面法线垂直的两个坐标轴方向.

为了表明正应力的作用面和作用方向,用符号 σ 加上一个下标字母表示. 例如,作用在垂直于 x 轴的截面上且应力方向沿 x 轴方向的正应力用 σ_x 表示. 剪应力则用符号 τ 加两个下标字母表示,前一个字母表示与截面垂直的坐标轴,后一个字母表示与剪应力方向平行的坐标轴,例如,τ_{xy} 表示的是作用在垂直于 x 轴的截面上而沿着 y 轴方向作用的剪应力.

正应力与剪应力的正负号规定:如果某一个截面的外法线方向与坐标轴的正方向一致,这个截面称为正面,正面上的应力分量就定义为与坐标轴的正方向一致时为正,反之为负;相反,如果某一个截面的外法线方向与坐标轴的正方向反向,这个截面称为负面,负面上的应力分量定义为与坐标轴的负方向一致时为正,反之为负.

描述一点应力状态的 9 个应力分量

$$\sigma_x \quad \tau_{xy} \quad \tau_{xz} \quad \sigma_y \quad \tau_{yx} \quad \tau_{yz} \quad \sigma_z \quad \tau_{zx} \quad \tau_{zy}$$

可用矩阵形式表达为

$$\begin{pmatrix} \sigma_x & \tau_{xy} & \tau_{xz} \\ \tau_{yx} & \sigma_y & \tau_{yz} \\ \tau_{zx} & \tau_{zy} & \sigma_z \end{pmatrix} \text{ 或 } \begin{pmatrix} \sigma_{xx} & \tau_{xy} & \tau_{xz} \\ \tau_{yx} & \sigma_{yy} & \tau_{yz} \\ \tau_{zx} & \tau_{zy} & \sigma_{zz} \end{pmatrix} \Rightarrow \begin{pmatrix} \sigma_{xx} & \sigma_{xy} & \sigma_{xz} \\ \sigma_{yx} & \sigma_{yy} & \sigma_{yz} \\ \sigma_{zx} & \sigma_{zy} & \sigma_{zz} \end{pmatrix}$$

上式左边是工程上的习惯写法,若采用张量下标记号,可表示成

$$(\sigma_{ij}) = \begin{pmatrix} \sigma_{11} & \sigma_{12} & \sigma_{13} \\ \sigma_{21} & \sigma_{22} & \sigma_{23} \\ \sigma_{31} & \sigma_{32} & \sigma_{33} \end{pmatrix} \tag{3-4}$$

后面的研究表明,σ_{ij} 的 9 个分量构成二阶张量,称之为应力张量.

6 个剪应力并不都是独立的,它们之间具有一定的互等关系. 例如,以连接图 3-5 前后两面中心的直线 ab 为矩轴,建立力矩平衡方程,有

$$2\tau_{yz} \Delta z \Delta x \frac{\Delta y}{2} - 2\tau_{zy} \Delta y \Delta x \frac{\Delta z}{2} = 0$$

化简得

$$\tau_{yz} = \tau_{zy}$$

类似可得

$$\tau_{zx} = \tau_{xz} \qquad \tau_{xy} = \tau_{yx}$$

剪应力之间的这种两两相等的关系,称为剪应力互等定理.

3.3 任意斜截面上的应力

设通过点 P 并平行于坐标面的三个微分面上的应力为已知,现在来确定通过该点的某一斜微分面上的应力. 在点 P 附近取一斜微分面 abc,见图 3-6,其外法线 v 与各坐标轴的方向余弦为

$$\left.\begin{array}{l}\cos(\boldsymbol{v},x)=l\\ \cos(\boldsymbol{v},y)=m\\ \cos(\boldsymbol{v},z)=n\end{array}\right\} \quad (3\text{-}5)$$

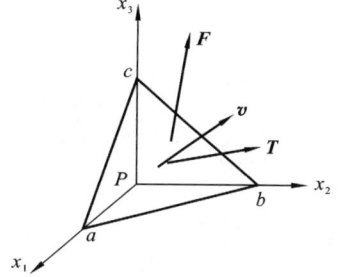

图 3-6 微元体斜截面上的应力

将斜截面上的总应力 T 分解成 x,y 和 z 三个方向上的分量,分别用 T_x,T_y 和 T_z 表示,当物体处于平衡状态时,斜微分体 abc 也必然处于平衡状态,列出 x,y 和 z 三个方向上的平衡方程可得

$$\left.\begin{array}{l}T_x=\sigma_x l+\tau_{xy}m+\tau_{xz}n\\ T_y=\tau_{yx}l+\sigma_y m+\tau_{yz}n\\ T_z=\tau_{zx}l+\tau_{zy}m+\sigma_z n\end{array}\right\} \quad (3\text{-}6)$$

此时因体力 F 是高阶微量,式(3-6)与其无关.

将 T_x,T_y 和 T_z 投影到法线 v 上,可得斜微分面上的正应力为

$$\begin{aligned}\sigma_v &= T_x l+T_y m+T_z n\\ &= \sigma_x l^2+\sigma_y m^2+\sigma_z n^2+2\tau_{xy}lm+2\tau_{yz}mn+2\tau_{zx}nl\end{aligned} \quad (3\text{-}7)$$

斜微分面上的剪应力 τ_v 则可由下式求出:

$$\tau_v^2=(T_x^2+T_y^2+T_z^2)-\sigma_v^2 \quad (3\text{-}8)$$

采用张量下标记号法,式(3-6)可写为

$$\left.\begin{array}{l}T_1=\sigma_{11}l_1+\sigma_{12}l_2+\sigma_{13}l_3\\ T_2=\sigma_{21}l_1+\sigma_{22}l_2+\sigma_{23}l_3\\ T_3=\sigma_{31}l_1+\sigma_{32}l_2+\sigma_{33}l_3\end{array}\right\} \quad (3\text{-}9)$$

进一步可简写成

$$T_i=\sigma_{ij}l_j \quad (3\text{-}10)$$

式(3-10)中, T_i 和 l_j 分别是矢量 T 的分量和 v 的方向余弦分量,它们都是一阶张量,根据张量判别定理,即知 σ_{ij} 为二阶张量.

3.4 主应力及应力(张量)不变量

若经过物体内某点的某一个斜截面上的剪应力等于零,则该斜截面上的正应力称为该点的一个主应力,该面称为该点的一个应力主面,该面的法线方向称为该点的一个应力主向.

现在取物体内任意一点例如点 P 来研究. 设点 P 有一个应力主面存在, 则在该应力主面上剪应力为零, 该面上的全应力就应等于该面上的正应力, 用 σ 表示该面上的正应力, 利用式(3-6), 有

$$\left. \begin{array}{l} \sigma l = \sigma_x l + \tau_{xy} m + \tau_{xz} n \\ \sigma m = \tau_{yx} l + \sigma_y m + \tau_{yz} n \\ \sigma n = \tau_{zx} l + \tau_{zy} m + \sigma_z n \end{array} \right\} \tag{3-11}$$

用张量下标记号表示, 上式可表示成

$$(\sigma_{ij} - \sigma \delta_{ij}) l_j = 0 \tag{3-12}$$

式中: l_j 为 σ 所在应力主面的法线的方向余弦

$$l_1 = l \quad l_2 = m \quad l_3 = n$$

该方向余弦满足

$$l^2 + m^2 + n^2 = 1 \tag{3-13}$$

或写成

$$l_i l_i = 1 \tag{3-14}$$

在满足式(3-14)条件下求式(3-11)的 l, m, n 非全零解, 则式(3-11)的系数行列式必须等于零, 即

$$\begin{vmatrix} \sigma_{11} - \sigma & \sigma_{21} & \sigma_{31} \\ \sigma_{12} & \sigma_{22} - \sigma & \sigma_{32} \\ \sigma_{13} & \sigma_{23} & \sigma_{33} - \sigma \end{vmatrix} = 0$$

展开上式得 σ 的三次方程:

$$\sigma^3 - J_1 \sigma^2 - J_2 \sigma - J_3 = 0 \tag{3-15}$$

式中

$$J_1 = \sigma_{11} + \sigma_{22} + \sigma_{33} = \sigma_x + \sigma_y + \sigma_z$$

$$J_2 = -\begin{vmatrix} \sigma_{11} & \sigma_{12} \\ \sigma_{21} & \sigma_{22} \end{vmatrix} - \begin{vmatrix} \sigma_{22} & \sigma_{23} \\ \sigma_{32} & \sigma_{33} \end{vmatrix} - \begin{vmatrix} \sigma_{33} & \sigma_{31} \\ \sigma_{13} & \sigma_{11} \end{vmatrix}$$

$$= -\sigma_x \sigma_y - \sigma_y \sigma_z - \sigma_z \sigma_x + \tau_{xy}^2 + \tau_{yz}^2 + \tau_{zx}^2$$

$$J_3 = \begin{vmatrix} \sigma_{11} & \sigma_{12} & \sigma_{13} \\ \sigma_{21} & \sigma_{22} & \sigma_{23} \\ \sigma_{31} & \sigma_{32} & \sigma_{33} \end{vmatrix}$$

$$= \sigma_x \sigma_y \sigma_z + 2 \tau_{xy} \tau_{yz} \tau_{zx} - \sigma_x \tau_{yz}^2 - \sigma_y \tau_{zx}^2 - \sigma_z \tau_{xy}^2$$

J_1, J_2 和 J_3 分别称为应力或应力张量的第一、第二和第三不变量, 用张量下标记号表示, 它们可写成

$$J_1 = \sigma_{kk}$$

$$J_2 = -\frac{1}{2} (\sigma_{ii} \sigma_{kk} - \sigma_{ik} \sigma_{ki})$$

$$J_3 = \epsilon_{ijk}\sigma_{i1}\sigma_{j2}\sigma_{k3}$$

研究表明,式(3-15)有三个实根,即一点有三个主应力,也就有对应的三个应力主面和三个应力主向.用 σ_1,σ_2 和 σ_3 表示式(3-15)的三个实根(即主应力),n_1,n_2 和 n_3 表示它们对应的主方向,进一步研究表明:

(1) 当 $\sigma_1 \neq \sigma_2 \neq \sigma_3$ 时,$n_1 \perp n_2$,$n_2 \perp n_3$,$n_3 \perp n_1$.

(2) 当有一个重根时,如 $\sigma_1 = \sigma_2 \neq \sigma_3$,则法线与 n_3 垂直的平面上的所有正应力方向均为应力主方向,且所有这些平面上正应力或主应力 σ 为一常量,$\sigma = \sigma_1 = \sigma_2$.

(3) 当 $\sigma_1 = \sigma_2 = \sigma_3$,任意方向均为主方向,这种应力状态称为球应力或静水应力状态.

3.5　最大、最小正应力和最大剪应力

将坐标轴的方向设置成与一点的三个主应力方向相同,三个主应力用 σ_1,σ_2 和 σ_3 表示,x 轴对应 σ_1 方向,y 轴对应 σ_2 方向,z 轴对应 σ_3 方向,且有 $\sigma_1 \geqslant \sigma_2 \geqslant \sigma_3$. 现在我们来研究一点的最大、最小正应力和最大剪应力.

3.5.1　最大、最小正应力

因坐标轴的方向与一点的三个主应力方向相同,故式(3-7)表示的任意斜截面上的正应力可化简成
$$\sigma_v = T_x l + T_y m + T_z n = \sigma_1 l^2 + \sigma_2 m^2 + \sigma_3 n^2$$
利用 $l^2 + m^2 + n^2 = 1$,上式可写成
$$\sigma_v = \sigma_1 - (\sigma_1 - \sigma_2)m^2 - (\sigma_1 - \sigma_3)n^2 \tag{3-16}$$
也可写成
$$\sigma_v = (\sigma_1 - \sigma_3)l^2 + (\sigma_2 - \sigma_3)m^2 + \sigma_3 \tag{3-17}$$
因为 $\sigma_1 \geqslant \sigma_2 \geqslant \sigma_3$,则由式(3-16)有 $\sigma_v \leqslant \sigma_1$,由式(3-17)有 $\sigma_v \geqslant \sigma_3$,即有
$$\sigma_1 \geqslant \sigma_v \geqslant \sigma_3$$
所以一点任意斜截面上的正应力中,最大和最小的正是最大主应力和最小主应力.

3.5.2　最大剪应力

当三个主应力 σ_1,σ_2 和 σ_3 已知时,由式(3-6)~式(3-8)可知,物体内一点任意斜截面的正应力和剪应力可由下列三个式子确定:
$$\tau_v^2 + \sigma_v^2 = (T_x^2 + T_y^2 + T_z^2) = \sigma_1^2 l^2 + \sigma_2^2 m^2 + \sigma_3^2 n^2$$
$$\sigma_v = T_x l + T_y m + T_z n = \sigma_1 l^2 + \sigma_2 m^2 + \sigma_3 n^2$$
$$l^2 + m^2 + n^2 = 1$$

以上三式构成一组关于未知量 l^2, m^2 和 n^2 的线性代数方程组,求解得

$$l^2 = \frac{\tau_v^2 + (\sigma_v - \sigma_2)(\sigma_v - \sigma_3)}{(\sigma_1 - \sigma_2)(\sigma_2 - \sigma_3)}$$

$$m^2 = \frac{\tau_v^2 + (\sigma_v - \sigma_3)(\sigma_v - \sigma_1)}{(\sigma_2 - \sigma_3)(\sigma_2 - \sigma_1)}$$

$$n^2 = \frac{\tau_v^2 + (\sigma_v - \sigma_1)(\sigma_v - \sigma_2)}{(\sigma_3 - \sigma_1)(\sigma_3 - \sigma_2)}$$

由于上面等式的左边均大于或等于零,且有 $\sigma_1 > \sigma_2 > \sigma_3$,所以必有

$$\left.\begin{array}{l} \tau_v^2 + (\sigma_v - \sigma_2)(\sigma_v - \sigma_3) \geqslant 0 \\ \tau_v^2 + (\sigma_v - \sigma_3)(\sigma_v - \sigma_1) \leqslant 0 \\ \tau_v^2 + (\sigma_v - \sigma_1)(\sigma_v - \sigma_2) \geqslant 0 \end{array}\right\} \quad (3\text{-}18)$$

式(3-18)变形后可表示为

$$\left.\begin{array}{l} \tau_v^2 + \left(\sigma_v - \dfrac{\sigma_2 + \sigma_3}{2}\right)^2 \geqslant \left(\dfrac{\sigma_2 - \sigma_3}{2}\right)^2 \\ \tau_v^2 + \left(\sigma_v - \dfrac{\sigma_1 + \sigma_3}{2}\right)^2 \leqslant \left(\dfrac{\sigma_1 - \sigma_3}{2}\right)^2 \\ \tau_v^2 + \left(\sigma_v - \dfrac{\sigma_1 + \sigma_2}{2}\right)^2 \geqslant \left(\dfrac{\sigma_1 - \sigma_2}{2}\right)^2 \end{array}\right\} \quad (3\text{-}19)$$

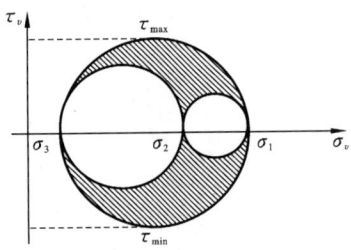

图 3-7 莫尔圆

以 σ_v 和 τ_v 建立坐标系,式(3-19)描述的状态如图 3-7 的阴影区域所示,图 3-7 称为莫尔(Mohr)圆.由图可见,最大与最小剪应力为

$$\tau_{\max} = \frac{1}{2}(\sigma_1 - \sigma_3) \qquad \tau_{\min} = -\frac{1}{2}(\sigma_1 - \sigma_3) \quad (3\text{-}20)$$

将式(3-20)及其对应截面上的正应力 $\sigma_v = \dfrac{\sigma_1 + \sigma_3}{2}$ 代入求得的 l^2, m^2 和 n^2 的表达式中,可得最大与最小剪应力所在平面的方向余弦为

$$\left.\begin{array}{l} l = \pm \dfrac{\sqrt{2}}{2} \\ m = 0 \\ n = \pm \dfrac{\sqrt{2}}{2} \end{array}\right\}$$

即最大与最小剪应力出现在法线方向与 σ_2 垂直且与 σ_1 和 σ_3 成 45°角的平面上.

3.6 偏应力张量及其不变量

定义

$$\sigma^a = \frac{1}{3}\sigma_{ii} = \frac{1}{3}(\sigma_{11}+\sigma_{22}+\sigma_{33}) = \frac{1}{3}(\sigma_x+\sigma_y+\sigma_z)$$

称为平均应力,则应力张量 σ_{ij} 可表示为

$$\begin{pmatrix} \sigma_{11} & \sigma_{12} & \sigma_{13} \\ \sigma_{21} & \sigma_{22} & \sigma_{23} \\ \sigma_{31} & \sigma_{32} & \sigma_{33} \end{pmatrix} = \begin{pmatrix} \sigma^a & 0 & 0 \\ 0 & \sigma^a & 0 \\ 0 & 0 & \sigma^a \end{pmatrix} + \begin{pmatrix} \sigma_{11}-\sigma^a & \sigma_{12} & \sigma_{13} \\ \sigma_{21} & \sigma_{22}-\sigma^a & \sigma_{23} \\ \sigma_{31} & \sigma_{32} & \sigma_{33}-\sigma^a \end{pmatrix}$$

上式等号右边的第一项称为球应力张量(或静水应力张量),第二项称为偏应力张量. 偏应力张量用新符号 s_{ij} 表示如下:

$$\begin{pmatrix} \sigma_{11}-\sigma^a & \sigma_{12} & \sigma_{13} \\ \sigma_{21} & \sigma_{22}-\sigma^a & \sigma_{23} \\ \sigma_{31} & \sigma_{32} & \sigma_{33}-\sigma^a \end{pmatrix} = \begin{pmatrix} s_{11} & s_{12} & s_{13} \\ s_{21} & s_{22} & s_{23} \\ s_{31} & s_{32} & s_{33} \end{pmatrix}$$

则有

$$s_{ij} = \sigma_{ij} - \sigma^a \delta_{ij} \tag{3-21}$$

球应力张量描述的是一种等向应力状态(均匀拉压),对于各向同性材料,它引起体积膨胀(或收缩).实验证明,对于金属等材料,体积膨胀基本是纯弹性的.偏应力张量表示了物体形状的畸变,而实验证明塑性变形基本是由畸变变形引起的,所以 s_{ij} 在塑性力学中非常重要.

s_{ij} 也是二阶张量,类似于应力张量 σ_{ij},它也有三个不变量,我们用 J_1',J_2' 和 J_3' 表示它们,s_{ij} 的偏主应力方向同 σ_{ij} 的主应力方向,其偏主应力为

$$s_1 = \sigma_1 - \sigma^a \qquad s_2 = \sigma_2 - \sigma^a \qquad s_3 = \sigma_3 - \sigma^a$$

它们满足如下三次代数方程:

$$s^3 - J_1' s^2 - J_2' s - J_3' = 0$$

式中:J_1',J_2' 和 J_3' 即为 s_{ij} 的三个不变量:

$$J_1' = s_{ii} = s_{11} + s_{22} + s_{33} = 0$$
$$J_2' = -s_{11}s_{22} - s_{22}s_{33} - s_{33}s_{11} + s_{12}^2 + s_{23}^2 + s_{31}^2$$
$$J_3 = \in_{ijk} s_{i1} s_{j2} s_{k3}$$

J_2' 还常采用以下表达式:

$$J_2' = \frac{1}{2} s_{ij} s_{ij} = \frac{1}{2} s_i s_i$$

$$= \frac{1}{2}(s_{11}^2 + s_{22}^2 + s_{33}^2 + 2s_{12}^2 + 2s_{23}^2 + 2s_{31}^2)$$

$$= \frac{1}{6}[(\sigma_x-\sigma_y)^2 + (\sigma_y-\sigma_z)^2 + (\sigma_z-\sigma_x)^2 + 6(\tau_{xy}^2 + \tau_{yz}^2 + \tau_{zx}^2)]$$

$$= \frac{1}{6}[(\sigma_1-\sigma_2)^2+(\sigma_2-\sigma_3)^2+(\sigma_3-\sigma_1)^2]$$

下面介绍一些与 J'_2 相关的量,它们在后面的介绍与文献资料中经常会用到.

1. 等效应力 $\bar{\sigma}$

$$\bar{\sigma}=\sqrt{3J'_2}=\frac{\sqrt{2}}{2}\sqrt{(\sigma_1-\sigma_2)^2+(\sigma_2-\sigma_3)^2+(\sigma_3-\sigma_1)^2} \quad (3\text{-}22)$$

简单拉伸时有

$$\sigma_1=\sigma \quad \sigma_2=\sigma_3=0 \quad \bar{\sigma}=\sigma$$

$\bar{\sigma}$ 也称为应力强度.

2. 等效剪应力 T

$$T=\sqrt{J'_2}=\frac{\sqrt{6}}{6}\sqrt{(\sigma_1-\sigma_2)^2+(\sigma_2-\sigma_3)^2+(\sigma_3-\sigma_1)^2} \quad (3\text{-}23)$$

纯剪切时有

$$\sigma_1=\tau \quad \sigma_2=0 \quad \sigma_3=-\tau \quad T=\tau$$

T 也称为剪应力强度.

3. 八面体剪应力 τ_8

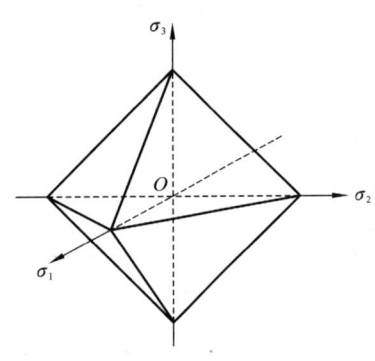

图 3-8 八面体

将坐标轴 x,y 和 z 取为与主应力方向一致. 现研究外法线方向余弦 $(|l|,|m|,|n|)$ 为 $\left(\frac{\sqrt{3}}{3},\frac{\sqrt{3}}{3},\frac{\sqrt{3}}{3}\right)$ 的面,这样的面共有 8 个, 见图 3-8, 称之为八面体.

八面体面上的正应力用 σ_8 表示, 根据斜截面上正应力计算公式(3-7)有

$$\sigma_8=\sigma_1 l^2+\sigma_2 m^2+\sigma_3 n^2=\frac{1}{3}(\sigma_1+\sigma_2+\sigma_3)=\sigma^a \quad (3\text{-}24)$$

正好为平均应力.

设八面体上的全应力为 p, 则

$$p^2=(\sigma_1 l)^2+(\sigma_2 m)^2+(\sigma_3 n)^2=\frac{1}{3}(\sigma_1^2+\sigma_2^2+\sigma_3^2)$$

所以有

$$\begin{aligned}\tau_8&=\sqrt{p^2-\sigma_8^2}=\sqrt{\frac{1}{3}(\sigma_1^2+\sigma_2^2+\sigma_3^2)-\frac{1}{9}(\sigma_1+\sigma_2+\sigma_3)^2}\\ &=\frac{1}{3}\sqrt{(\sigma_1-\sigma_2)^2+(\sigma_2-\sigma_3)^2+(\sigma_3-\sigma_1)^2}\\ &=\sqrt{\frac{2}{3}J'_2}\end{aligned} \quad (3\text{-}25)$$

3.7 平衡方程

在物体内的任意一点 P 取一个微小的平行六面体,它的 6 个面分别垂直于不同的坐标轴,设三个棱边的长度为 $PA=\mathrm{d}x, PB=\mathrm{d}y, PC=\mathrm{d}z$,见图 3-9. 应力分量一般是位置坐标的函数,因此,六面体垂直于同一坐标轴的两个面因有坐标增量,其上的应力分量会有微小差别. 例如,图中左侧面的正应力为 σ_y,右侧面由于有坐标增量 $\mathrm{d}y$,正应力便为 $\sigma_y+\frac{\partial \sigma_y}{\partial y}\mathrm{d}y$,其他类同. 三个体力分量用 F_x, F_y 和 F_z 表示. 由于六面体微小,可认为体力和面力均匀分布.

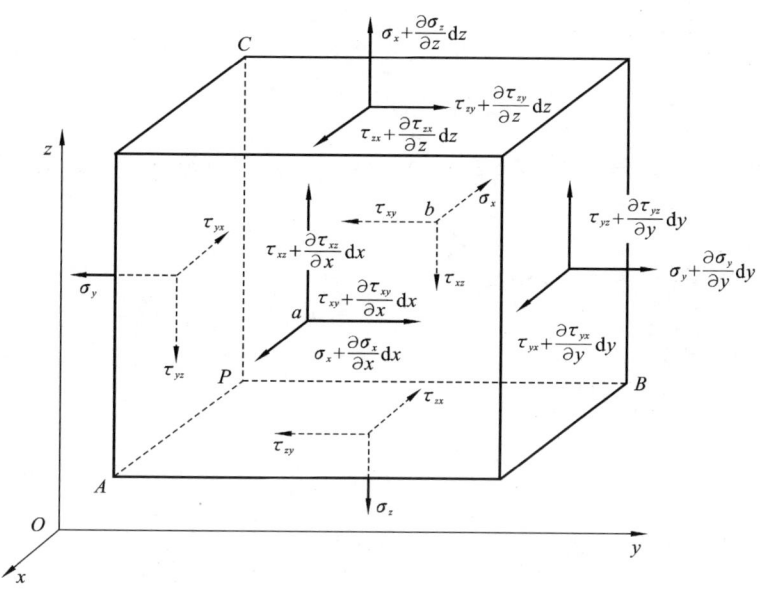

图 3-9 微元体及其受力

所取六面体应当满足空间一般力系的六个平衡方程,即三个力矩平衡方程和三个力平衡方程. 由三个力矩平衡方程所得正为前述的剪应力互等定理,这里不再赘述.

三个力的平衡方程如考虑 x 方向的平衡有

$$\left(\sigma_x+\frac{\partial \sigma_x}{\partial x}\mathrm{d}x\right)\mathrm{d}y\mathrm{d}z-\sigma_x\mathrm{d}y\mathrm{d}z+\left(\tau_{yx}+\frac{\partial \tau_{yx}}{\partial y}\mathrm{d}y\right)\mathrm{d}z\mathrm{d}x-\tau_{yx}\mathrm{d}z\mathrm{d}x$$
$$+\left(\tau_{zx}+\frac{\partial \tau_{zx}}{\partial z}\mathrm{d}z\right)\mathrm{d}x\mathrm{d}y-\tau_{zx}\mathrm{d}x\mathrm{d}y+F_x\mathrm{d}x\mathrm{d}y\mathrm{d}z=0$$

上式化简后有

$$\frac{\partial \sigma_x}{\partial x}+\frac{\partial \tau_{yx}}{\partial y}+\frac{\partial \tau_{zx}}{\partial z}+F_x=0$$

由 y, z 两方向的平衡,又可得

$$\frac{\partial \tau_{xy}}{\partial x}+\frac{\partial \sigma_y}{\partial y}+\frac{\partial \tau_{zy}}{\partial z}+F_y=0$$

$$\frac{\partial \tau_{xz}}{\partial x}+\frac{\partial \tau_{yz}}{\partial y}+\frac{\partial \sigma_z}{\partial z}+F_z=0$$

上面三式即为平衡方程. 用张量下标记号表示,它们可表示成

$$\sigma_{ji,j}+F_i=0 \tag{3-26}$$

若所研究的物体处于运动状态,平衡方程还须考虑惯性力. 用 u,v,w 分别表示一点在 x,y,z 轴方向的位移,用 t 表示时间,最后平衡方程变为下面三式:

$$\left.\begin{array}{l}\dfrac{\partial \sigma_x}{\partial x}+\dfrac{\partial \tau_{yx}}{\partial y}+\dfrac{\partial \tau_{zx}}{\partial z}+F_x=\rho\dfrac{\partial^2 u}{\partial t^2}\\[6pt]\dfrac{\partial \tau_{xy}}{\partial x}+\dfrac{\partial \sigma_y}{\partial y}+\dfrac{\partial \tau_{zy}}{\partial z}+F_y=\rho\dfrac{\partial^2 v}{\partial t^2}\\[6pt]\dfrac{\partial \tau_{xz}}{\partial x}+\dfrac{\partial \tau_{yz}}{\partial y}+\dfrac{\partial \sigma_z}{\partial z}+F_z=\rho\dfrac{\partial^2 w}{\partial t^2}\end{array}\right\} \tag{3-27}$$

式中:ρ 为微元体密度,$\dfrac{\partial^2 u}{\partial t^2},\dfrac{\partial^2 v}{\partial t^2}$ 和 $\dfrac{\partial^2 w}{\partial t^2}$ 分别为微元体沿三个坐标方向运动的加速度 a_x,a_y 和 a_z.

式(3-27)用张量下标记号表示为

$$\sigma_{ji,j}+F_i=\rho a_i \tag{3-28}$$

由于 $\sigma_{ij}=\sigma_{ji}$,上式也可写成

$$\sigma_{ij,j}+F_i=\rho a_i \tag{3-29}$$

第4章 应变分析

4.1 位移和应变

4.1.1 位移

物体各点位置的改变称为位移. 点的位移可分为两种情况：一种是物体作整体平移或转动. 在这种情况下，物体各点的相互位置没有变化，这是我们熟知的刚体运动；另一种是物体上各点的相互位置因受外力作用而发生变化，物体的变形正是由于点之间的相互位置变化而引起的.

本章研究的内容为变形引起的位移及其几何规律.

如图 4-1 所示，设物体中一点 P 因变形移动到了点 P'，则称 $\boldsymbol{PP'}$ 为点 P 的位移矢量，记为 $\boldsymbol{u}$. 将 $\boldsymbol{u}$ 投影到 x,y 和 z 三个坐标轴上的值分别记为 u,v 和 w，显然它们是和各点的位置坐标相关的，可表示成

$$u=u(x,y,z) \qquad v=v(x,y,z) \qquad w=w(x,y,z)$$

用张量下标记号表示，则有

$$u_i=u_i(x,y,z)$$

由于物体中的介质在变形后仍是连续的，因此位移 $u_i=u_i(x,y,z)$ 是坐标的连续函数，与弹性力学相同，也认为它们有连续到三阶的导函数.

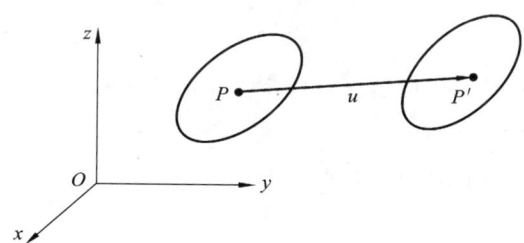

图 4-1 点的位移

4.1.2 应变

物体的变形是因其点与点之间的相互位置发生变化而产生的，仅用点的位移还不足以准确描述点的变形，尚需要研究变形后任一线段的伸缩及与原位置的夹角大小. 由于物

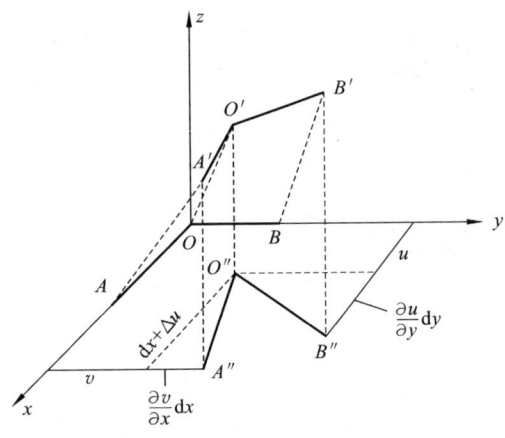

图 4-2 微元线段的变形

体内的应力通常是不均匀的,所取线段的区段不同,其变化一般也不相同,要准确地描述物体内不同位置的变形,需取微元线段来研究.当该微元线段的长度趋于零缩于一点时,也就能描述物体内每一点的变形情况了.

如图 4-2 所示,以与 x 轴重合的微元线段 $\overline{OA}=\mathrm{d}x$ 来说明变形的描述方法.物体变形后 $\overline{OA}$ 移动到了 $\overline{O'A'}$,它在 xy 平面上的投影为 $\overline{O''A''}$,记 $\overline{OO'}$ 的三个位移分量为 $u(x,y,z),v(x,y,z)$ 和 $w(x,y,z)$,则 $\overline{AA'}$ 的三个位移分量可表示为

$$u(x+\mathrm{d}x,y,z) \qquad v(x+\mathrm{d}x,y,z) \qquad w(x+\mathrm{d}x,y,z)$$

将 $\overline{AA'}$ 的位移分量按泰勒级数展开并保留一阶微量有

$$u(x+\mathrm{d}x,y,z)=u(x,y,z)+\frac{\partial u(x,y,z)}{\partial x}\mathrm{d}x=u+\frac{\partial u}{\partial x}\mathrm{d}x$$

$$v(x+\mathrm{d}x,y,z)=v(x,y,z)+\frac{\partial v(x,y,z)}{\partial x}\mathrm{d}x=v+\frac{\partial v}{\partial x}\mathrm{d}x$$

$$w(x+\mathrm{d}x,y,z)=w(x,y,z)+\frac{\partial w(x,y,z)}{\partial x}\mathrm{d}x=w+\frac{\partial w}{\partial x}\mathrm{d}x$$

因 $\overline{O'A'}$ 在 xy 平面上的投影为 $\overline{O''A''}$,则 $\overline{OO'}$ 的位移分量为 u,v 和 $w=0$,$\overline{AA''}$ 的位移分量为 $u+\frac{\partial u}{\partial x}\mathrm{d}x,v+\frac{\partial v}{\partial x}\mathrm{d}x$ 和 $w=0$,所以微元段 $\overline{OA}$ 在 x 方向的相对伸长,用 ε_x 表示为

$$\varepsilon_x=\frac{u+\frac{\partial u}{\partial x}\mathrm{d}x-u}{\mathrm{d}x}=\frac{\partial u}{\partial x} \tag{4-1}$$

ε_x 称为微元段 $\overline{OA}$ 在 x 方向的正应变.当 $\mathrm{d}x$ 趋于零时,点 A 趋于点 O,所以也称 ε_x 为点 O 在 x 方向的正应变.

$\overline{OA}$ 变形前后在 xy 平面上的投影的夹角记为 α,有

$$\alpha\approx\tan\alpha=\frac{\frac{\partial v}{\partial x}\mathrm{d}x}{\mathrm{d}x+\Delta u}=\frac{\frac{\partial v}{\partial x}\mathrm{d}x}{(1+\varepsilon_x)\mathrm{d}x}=\frac{\partial v}{\partial x} \tag{4-2}$$

取另一微元线段 $\overline{OB}=\mathrm{d}y$ 来研究,记其变形后的位置为 $\overline{O'B'}$,其在 xy 平面上的投影为 $\overline{O''B''}$,类似地,有

$$\varepsilon_y=\frac{\partial v}{\partial y} \tag{4-3}$$

$$\beta=\frac{\partial u}{\partial y} \tag{4-4}$$

第 4 章 应变分析

记

$$\gamma_{xy} = \alpha + \beta = \frac{\partial u}{\partial y} + \frac{\partial v}{\partial x} \tag{4-5}$$

γ_{xy} 表示的是 xy 平面内原夹角为直角的两微元线段变形后投影到 xy 平面时直角的改变量,称为剪应变.

进一步研究 z 轴方向的微元线段 $\overline{OC} = \mathrm{d}z$ 的伸缩及 $\overline{OA}, \overline{OB}$ 和 $\overline{OC}$ 三线段之间夹角在 yz 和 zx 平面上的变化,可得如下一组方程

$$\left.\begin{aligned}
\varepsilon_x &= \frac{\partial u}{\partial x} \quad \varepsilon_y = \frac{\partial v}{\partial y} \quad \varepsilon_z = \frac{\partial w}{\partial z} \\
\gamma_{xy} &= \frac{\partial u}{\partial y} + \frac{\partial v}{\partial x} \\
\gamma_{yz} &= \frac{\partial v}{\partial z} + \frac{\partial w}{\partial y} \\
\gamma_{zx} &= \frac{\partial w}{\partial x} + \frac{\partial u}{\partial z}
\end{aligned}\right\} \tag{4-6}$$

式(4-6)称为几何方程.

研究表明,式(4-6)可以完全确定一点应变状态,即只要知道了式(4-6)的 6 个应变值,过一点的任意方位上的应变均可由这 6 个应变值确定下来. $\varepsilon_x, \varepsilon_y, \varepsilon_z, \gamma_{xy}, \gamma_{yz}$ 和 γ_{zx} 称为一点应变状态的 6 个应变分量,也称为工程应变(区别于后述的应变张量).

另有一种正应变定义——对数应变,现用受轴向拉伸杆件的轴向应变来说明对数应变的定义.

设杆件原长为 l_0,拉伸过程中的瞬时长度用 l' 表示,则每一瞬时的应变增量为

$$\mathrm{d}\varepsilon = \mathrm{d}l'/l'$$

从 l_0 开始变形至 l' 所累积的应变定义为

$$\tilde{\varepsilon} = \int_{l_0}^{l'} \mathrm{d}\varepsilon = \ln(l'/l_0) = \ln(1+\varepsilon) \tag{4-7}$$

$\tilde{\varepsilon}$ 就称为对数应变.

当应变较大时,用对数应变来描述有其合理性. 例如,将原长 l_0 的杆体压缩到长度趋于零时,对数应变 $\tilde{\varepsilon} \to -\infty$,用工程应变描述时有 $\varepsilon = -1$,这时的工程应变表述就不如对数应变合理.

当应变比较大,也就是变形比较大时,确定应力若仍以变形前的原始面积来度量会带来较大误差,此时应采用真应力的定义,即应以瞬时单位面积(变形后的单位面积)上的作用力来度量,真应力记为 $\tilde{\sigma}$. 为区别于真应力,不考虑面积变化时的应力又称为名义应力.

本书中,除非特别说明,均不采用对数应变和真应力来描述应变和应力,即涉及的是小变形问题.

4.2 坐标变换

若直角直线坐标系 $Oxyz$ 中一点的 6 个应变分量值已知,则处于新直角直线坐标系 $Ox'y'z'$ 中的 6 个应变分量又是如何呢？如图 4-3 所示,设这两个坐标系坐标轴之间的方向余弦如表 4-1 所示.

对于新坐标系,位移分量用 u', v' 和 w' 表示,相应的应变分量为

$$\left.\begin{aligned}&\varepsilon_{x'}=\frac{\partial u'}{\partial x'} \quad \varepsilon_{y'}=\frac{\partial v'}{\partial y'} \quad \varepsilon_{z'}=\frac{\partial w'}{\partial z'} \\ &\gamma_{x'y'}=\frac{\partial u'}{\partial y'}+\frac{\partial v'}{\partial x'} \\ &\gamma_{y'z'}=\frac{\partial v'}{\partial z'}+\frac{\partial w'}{\partial y'} \\ &\gamma_{z'x'}=\frac{\partial w'}{\partial x'}+\frac{\partial u'}{\partial z'}\end{aligned}\right\}$$

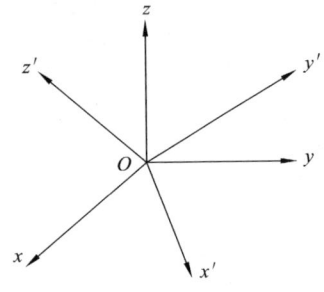

图 4-3 新旧坐标系

表 4-1 新旧坐标轴的夹角余弦

	x	y	z
x'	β_{11}	β_{12}	β_{13}
y'	β_{21}	β_{22}	β_{23}
z'	β_{31}	β_{32}	β_{33}

从几何关系可知,由旧系中一点的位移分量 u, v 和 w 在新系坐标轴上投影即可确定该点新系中的位移分量 u', v' 和 w':

$$u'=\beta_{11}u+\beta_{12}v+\beta_{13}w$$
$$v'=\beta_{21}u+\beta_{22}v+\beta_{23}w$$
$$w'=\beta_{31}u+\beta_{32}v+\beta_{33}w$$

应用下列复合函数偏导公式

$$\frac{\partial \varphi}{\partial s}=\cos(s,x)\frac{\partial \varphi}{\partial x}+\cos(s,y)\frac{\partial \varphi}{\partial y}+\cos(s,z)\frac{\partial \varphi}{\partial z}$$

有

$$\begin{aligned}\varepsilon_{x'}&=\frac{\partial u'}{\partial x'}=\left(\beta_{11}\frac{\partial}{\partial x}+\beta_{12}\frac{\partial}{\partial y}+\beta_{13}\frac{\partial}{\partial z}\right)(\beta_{11}u+\beta_{12}v+\beta_{13}w)\\ &=\beta_{11}^{2}\frac{\partial u}{\partial x}+\beta_{12}^{2}\frac{\partial v}{\partial y}+\beta_{13}^{2}\frac{\partial w}{\partial z}+\beta_{11}\beta_{12}\left(\frac{\partial v}{\partial x}+\frac{\partial u}{\partial y}\right)+\beta_{12}\beta_{13}\left(\frac{\partial w}{\partial y}+\frac{\partial v}{\partial z}\right)+\beta_{11}\beta_{13}\left(\frac{\partial u}{\partial z}+\frac{\partial w}{\partial x}\right)\\ &=\beta_{11}^{2}\varepsilon_{x}+\beta_{12}^{2}\varepsilon_{y}+\beta_{13}^{2}\varepsilon_{z}+\beta_{11}\beta_{12}\gamma_{xy}+\beta_{12}\beta_{13}\gamma_{yz}+\beta_{11}\beta_{13}\gamma_{zx}\end{aligned}$$

(4-8)

类似地,有

第 4 章 应变分析

$$\varepsilon_{y'} = \beta_{21}^2 \varepsilon_x + \beta_{22}^2 \varepsilon_y + \beta_{23}^2 \varepsilon_z + \beta_{21}\beta_{22} \gamma_{xy} + \beta_{22}\beta_{23} \gamma_{yz} + \beta_{21}\beta_{23} \gamma_{zx} \tag{4-9}$$

$$\varepsilon_{z'} = \beta_{31}^2 \varepsilon_x + \beta_{32}^2 \varepsilon_y + \beta_{33}^2 \varepsilon_z + \beta_{31}\beta_{32} \gamma_{xy} + \beta_{32}\beta_{33} \gamma_{yz} + \beta_{31}\beta_{33} \gamma_{zx} \tag{4-10}$$

其次，有

$$\begin{aligned}
\gamma_{x'y'} &= \frac{\partial v'}{\partial x'} + \frac{\partial u'}{\partial y'} \\
&= \left(\beta_{11}\frac{\partial}{\partial x} + \beta_{12}\frac{\partial}{\partial y} + \beta_{13}\frac{\partial}{\partial z}\right)(\beta_{21}u + \beta_{22}v + \beta_{23}w) \\
&\quad + \left(\beta_{21}\frac{\partial}{\partial x} + \beta_{22}\frac{\partial}{\partial y} + \beta_{23}\frac{\partial}{\partial z}\right)(\beta_{11}u + \beta_{12}v + \beta_{13}w) \\
&= 2\beta_{11}\beta_{21}\frac{\partial u}{\partial x} + 2\beta_{12}\beta_{22}\frac{\partial v}{\partial y} + 2\beta_{13}\beta_{23}\frac{\partial w}{\partial z} + (\beta_{11}\beta_{22} + \beta_{21}\beta_{12})\left(\frac{\partial v}{\partial x} + \frac{\partial u}{\partial y}\right) \\
&\quad + (\beta_{12}\beta_{23} + \beta_{22}\beta_{13})\left(\frac{\partial w}{\partial y} + \frac{\partial v}{\partial z}\right) + (\beta_{12}\beta_{21} + \beta_{23}\beta_{11})\left(\frac{\partial u}{\partial z} + \frac{\partial w}{\partial x}\right) \\
&= 2\beta_{11}\beta_{21}\varepsilon_x + 2\beta_{12}\beta_{22}\varepsilon_y + 2\beta_{13}\beta_{23}\varepsilon_z \\
&\quad + (\beta_{11}\beta_{22} + \beta_{21}\beta_{12})\gamma_{xy} + (\beta_{12}\beta_{23} + \beta_{22}\beta_{13})\gamma_{yz} + (\beta_{13}\beta_{21} + \beta_{23}\beta_{11})\gamma_{zx}
\end{aligned} \tag{4-11}$$

类似地，有

$$\begin{aligned}
\gamma_{y'z'} &= 2\beta_{21}\beta_{31}\varepsilon_x + 2\beta_{22}\beta_{32}\varepsilon_y + 2\beta_{23}\beta_{33}\varepsilon_z \\
&\quad + (\beta_{21}\beta_{32} + \beta_{31}\beta_{22})\gamma_{xy} + (\beta_{22}\beta_{33} + \beta_{32}\beta_{23})\gamma_{yz} + (\beta_{23}\beta_{31} + \beta_{33}\beta_{21})\gamma_{zx}
\end{aligned} \tag{4-12}$$

$$\begin{aligned}
\gamma_{z'x'} &= 2\beta_{11}\beta_{31}\varepsilon_x + 2\beta_{12}\beta_{32}\varepsilon_y + 2\beta_{13}\beta_{33}\varepsilon_z \\
&\quad + (\beta_{11}\beta_{32} + \beta_{31}\beta_{12})\gamma_{xy} + (\beta_{12}\beta_{33} + \beta_{32}\beta_{13})\gamma_{yz} + (\beta_{33}\beta_{11} + \beta_{13}\beta_{31})\gamma_{zx}
\end{aligned} \tag{4-13}$$

若令

$$\left.\begin{aligned}
\varepsilon_x = \varepsilon_{xx} = \frac{1}{2}\left(\frac{\partial u}{\partial x} + \frac{\partial u}{\partial x}\right) & \quad \varepsilon_{xy} = \varepsilon_{yx} = \frac{1}{2}\left(\frac{\partial v}{\partial x} + \frac{\partial u}{\partial y}\right) = \frac{1}{2}\gamma_{xy} \\
\varepsilon_y = \varepsilon_{yy} = \frac{1}{2}\left(\frac{\partial v}{\partial y} + \frac{\partial v}{\partial y}\right) & \quad \varepsilon_{yz} = \varepsilon_{zy} = \frac{1}{2}\left(\frac{\partial w}{\partial y} + \frac{\partial v}{\partial z}\right) = \frac{1}{2}\gamma_{yz} \\
\varepsilon_z = \varepsilon_{zz} = \frac{1}{2}\left(\frac{\partial w}{\partial z} + \frac{\partial w}{\partial z}\right) & \quad \varepsilon_{zx} = \varepsilon_{xz} = \frac{1}{2}\left(\frac{\partial u}{\partial z} + \frac{\partial w}{\partial x}\right) = \frac{1}{2}\gamma_{zx}
\end{aligned}\right\} \tag{4-14}$$

并记 $u \to u_1, v \to u_2$ 和 $w \to u_3$，则采用张量下标记法，式(4-14)可简写为

$$\varepsilon_{ij} = \frac{1}{2}(u_{i,j} + u_{j,i}) \tag{4-15}$$

用 ε'_{ij} 表示新系中的应变分量，利用式(4-15)，式(4-8)~式(4-13)可统一记为

$$\varepsilon'_{ij} = \beta_{im}\beta_{jn}\varepsilon_{mn} \tag{4-16}$$

由二阶张量的定义可知 ε_{ij} 为二阶张量，称之为应变张量，写成矩阵形式为

$$(\varepsilon_{ij}) = \begin{pmatrix} \varepsilon_{11} & \varepsilon_{12} & \varepsilon_{13} \\ \varepsilon_{21} & \varepsilon_{22} & \varepsilon_{23} \\ \varepsilon_{31} & \varepsilon_{32} & \varepsilon_{33} \end{pmatrix} = \begin{pmatrix} \varepsilon_x & \varepsilon_{xy} & \varepsilon_{xz} \\ \varepsilon_{yx} & \varepsilon_y & \varepsilon_{yz} \\ \varepsilon_{zx} & \varepsilon_{zy} & \varepsilon_z \end{pmatrix} = \begin{pmatrix} \varepsilon_x & \dfrac{1}{2}\gamma_{xy} & \dfrac{1}{2}\gamma_{xz} \\ \dfrac{1}{2}\gamma_{yx} & \varepsilon_y & \dfrac{1}{2}\gamma_{yz} \\ \dfrac{1}{2}\gamma_{zx} & \dfrac{1}{2}\gamma_{zy} & \varepsilon_z \end{pmatrix}$$

4.3 一点的应变状态

设物体中一点 P 的应变分量或应变张量已知,如图 4-4 所示,现在来研究过该点任意方向的正应变的确定方法.

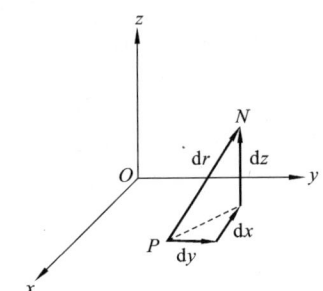

图 4-4 一点任意方向的应变

取过点 P 方向为 PN 向的微元段 $\overline{PN}=\mathrm{d}r$,设 PN 与坐标轴 x_i 的夹角余弦为 n_i,则有

$$\mathrm{d}x_i = \mathrm{d}r \cdot n_i \tag{4-17}$$

又记点 P 的位移分量为 $u_i^P = u_i$,则点 N 由于其坐标相对于点 P 有增量 $\mathrm{d}x_i$,其位移分量可表示为

$$u_i^N = u_i^P + \mathrm{d}u_i^N = u_i + u_{i,j}\mathrm{d}x_j \tag{4-18}$$

设 PN 向的正应变为 ε_r,则微元段 $\mathrm{d}r$ 变形后的长度为 $\mathrm{d}r + \varepsilon_r \mathrm{d}r$,而其在坐标轴 x_i 方向的投影为 $\mathrm{d}x_i + \mathrm{d}u_i^N$,所以有

$$(\mathrm{d}r + \varepsilon_r \mathrm{d}r)^2 = (\mathrm{d}x_i + \mathrm{d}u_i^N)(\mathrm{d}x_i + \mathrm{d}u_i^N)$$

即

$$(\mathrm{d}r)^2 + 2\varepsilon_r (\mathrm{d}r)^2 + \varepsilon_r^2 (\mathrm{d}r)^2 = \mathrm{d}x_i \mathrm{d}x_i + 2\mathrm{d}u_i^N \mathrm{d}x_i + \mathrm{d}u_i^N \mathrm{d}u_i^N$$

因

$$(\mathrm{d}r)^2 = \mathrm{d}x_i \mathrm{d}x_i \qquad \mathrm{d}u_i^N = u_{i,j}\mathrm{d}x_j$$

利用式(4-17)并略去二阶微量,上式可化简为

$$2\varepsilon_r (\mathrm{d}r)^2 = 2u_{i,j}n_i n_j (\mathrm{d}r)^2$$

所以

$$\varepsilon_r = u_{i,j} n_i n_j \tag{4-19}$$

利用式(4-15),并引入反对称张量 ω_{ij}

$$\omega_{ij} = \frac{1}{2}(u_{i,j} - u_{j,i}) \tag{4-20}$$

则式(4-19)可写成

$$\varepsilon_r = (\varepsilon_{ij} + \omega_{ij}) n_i n_j$$

上式中因 ω_{ij} 为反对称二阶张量,而 $n_i n_j$ 为二阶对称张量,所以两者之积为零,最终有

$$\varepsilon_r = \varepsilon_{ij} n_i n_j \tag{4-21}$$

展开,有

$$\varepsilon_r = n_1^2 \varepsilon_x + n_2^2 \varepsilon_y + n_3^2 \varepsilon_z + 2n_1 n_2 \varepsilon_{xy} + 2n_2 n_3 \varepsilon_{yz} + 2n_3 n_1 \varepsilon_{zx} \tag{4-22}$$

用工程应变表示,有

$$\varepsilon_r = n_1^2 \varepsilon_x + n_2^2 \varepsilon_y + n_3^2 \varepsilon_z + n_1 n_2 \gamma_{xy} + n_2 n_3 \gamma_{yz} + n_3 n_1 \gamma_{zx} \tag{4-23}$$

现在进一步考察过一点的两微元线段变形后之间夹角的变化.

设图 4-4 中的 $\overline{PN}$ 在变形后的方向余弦为 n_i',它等于变形后的 $\overline{PN}$ 在 x_i 轴上的投影除以 $\overline{PN}$ 变形后的实长,即

第 4 章 应变分析

$$n_i' = \frac{\mathrm{d}x_i + \mathrm{d}u_i}{(1+\varepsilon_r)\mathrm{d}r} = \frac{\mathrm{d}x_i + u_{i,j}\mathrm{d}x_j}{(1+\varepsilon_r)\mathrm{d}r} = \frac{n_i + u_{i,j}n_j}{(1+\varepsilon_r)} = (n_i + u_{i,j}n_j)(1-\varepsilon_r + \varepsilon_r^2 - \cdots)$$

略去二阶以上微量,有

$$n_i' = (n_i + u_{i,j}n_j)(1-\varepsilon_r) \tag{4-24}$$

设过点 P 另有一微元线段 $\overline{PM}$,其变形前后的方向余弦用 m_i 和 m_i' 表示,正应变用 ε_r' 表示,则类似地,有

$$m_i' = (m_i + u_{i,j}m_j)(1-\varepsilon_r') \tag{4-25}$$

设两微元线段变形前后的夹角为 θ 和 θ',则有

$$\cos\theta = n_i m_i \tag{4-26}$$

$$\cos\theta' = n_i' m_i' = (n_i + u_{i,j}n_j)(1-\varepsilon_r)(m_i + u_{i,j}m_j)(1-\varepsilon_r')$$

$$= (n_i m_i + u_{i,j}n_i m_j + u_{i,j}m_i n_j + u_{i,j}n_j u_{i,j}m_j)(1-\varepsilon_r - \varepsilon_r' + \varepsilon_r\varepsilon_r')$$

略去 $\cos\theta'$ 表达式中的高阶微量 $\varepsilon_r\varepsilon_r'$,$u_{i,j}n_j u_{i,j}m_j$,$u_{i,j}\varepsilon_r$ 和 $u_{i,j}\varepsilon_r'$ 等项并交换 $u_{i,j}m_i n_j$ 的下标 i 和 j,有

$$\cos\theta' = (1-\varepsilon_r - \varepsilon_r')\cos\theta + (u_{i,j} + u_{j,i})n_i m_j \tag{4-27}$$

$$= (1-\varepsilon_r - \varepsilon_r')\cos\theta + 2\varepsilon_{ij}n_i m_j$$

由式(4-26)和式(4-27)可求出 θ 和 θ',过点 P 的两微元线段变形后的夹角改变便为 $\theta - \theta'$。

以上介绍表明,一点的 6 个应变分量已知后,过该点任意方向微元线段的正应变及微元线段相互之间夹角的改变均能由它们确定下来,因此这些应变分量能完全确定一点的应变状态。

将式(4-27)展开,用工程应变表达为

$$\cos\theta' = (1-\varepsilon_r - \varepsilon_r')\cos\theta + 2(n_1 m_1 \varepsilon_x + n_2 m_2 \varepsilon_y + n_3 m_3 \varepsilon_z) \tag{4-28}$$
$$+ (n_1 m_2 + m_1 n_2)\gamma_{xy} + (n_2 m_3 + m_2 n_3)\gamma_{yz} + (n_3 m_1 + m_3 n_1)\gamma_{zx}$$

现考虑一特殊情况:线段 $\overline{PN}$ 平行于 x 轴,线段 $\overline{PM}$ 平行于 y 轴,则有

$$\theta = \frac{\pi}{2}$$

$$n_1 = 1 \qquad n_2 = 0 \qquad n_3 = 0$$
$$m_1 = 0 \qquad m_2 = 1 \qquad m_3 = 0$$

代入式(4-28)有

$$\cos\theta' = (1-\varepsilon_r - \varepsilon_r')\cos\theta + \gamma_{xy} = \gamma_{xy}$$

而

$$\cos\theta' = \sin\left(\frac{\pi}{2} - \theta'\right) = \sin(\theta - \theta') = \gamma_{xy}$$

因是小变形,$\theta - \theta'$ 是微量,所以有

$$\theta - \theta' = \sin(\theta - \theta') = \gamma_{xy}$$

类似地,可得到微小变形情况下,平行于 y 轴和 z 轴的两微元线段之间夹角的改变量为 γ_{yz},平行于 z 轴和 x 轴的二微元线段之间夹角的改变量为 γ_{zx}。

另外,还可用一点的应变分量描述体积应变,即物体受力变形后单位体积的改变,用符号 ε_v 表示.

考察一正平行六面微分体,其三边长分别为 dx, dy 和 dz,变形前其体积为
$$dV = dx dy dz$$
由于剪应变引起的体积改变是高阶微量,可以略去不计,因此体积改变是由于正应变引起的,设变形后的体积为 dV',则有
$$dV' = dx(1+\varepsilon_x) dy(1+\varepsilon_y) dz(1+\varepsilon_z)$$
所以单位体积的改变为
$$\varepsilon_v = \frac{dx(1+\varepsilon_x) dy(1+\varepsilon_y) dz(1+\varepsilon_z) - dx dy dz}{dx dy dz}$$
略去高阶微量得
$$\varepsilon_v = \varepsilon_x + \varepsilon_y + \varepsilon_z \tag{4-29}$$

4.4 主应变和应变不变量

式(4-23)给出了过一点任意方向的正应变表达式
$$\varepsilon_r = n_1^2 \varepsilon_x + n_2^2 \varepsilon_y + n_3^2 \varepsilon_z + n_1 n_2 \gamma_{xy} + n_2 n_3 \gamma_{yz} + n_3 n_1 \gamma_{zx}$$
设 ε_r 有极值 ε,从上式左边减去 ε,右边减去 $\varepsilon(n_1^2 + n_2^2 + n_3^2)$,因
$$n_1^2 + n_2^2 + n_3^2 = 1$$
这样处理后等式不变,即有
$$\varepsilon_r - \varepsilon = n_1^2 \varepsilon_x + n_2^2 \varepsilon_y + n_3^2 \varepsilon_z + n_1 n_2 \gamma_{xy} + n_2 n_3 \gamma_{yz} + n_3 n_1 \gamma_{zx} - \varepsilon(n_1^2 + n_2^2 + n_3^2) \tag{4-30}$$
将式(4-30)对 n_1, n_2 和 n_3 求导并令其等于零,有
$$\left. \begin{aligned} \frac{\partial(\varepsilon_r - \varepsilon)}{\partial n_1} &= 2(\varepsilon_x - \varepsilon) n_1 + \gamma_{xy} n_2 + \gamma_{zx} n_3 = 0 \\ \frac{\partial(\varepsilon_r - \varepsilon)}{\partial n_2} &= \gamma_{xy} n_1 + 2(\varepsilon_y - \varepsilon) n_2 + \gamma_{yz} n_3 = 0 \\ \frac{\partial(\varepsilon_r - \varepsilon)}{\partial n_3} &= \gamma_{zx} n_1 + \gamma_{yz} n_2 + 2(\varepsilon_z - \varepsilon) n_3 = 0 \end{aligned} \right\} \tag{4-31}$$
式(4-31)用张量下标记号法可表示为
$$(\varepsilon_{ij} - \varepsilon \delta_{ij}) n_j = 0$$
因把 ε 当成一个常数处理,故求 $(\varepsilon_r - \varepsilon)$ 的极值也就等于求 ε_r 的极值.

满足式(4-31)且 n_1, n_2 和 n_3 有非零解时,必须下列行列式等于零:
$$\begin{vmatrix} 2(\varepsilon_x - \varepsilon) & \gamma_{xy} & \gamma_{zx} \\ \gamma_{xy} & 2(\varepsilon_y - \varepsilon) & \gamma_{yz} \\ \gamma_{zx} & \gamma_{yz} & 2(\varepsilon_z - \varepsilon) \end{vmatrix} = 0 \tag{4-32}$$
展开上式,有

$$\varepsilon^3 - I_1\varepsilon^2 - I_2\varepsilon - I_3 = 0 \tag{4-33}$$

式中

$$I_1 = \varepsilon_x + \varepsilon_y + \varepsilon_z$$

$$I_2 = -\varepsilon_x\varepsilon_y - \varepsilon_y\varepsilon_z - \varepsilon_z\varepsilon_x + \frac{1}{4}(\gamma_{xy}^2 + \gamma_{yz}^2 + \gamma_{zx}^2)$$

$$I_3 = \varepsilon_x\varepsilon_y\varepsilon_z + \frac{1}{4}\gamma_{xy}\gamma_{yz}\gamma_{zx} - \frac{1}{4}(\varepsilon_x\gamma_{yz}^2 + \varepsilon_y\gamma_{zx}^2 + \varepsilon_z\gamma_{xy}^2)$$

研究表明,式(4-33)有三个实根,分别用 ε_1,ε_2 和 ε_3 表示,称为主应变,它们相应的方向余弦可由式(4-31)中的任两式联立 $n_1^2 + n_2^2 + n_3^2 = 1$ 求得. 可以证明三个主应变的方向互相垂直,而且当三个坐标轴的方向与它们重合时有

$$\gamma_{xy} = \gamma_{yz} = \gamma_{zx} = 0$$

这时 I_1,I_2 和 I_3 为

$$I_1 = \varepsilon_1 + \varepsilon_2 + \varepsilon_3$$

$$I_2 = -\varepsilon_1\varepsilon_2 - \varepsilon_2\varepsilon_3 - \varepsilon_3\varepsilon_1$$

$$I_3 = \varepsilon_1\varepsilon_2\varepsilon_3$$

因主应变不随坐标系变化而变化,所以 I_1,I_2 和 I_3 是不变量,分别称它们为应变(张量)的第一、第二和第三不变量.

4.5 变形协调方程

应变张量由三个位移分量的偏导数确定,因此它的各分量之间不是互不相关的. 从我们的研究对象在承载受力前后均是连续的角度来考虑,也可得出这一结论:设想物体由无数个微元体组成,若应变分量之间互不相关,则各微元体的变形会不协调,相互之间可能会产生重叠或分离,这与物体变形前后是连续的相矛盾,因此应变张量之间必有一定的联系.

由式(4-6)中的三式:

$$\varepsilon_x = \frac{\partial u}{\partial x} \quad \varepsilon_y = \frac{\partial v}{\partial y} \quad \gamma_{xy} = \frac{\partial u}{\partial y} + \frac{\partial v}{\partial x}$$

有

$$\frac{\partial^2 \varepsilon_x}{\partial y^2} + \frac{\partial^2 \varepsilon_y}{\partial x^2} = \frac{\partial^2 u}{\partial x \partial y^2} + \frac{\partial^2 v}{\partial y \partial x^2} = \frac{\partial^2}{\partial x \partial y}\left(\frac{\partial u}{\partial y} + \frac{\partial v}{\partial x}\right) = \frac{\partial^2 \gamma_{xy}}{\partial x \partial y}$$

再由式(4-6)中的三式:

$$\gamma_{xy} = \frac{\partial u}{\partial y} + \frac{\partial v}{\partial x}$$

$$\gamma_{yz} = \frac{\partial v}{\partial z} + \frac{\partial w}{\partial y}$$

$$\gamma_{zx} = \frac{\partial w}{\partial x} + \frac{\partial u}{\partial z}$$

有
$$\frac{\partial \gamma_{yz}}{\partial x}+\frac{\partial \gamma_{zx}}{\partial y}-\frac{\partial \gamma_{xy}}{\partial z}=2\frac{\partial^2 w}{\partial x \partial y}$$

上式再对 z 求偏导得

$$\frac{\partial}{\partial z}\left(\frac{\partial \gamma_{yz}}{\partial x}+\frac{\partial \gamma_{zx}}{\partial y}-\frac{\partial \gamma_{xy}}{\partial z}\right)=2\frac{\partial^3 w}{\partial x \partial y \partial z}=2\frac{\partial^2 \varepsilon_z}{\partial x \partial y}$$

类似地,由式(4-6)还可得出另外 4 个方程,综合起来有

$$\left.\begin{aligned}
&\frac{\partial^2 \varepsilon_x}{\partial y^2}+\frac{\partial^2 \varepsilon_y}{\partial x^2}=\frac{\partial^2 \gamma_{xy}}{\partial x \partial y}\\
&\frac{\partial^2 \varepsilon_y}{\partial z^2}+\frac{\partial^2 \varepsilon_z}{\partial y^2}=\frac{\partial^2 \gamma_{yz}}{\partial y \partial z}\\
&\frac{\partial^2 \varepsilon_z}{\partial x^2}+\frac{\partial^2 \varepsilon_x}{\partial z^2}=\frac{\partial^2 \gamma_{zx}}{\partial z \partial x}\\
&\frac{\partial}{\partial x}\left(\frac{\partial \gamma_{zx}}{\partial y}+\frac{\partial \gamma_{xy}}{\partial z}-\frac{\partial \gamma_{yz}}{\partial x}\right)=2\frac{\partial^2 \varepsilon_x}{\partial y \partial z}\\
&\frac{\partial}{\partial y}\left(\frac{\partial \gamma_{xy}}{\partial z}+\frac{\partial \gamma_{yz}}{\partial x}-\frac{\partial \gamma_{zx}}{\partial y}\right)=2\frac{\partial^2 \varepsilon_y}{\partial z \partial x}\\
&\frac{\partial}{\partial z}\left(\frac{\partial \gamma_{yz}}{\partial x}+\frac{\partial \gamma_{zx}}{\partial y}-\frac{\partial \gamma_{xy}}{\partial z}\right)=2\frac{\partial^2 \varepsilon_z}{\partial x \partial y}
\end{aligned}\right\} \quad (4-34)$$

式(4-34)称为变形协调方程(也称为相容方程).

由变形协调方程式(4-34)可知,应变分量不能任意给定.研究表明,当已知位移分量,再由几何方程求应变分量时,变形协调方程自然满足;反过来,若先已知应变分量,则只有当应变分量满足变形协调方程时,才可能求出正确的位移.

用张量下标记法,变形协调方程式(4-34)可写成

$$\varepsilon_{ij,kl}+\varepsilon_{kl,ij}-\varepsilon_{ik,jl}-\varepsilon_{jl,ik}=0 \quad (4-35)$$

式(4-35)完全展开,有 $3^4=81$ 个方程,但分析表明,只有 6 个方程是独立的,即式(4-34)的 6 个方程.

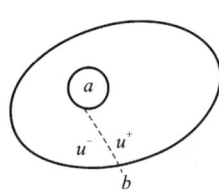

图 4-5 单连通域与多连通域

当物体内的任意一条封闭曲线缩小时均能变为一点时,称之为单连通域,否则称为多连通域,图 4-5 所示物体中间有一圆孔,就属于多连通域. 进一步的分析表明,应变分量满足变形协调方程是保证单连通域物体的位移单值连续解存在的必要和充分条件,对于多连通域物体还需附加一补充条件,即位移单值条件:通过适当截断,使多连通域变为单连通域,然后令在截断面两侧处的位移连续. 例如,对图 4-5 所示多连通物体,作假想截面 $\overline{ab}$,物体便成为单连通域了,相应的位移单值条件为在截面 $\overline{ab}$ 两侧有 $u_i^+=u_i^-$.

4.6 偏应变及其不变量

定义平均正应变

$$\varepsilon^a = \frac{1}{3}(\varepsilon_{11}+\varepsilon_{22}+\varepsilon_{33}) = \frac{1}{3}\varepsilon_{ii} \qquad (4\text{-}36)$$

则偏应变张量 e_{ij} 定义为

$$e_{ij} = \varepsilon_{ij} - \varepsilon^a \delta_{ij} \qquad (4\text{-}37)$$

同应变张量，偏应变张量也有三个主偏应变，分别记为 e_1, e_2 和 e_3.

偏应变张量的三个不变量为

$$I'_1 = e_{11}+e_{22}+e_{33} = e_1+e_2+e_3$$
$$I'_2 = -e_{11}e_{22}-e_{22}e_{33}-e_{33}e_{11}+e_{12}^2+e_{23}^2+e_{31}^2 = -e_1 e_2 - e_2 e_3 - e_3 e_1$$
$$I'_3 = |e_{ij}| = e_1 e_2 e_3$$

I'_2 还常采用以下表达式：

$$I'_2 = \frac{1}{2} e_{ij} e_{ij}$$
$$= \frac{1}{6}[(\varepsilon_x-\varepsilon_y)^2+(\varepsilon_y-\varepsilon_z)^2+(\varepsilon_z-\varepsilon_x)^2+\frac{3}{2}(\gamma_{xy}^2+\gamma_{yz}^2+\gamma_{zx}^2)]$$
$$= \frac{1}{6}[(\varepsilon_1-\varepsilon_2)^2+(\varepsilon_2-\varepsilon_3)^2+(\varepsilon_3-\varepsilon_1)^2]$$

下面介绍一些与 I'_2 有关的量.

1. 等效应变 $\bar{\varepsilon}$（或称应变强度）

$$\bar{\varepsilon} = \frac{2\sqrt{3 I'_2}}{3} = \sqrt{\frac{2}{9}[(\varepsilon_1-\varepsilon_2)^2+(\varepsilon_2-\varepsilon_3)^2+(\varepsilon_3-\varepsilon_1)^2]} \qquad (4\text{-}38)$$

在简单拉伸时，轴向应变为 $\varepsilon_1 = \varepsilon$，设材料不可压缩，则体积应变为零有

$$\varepsilon_2 = \varepsilon_3 = -\frac{\varepsilon}{2} \quad \bar{\varepsilon} = \varepsilon$$

2. 等效剪应变 Γ（或称剪应变强度）

$$\Gamma = 2\sqrt{I'_2} = \sqrt{\frac{2}{3}[(\varepsilon_1-\varepsilon_2)^2+(\varepsilon_2-\varepsilon_3)^2+(\varepsilon_3-\varepsilon_1)^2]} \qquad (4\text{-}39)$$

在纯剪切时，设 $\gamma_{xy} = \gamma, \varepsilon_x = \varepsilon_y = \varepsilon_z = \gamma_{yz} = \gamma_{zx} = 0$，则

$$\Gamma = \gamma$$

第 5 章 本构关系

5.1 概 述

在很长一段时间里,本构关系指的是应力与应变的关系,应力应变关系可表示为

$$\varepsilon_{ij} = f(\sigma_{ij}, \alpha) \tag{5-1}$$

式中:α 为一描述加载历史与路径的综合参数.

由于应变可分解成弹性应变与塑性应变两部分之和,且弹性应变部分与应力满足广义胡克定律,即

$$\varepsilon_{ij} = \varepsilon_{ij}^e + \varepsilon_{ij}^p \tag{5-2}$$

$$\varepsilon_{ij}^e = \frac{\sigma_{ij}}{2G} - \frac{3\mu}{E}\sigma^a \delta_{ij} \tag{5-3}$$

式中:σ^a 为平均应力,因此式(5-1)可改写成

$$\varepsilon_{ij} = \varepsilon_{ij}^e + \varepsilon_{ij}^p = f^e(\sigma_{ij}, \alpha) + g^p(\sigma_{ij}, \alpha) = f(\sigma_{ij}, \alpha) \tag{5-4}$$

式中:$f^e(\sigma_{ij}, \alpha)$ 对应 ε_{ij}^e,$g^p(\sigma_{ij}, \alpha)$ 对应 ε_{ij}^p,且有

$$f^e(\sigma_{ij}, \alpha) = \frac{\sigma_{ij}}{2G} - \frac{3\mu}{E}\sigma^a \delta_{ij}$$

因应力 σ_{ij} 与弹性应变 ε_{ij}^e 满足广义胡克定律式(5-3),所以 g^p 函数又可表示成

$$g^p(\sigma_{ij}, \alpha) = F^p(\varepsilon_{ij}^e, \alpha)$$

即

$$\varepsilon_{ij}^p = F^p(\varepsilon_{ij}^e, \alpha) \tag{5-5}$$

式(5-5)描述的就是弹性应变与塑性应变之间的关系.

所以应力应变关系等效于弹性应变与塑性应变之间的关系与广义胡克定律之和.

试验研究中,应变可以通过测量的位移直接计算出来,而应力需通过测量元件的应变并利用本构关系进行转换,因此研究弹性应变与塑性应变之间的关系更便捷,也可避免因测量元件本构关系偏差带来的系统误差.

下面将介绍应力应变关系、弹性应变与塑性应变之间关系的研究成果.

5.2 基本实验结果

一般情况下,材料在外力作用下的力学响应是很复杂的,应力分布也是不均匀的,有的地方应力很大,而有的地方可能又很小.要充分、合理地发挥材料的承载能力,就有必要深入地研究材料在外载作用下的力学行为.

现有的材料力学试验方法及设备还不允许我们直接研究复杂应力状态下的材料力学

第 5 章 本构关系

行为,但我们知道,当把处在复杂应力状态下的材料设想成由一个个足够小的微小单元组成时,每个微小单元上的应力状态便可认为是处于均匀应力状态.因而我们便可通过均匀应力状态——简单应力状态下的材料力学试验来研究材料的力学行为.

以下介绍简单应力状态下的一些材料力学试验结果.

5.2.1 金属材料简单拉压的试验结果

图 5-1 为金属试件在常温静载下典型的拉伸应力-应变曲线之一.图中点 A 称为材料的比例极限,其应力用 σ_p 表示.应力小于比例极限时,应力与应变成比例关系,可以严格用胡克定律描述.大于比例极限时,应力与应变的关系呈现非线性关系,不再遵循简单的比例关系.不过,如果在弹性极限点 B 之前卸除荷载,已产生的变形将完全恢复,而在点 B 之后卸除荷载,已产生的变形不能完全恢复,存在残余变形,即塑性变形.点 B 的应力称为材料的弹性极限,用 σ_e 表示.对某些材料,点 B 后出现一段应力几乎不变而应变迅速增大的屈服阶段,即图中的 $B'C$ 段.点 B' 的应力称为屈服极限(或屈服应力),用 σ_s 表示.由于比例极限 σ_p、弹性极限 σ_e 和屈服极限 σ_s 非常接近,实际应用中常将它们视为一点而不加以区分,并统以屈服应力 σ_s 表示. CD 段称为强化阶段,点 D 的应力称为强度极限,用 σ_b 表示.点 D 以后材料进入破坏状态,能承受的外载逐渐下降,应力也随之下降.

图 5-2 为金属试件在常温静载下又一种典型的拉伸应力-应变曲线,这种曲线没有图 5-1 所示的屈服阶段,除此之外,其他几个阶段相同.

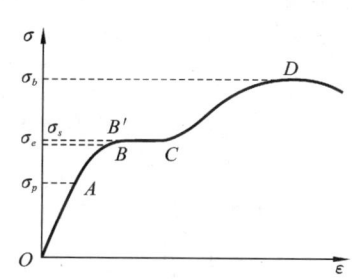

图 5-1 金属拉伸应力-应变曲线之一

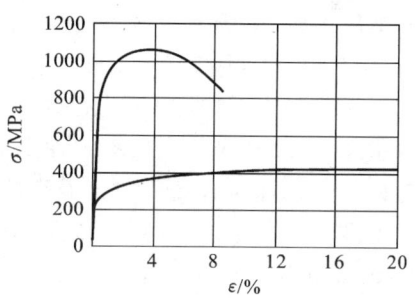

图 5-2 金属拉伸应力-应变曲线之二

加载后再卸载时,是否存在塑性变形,是区分弹性与塑性的分水岭.

超过弹性极限以后,如果在任一点 C 处卸载,应力应变曲线将不会沿原始加载路径返回,而是沿一条几乎平行于 OA 的曲线 CFG 变化,见图 5-3(a),直至应力下降为零,这时应变并不退回到零,OG 是保留下来的塑性应变,以 ε^p 表示.如果从 G 点重新开始加载,应力与应变将沿一条很接近于 CFG 的曲线 $GF'C'$ 变化,直至应力超过点 C 的应力以后才会发生新的塑性变形.这表明在塑性变形阶段经过卸载后弹性极限提高了,新的弹性极限以 σ_s^+ 表示,为了与初始屈服应力相区别,称其为加载应力($\sigma_s^+ > \sigma_s$),这种现象称为加工硬化或应变硬化.但对于低碳钢材料,在图 5-1 所示的屈服阶段 $B'C$ 段卸载后重新加载时没有上述应变硬化现象,这种现象被称为理想塑性或塑性流动.

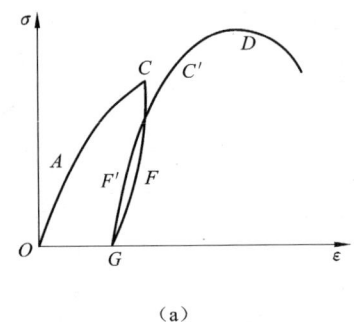 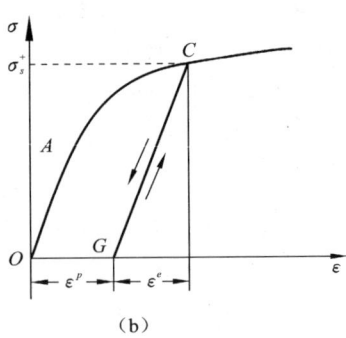

图 5-3 加工硬化现象

对于一般金属来说,图 5-3(a)中线段 CFG 和 $GF'C'$ 形成一回滞圈,它们的平均斜率和初始弹性阶段的斜率相近,从而在实际应用时可将其简化为图 5-3(b)所示的形式:$OA/\!/GC$,在 GC 段中应力应变服从胡克定律,它和 OA 段的区别仅在于它有初始的塑性应变 ε^p 存在.

加载和卸载时应力应变有不同的关系带来的问题是应力应变关系的非一一对应性(多值性),但这并不表明塑性应力应变关系就不能唯一确定了. 如果知道加载历史,从零的初始状态开始,一段一段地跟随着加载历史寻找到最终状态时的应力 σ,则应变 ε 还是一个定值. 这说明应力应变关系与加载历史有关,这一相关性是解决非线性问题所面临的重大难题之一.

简单压缩时,对于一般金属材料,在塑性变形不大(不超过 10%)时,应力应变曲线基本与简单拉伸的相同(图 5-4),塑性变形较大时则有明显差别.

如果将材料先拉伸进入塑性变形阶段,后卸载到零(图 5-5),再反向加载,使材料处于压缩状态,此时将先产生压缩弹性变形,随后屈服,再产生压缩塑性变形,但此时的压缩屈服应力 $|-\sigma_s'|$ 比未经预先拉伸而直接承受压缩时的 $|-\sigma_s|$ 要低得多. 同样地,若先压缩材料至塑性变形阶段,卸载到零后再反向拉伸,拉伸屈服应力也会降低. 这种现象称为包辛格(Bauschinger)效应.

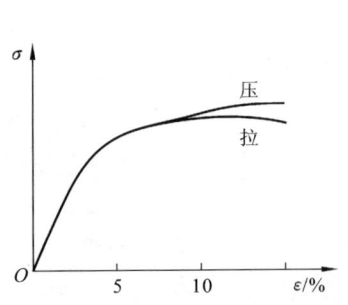 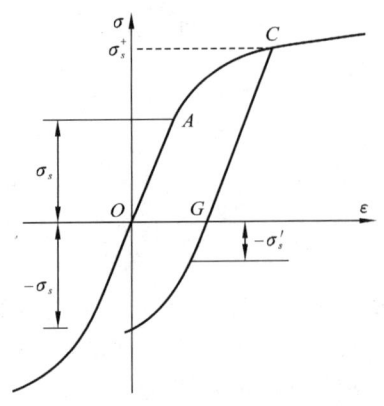

图 5-4 一般金属材料单轴拉压曲线的异同   图 5-5 有包辛格效应

但有些材料并不存在包辛格效应,相反地由于预先拉伸而提高其加载应力后,反向压缩时的加载应力也同样得到提高,如图 5-6 所示.

如在处理塑性问题时考虑包辛格效应则会带来很大困难,因此经典塑性力学理论一般不考虑它.但这种效应会使材料具有各向异性性质,对有往复加载的过程应予考虑.

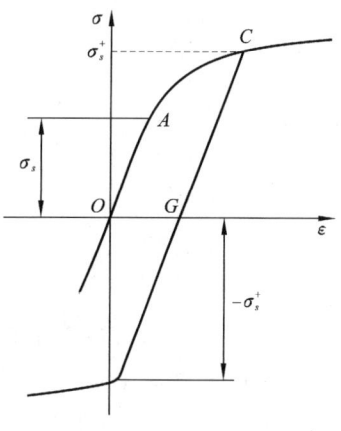

图 5-6 无包辛格效应

5.2.2 静水压力的试验结果

布里奇曼(Bridgman)通过金属材料试验对静水压力的作用效果进行了比较全面的研究,试验结果表明:

(1) 当材料处于静水压力作用下时,将发生体积改变,此体积改变与压力近似地成线性关系;若卸去外力,体积变化恢复,不会产生残余的体积变形.因而可以认为在静水压力作用下,体积变化是弹性的,遵循胡克定律.试验还表明,这种弹性的体积变化是很小的,例如,弹簧钢在 10 000 个大气压下体积仅缩小 2.2%.

(2) 静水压力不产生塑性变形.Bridgman 用各种钢试件作出轴向拉伸时的应力应变曲线及轴向拉伸与静水压力同时作用下的应力-应变曲线,比较两者后发现,静水压力对初始屈服的影响很小,可以忽略不计.因而可以认为静水压力与塑性变形无关.

以上结论不适用于岩土材料.

5.2.3 岩石类介质的压缩试验结果

以下关于岩石的试验曲线均以压应力、压应变为正,拉应力、拉应变为负.

1. 岩石类介质全应力-应变曲线及其分类

由于一般材料试验机的刚度小于岩石试件的刚度,当试件破坏时,试验机储存的大量弹性能立即释放,对试件产生冲击,使岩石试件产生剧烈破坏,很快就失去了承载力,所以岩石类介质在一般材料试验机上不能获得全应力-应变曲线,而仅能获得破坏前期的应力-应变曲线.当采用刚性试验机和伺服控制系统,控制加载速度以适应试件变形速度,就可以得到岩石的全应力-应变曲线.

早期利用刚性试验机对岩石全应力-应变曲线进行研究后将岩石的破坏分为两种情况:①要使岩石进一步破坏必须增加能量时,岩石破坏是稳定的;②能量必须从岩石试件上移出才能防止它突然破坏时,岩石的破坏是不稳定的.根据这两种情况,可以将全应力-应变曲线分为 I 类和 II 类特性曲线,如图 5-7 所示.这一分类在很长一段时间里似乎已成定论,并在很多岩石力学著作和文献中广泛引用.

对大部分岩石而言,其后区曲线都在图 5-7 中的 ACD 线的右侧,脆性越大的岩石,其后区曲线愈陡,越接近 ACD 线.

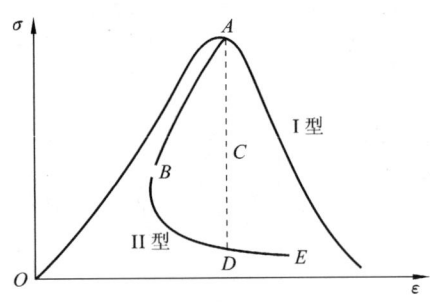

图 5-7 岩石全应力-应变曲线及分类

1992年葛修润利用更先进的试验机系统(新型自适应控制的电液伺服试验机)研究岩石全应力-应变曲线后得出了不同的结论：

在先进的控制技术条件下,绝大部分岩石都可以在纵向应变率保持常数的条件下得到过峰值的后区曲线,其破坏进程是可控的.总体上说,就整个破坏后区过程而言,试件的破坏仍然需要补充能量,因此I、II型分类是不适宜的.之前得出II型的后区曲线看来是与不够完善的控制方式和试验条件有关.

图 5-8 显示了葛修润采用新型自适应控制方式的电液伺服试验机对不同岩类进行的实验曲线.其中石英闪长岩、正长岩及粗粒花岗岩的脆性明显,应属于所谓II型那一类的岩石,但由于采用了比较先进的控制技术,它们都可以在纵向应变率控制条件下控制其破坏过程.得出的后区曲线都在图 5-7 中 ACD 线的右侧,即总体上说,为了导致这类试件的破坏仍然需要增补能量,而不是抽去能量.

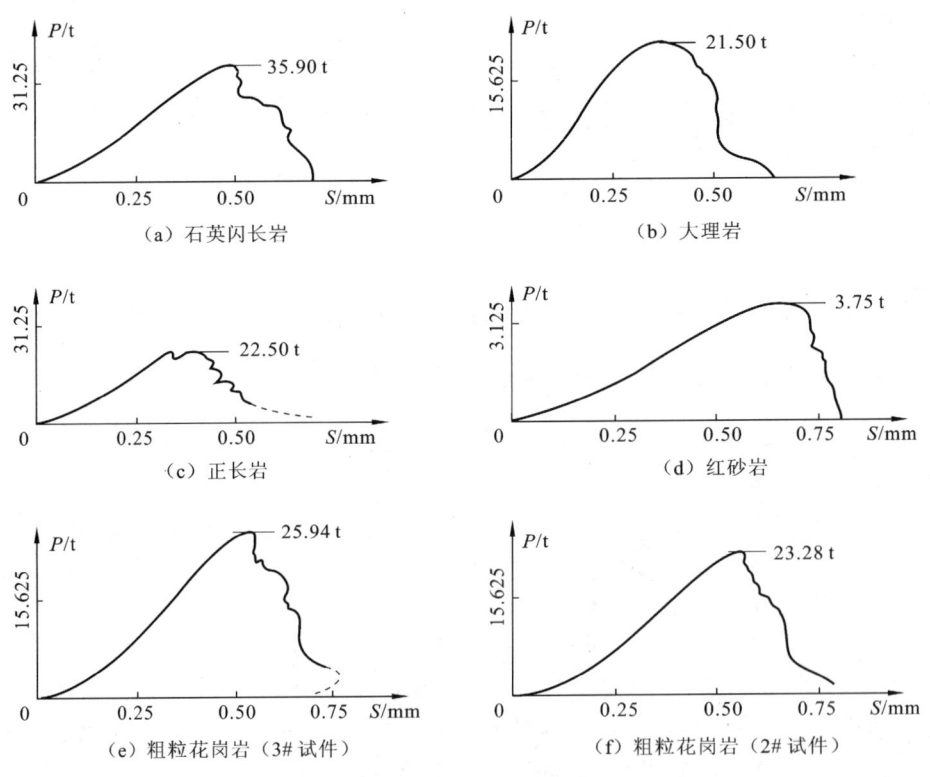

图 5-8 各种岩石试件的荷载位移曲线($\bar{\varepsilon}=5\times10^{-6}/s$)

由于塑性力学的研究对象是连续介质,因此上面的破坏后区分类对本书并不重要.

2. 单轴压缩下岩石的应力-应变曲线

就破坏前的阶段而言,一般地,可以划分为三个分段(图 5-9).

第一段是 OA 段,曲线是上弯的,曲线的斜率逐渐增大,这通常是由于岩石中原有裂隙逐渐压紧闭合的过程形成的.

第二段是 AB 段,它的特点是曲线近似直线,即曲线的斜率大致为常数. 在这个阶段中,虽然也可能伴随一些初始破损,但由于相应的荷载不大,因而由破损引起的非线性现象不占重要地位.

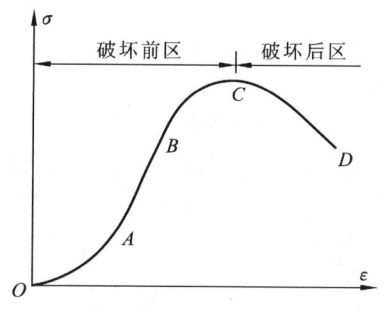

图 5-9 单轴压缩下岩石的应力-应变曲线

第三段是 BC 段,曲线逐渐偏离近似直线而下弯,曲线斜率逐渐地减小. 在此阶段内,岩石的局部破损逐渐增多,最终导致试件破坏. 这一阶段的变形对于研究工程上的监测系统和地震前兆现象,具有十分重要的意义,因而受人们的注意. 岩石的室内试验研究表明这个阶段岩石的变形具有如下明显的特征:首先,岩石的变形速率增加了,并且在几乎不变的应力作用下变形会继续增加;其次,变形区内体积发生变化,大多数岩石会发生膨胀(扩容),这种膨胀之所以发生,是由于微破裂的结果,微破裂的取向大体与最大主应力方向平行;最后,会逐渐形成微破裂或膨胀区的集中带,而且这个集中带将成为岩石的最终宏观破裂面.

上述三个阶段统称为岩石破坏前阶段,过 C 点(峰值)后便进入岩石破坏后阶段. 这一阶段可视岩石的性状分为两种情况.

(1) 岩石仍然保持部分的强度——残余强度. 因此,可以在峰值后的任意点进行卸载再重复加载,而仍保持峰值前(破坏前阶段)岩石所具有的一般变形特征,即在循环加载时也会出现回滞圈,并且当下一级加载到前次卸载的荷载时,又会沿着初始变形曲线变化,但随着变形的发展,其弹性模量不断地下降,这反映了岩石试件在荷载作用下的破坏程度.

(2) 超过峰值后,试件即失去了自己的承载能力,其残余强度只是岩石破碎块体之间的摩擦力而已.

3. 三轴压缩下岩石的应力应变关系

岩石在三轴压缩作用下,其情况也类似于单轴压缩作用下的岩石变形—破坏过程. 图 5-10 所示的是围压 $\sigma_2 = \sigma_3 = 100$ MPa 时花岗岩的应力-应变关系曲线. 从原点作一条与 $(\sigma_1 - \sigma_3) \sim \varepsilon_v$ 曲线相切的直线(ε_v 为体积应变),由图可以看出:在应力差 $\sigma_1 - \sigma_3$

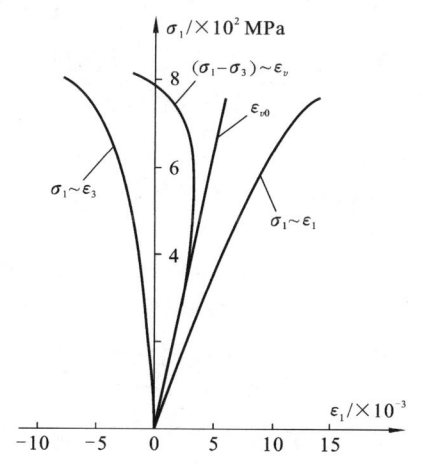

图 5-10 花岗岩的应力-应变曲线

约达强度值的 $\frac{1}{2}$ 时,体积应变 ε_v 开始偏离上述切线,这表明试件体积随应力差的增加而增加,并且会出现负值(膨胀),这种偏离现象被称为扩容作用.它是由于岩石试件内微裂纹的发育与扩展所造成的.

白云岩在 σ_3 恒定($\sigma_3=1.25\times10^2$ MPa)、σ_2 取不同值时的 $(\sigma_1-\sigma_3)\sim\varepsilon_1$ 曲线如图 5-11 所示.试验表明,σ_3 为定值时,σ_2 对白云岩的强度及变形特性有明显影响.

图 5-10、图 5-11 试验曲线来源于陶振宇、潘别桐 1991 年的著作.

不同围压的岩石三轴试验表明:当围压增大时,岩石由脆性破坏逐渐转化为塑性(韧性)状态,如图 5-12 所示,该试验为 M. S. 佩特森(Paterson)于 1958 年所做.

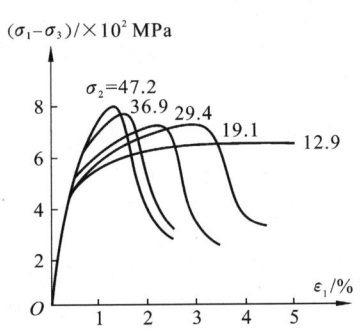
图 5-11 白云岩三轴实验应力应变曲线

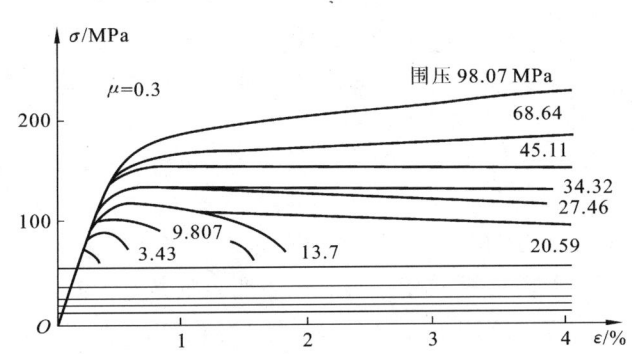
图 5-12 大理岩在不同围压下的应力应变曲线

5.2.4 其他因素对材料力学行为的影响

研究结果表明,温度、变形速度对材料的力学行为均有明显影响.

1. 温度

当温度超过一定数值后,将使 σ_s 降低,而塑性变形能力将提高,材料出现蠕变现象,即应力不变而应变不断随时间增大而增大的现象.通常塑性力学不考虑这种现象,假设应力和应变只依赖于加载路径而不随时间的长短变化.

2. 变形速度

当试验的变形(或加载)速度比通常的试验速度快几个数量级时,会发现屈服应力提高了,但塑性变形能力降低了.对于一般的加载速度,塑性力学不考虑这种影响.对于受冲击载荷或爆炸载荷作用的情形,则需考虑变形速度的影响,但对于这类问题的研究已属于"爆炸力学""塑性波动力学"的范畴.

目前也已进行了许多复杂应力状态下的试验,但这种试验,同样需要创造均匀应力区域,测量均匀应变.随着加载(变形)路径的多样化,试验已变得十分复杂,后面的章节将会涉及一些复杂应力状态下的试验结果.

5.3 弹塑性变形的物理基础

弹性变形与塑性变形是固体的宏观力学现象,它们是固体晶体组成粒子微观作用的表现,现有研究结果已使我们可以在一定程度上从固体的细观结构及粒子之间的相互作用方面解释这种现象.

5.3.1 晶体结合的力

根据晶体理论可知,组成晶体的粒子[图 5-13(a) 中的 A_1, A_2, A_3]之间的相互作用力是斥力和引力并存的,如果把斥力看成正的,引力看成负的,则随着两个粒子之间的距离 r 的变化,斥力和引力的变化情况如图 5-13(b)中的曲线 1、2 所示.从两曲线可以看出,随着 r 的加大,斥力比引力减小得快(这一情况正与固体的不易压缩性相符合),当两个粒子之间的距离等于 r_0 时,斥力和引力相等,粒子处于不受力状态,r_0 称为粒子的平衡距离.当粒子之间的距离比 r_0 小时(即受到压缩),斥力超过引力,它们的合力随 r 的减小而迅速加大,当粒子之间的距离比 r_0 大时(即受到拉伸),引力超过斥力,其合力的绝对值随 r 的加大而加大,合力达到

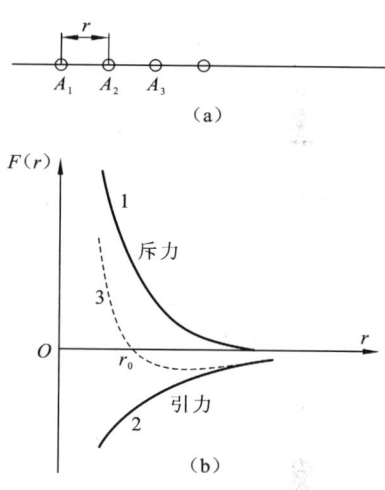

图 5-13 粒子之间相互作用力

最大值后,随着 r 再加大,又逐渐降为零.图 5-13(b)中的曲线 3 即代表两个粒子之间相互作用的合力随 r 变化的情况.把两个粒子之间的相互作用,推广到更多粒子之间的相互作用,力的变化仍有相似的规律.

5.3.2 弹性变形的细观结构解释

由上述可知,当 $r = r_0$ 时,粒子间斥力与引力的合力等于零,$r = r_0$ 是粒子的平衡距离.现设想有一外力作用在晶体上,这外力的方向平行于某一晶体学方向(即通过无限多个晶格粒子的一条直线方向),那么力的作用结果就会使相邻粒子之间的距离 r 发生改变,新的平衡位置位于外加作用力和粒子间作用力相平衡处,如图 5-14 所示.这种平衡位置的变化表征了拉伸或压缩应变的大小,也表征了拉伸或压缩应力的大小,在作用力曲线上,靠近 $r = r_0$ 的部分可以认为是直线,即作用力 F 与粒子间距离 r 的变化成正比关系,这就解释了当变形很小时,应力与应变成正比关系的胡克定律.在发生应变的过程中,外力反抗晶格粒子之间的力而做功,并以位能的形式储存在晶体中,当偏离 r_0 很小时可以

认为所发生的过程是可逆的,即去掉外力,晶体可以恢复原来的位形,这就是弹性变形的基本特性.

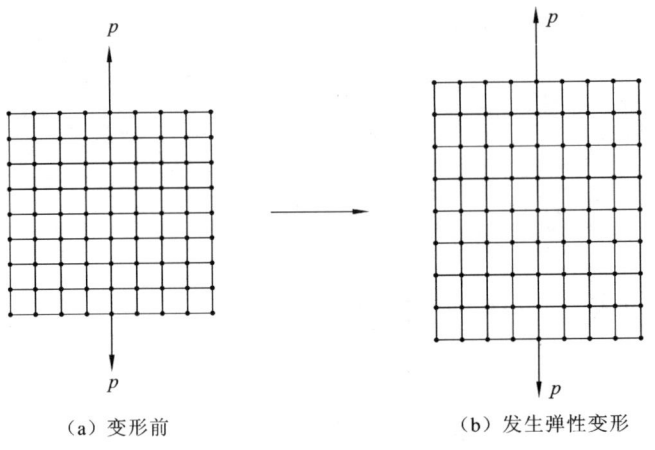

(a) 变形前　　　　　　　(b) 发生弹性变形

图 5-14　正应力对晶格的作用

如果形变是切变(即剪切变形),晶格会发生变形,正方形的晶格变为斜方形,如图 5-15 所示,对角线 ab' 伸长,ba' 缩短,结果使 a,b' 原子之间产生引力作用,b,a' 原子之间产生斥力作用,去掉外力,原子之间的作用力使晶格恢复原状,当变形较小时,恢复是完全的,这就是对剪切弹性变形的解释.

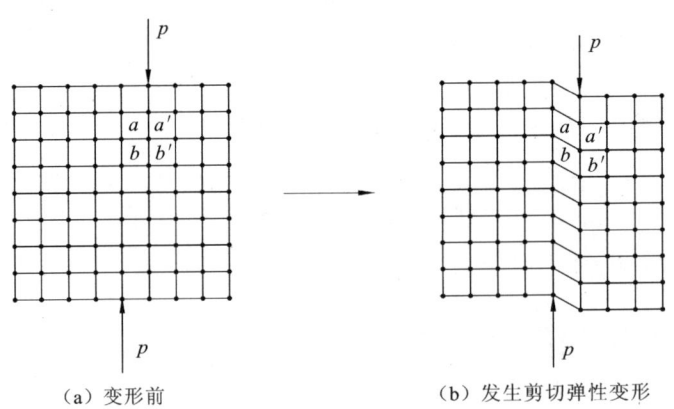

(a) 变形前　　　　　　　(b) 发生剪切弹性变形

图 5-15　剪切应力对晶格的作用

一个完善晶粒能达到 10^{-1} 量级的弹性剪应变,但一般情况下,试验测得的宏观弹性剪应变不超过 10^{-4} 量级.产生这种差异的原因,是晶格结构存在"缺陷"——原子排列常是不规则的,图 5-15 所示的理想情况在实际中是不存在的.这种"缺陷"称为位错,它减弱了晶粒对滑移的抵抗.研究表明,由于晶体内存在位错,只要施加很小的切应力,就能使得位错从晶体的一边传播到另一边,如图 5-16 所示,结果是位错通过的两侧发生了滑移.

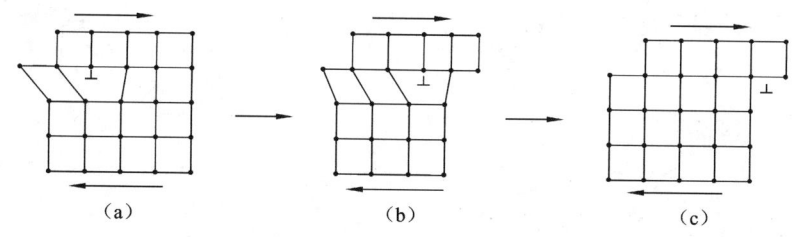

图 5-16 位错从晶体的一边传播到另一边

5.3.3 塑性变形的细观结构解释

塑性变形可以从晶体的滑移得到解释.晶体中晶格粒子有规则的排列,并且组成一系列的晶面,在晶格中存在这样一些晶面,沿着这些晶面中的某些方向能够发生与相邻部分的相对滑动,这种现象在晶体理论中称为滑移.很显然,如果在发生滑移的前后,晶格粒子周围的情况相同,则粒子就不会受到恢复力的作用.

如图 5-17 所示,图中粒子 a 与 a'、b 与 b' 起始时位于同一水平,设想它们在剪切作用下沿 $\overrightarrow{ab}$ 方向发生了滑移,使 a',b 位于一个水平了,从静态粒子之间的相对位置来看,滑移前后晶格的结构没有区别,所以不存在恢复原状的力,晶体也就产生了塑性变形.试验表明:塑性变形的基本机理是滑移,但图 5-17 所示也是理想的滑移情形,实际的滑移情形已在图 5-16 中表示出,是由位错从晶体的一边传播到另一边而逐渐完成的.

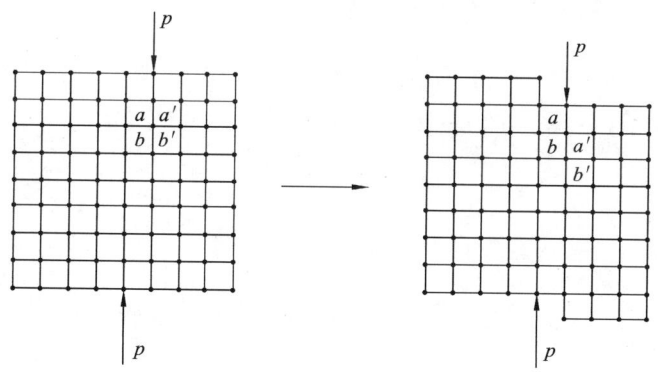

图 5-17 塑性变形的机制

在许多情况下,滑移表面是平面,称为"滑移面".试验表明,滑移易于沿着原子最密集的方向发生.滑移面的方位随晶体而异,如面心立方的晶体将沿八面体面滑移,体心立方晶体将沿对角线平面滑移,如图 5-18 所示.

塑性变形还有其他次要的产生机制,例如孪晶等,当晶体发生转动,晶体变形平面转换到另一组平面时孪晶开始形成.有时是由于晶体的对称性,晶块沿晶面产生对称滑移,这时可能有两个或两个以上的结晶面同时发生滑移.

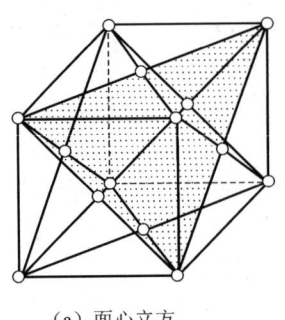 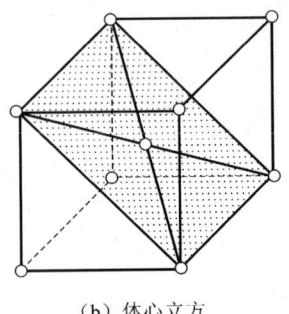

(a) 面心立方　　　　　　　　　(b) 体心立方

图 5-18　晶格的滑移面

借助于超级电子计算机,现已可以从赋予特定物理规律的亚微观(即位错、滑移和晶粒构造三个层次)模型出发,产生出具有指定宏观特性的单晶体乃至多晶体的本构方程,而且用这类本构方程对各类塑性变形模式的数值模拟与同样条件下的实验观测颇为吻合.相信经过人们的不断努力,这方面的研究成果最终能反映及解释材料的宏观力学机制.

5.4　应力应变本构关系

5.4.1　试验结果总结

总结材料的力学试验结果,我们可将材料的应力-应变曲线分为弹性阶段、弹塑性阶段和破坏阶段三个阶段,在每个阶段应力应变关系有如下特点.

1. 弹性阶段

在这一阶段材料的应力应变满足广义胡克定律,即

$$\left.\begin{aligned} \varepsilon_x &= \frac{1}{E}[\sigma_x - \mu(\sigma_y + \sigma_z)] \\ \varepsilon_y &= \frac{1}{E}[\sigma_y - \mu(\sigma_z + \sigma_x)] \\ \varepsilon_z &= \frac{1}{E}[\sigma_z - \mu(\sigma_x + \sigma_y)] \\ \gamma_{xy} &= \frac{1}{G}\tau_{xy} \\ \gamma_{yz} &= \frac{1}{G}\tau_{yz} \\ \gamma_{zx} &= \frac{1}{G}\tau_{zx} \end{aligned}\right\} \quad (5\text{-}6)$$

第5章 本构关系

用张量下标记号可表示成

$$\varepsilon_{ij} = \frac{\sigma_{ij}}{2G} - \frac{3\mu}{E}\sigma^a \delta_{ij} \tag{5-7}$$

式中：E，G 和 μ 分别为弹性模量、剪切弹性模量和泊松比，且 E，G 和 μ 满足如下关系：

$$G = \frac{E}{2(1+\mu)} \tag{5-8}$$

2. 弹塑性阶段

在这一阶段，应变可分为可恢复的弹性应变部分 ε_{ij}^e 和不可恢复的塑性应变部分 ε_{ij}^p 之和，即有

$$\varepsilon_{ij} = \varepsilon_{ij}^e + \varepsilon_{ij}^p$$

应力应变关系在加载和卸载时服以不同的规律，它们之间是一种复杂的非线性、非一一对应的关系，但应变的弹性部分和应力仍满足广义胡克定律，即

$$\varepsilon_{ij}^e = \frac{\sigma_{ij}}{2G} - \frac{3\mu}{E}\sigma^a \delta_{ij} \tag{5-9}$$

3. 破坏阶段

这一阶段材料已发生破坏或局部破坏，失去或部分失去承载力。这时的应力-应变曲线表示的已不是连续介质的应力应变关系，严格来说，这时的受力物体已不能用连续介质理论来分析。

通过试验研究，我们总结出了广义胡克定律用于描述材料应力应变曲线的线性阶段，但要确定完整的应力应变关系，还需要完成以下4个方面的工作：

(1) 确定非线性阶段的应力应变关系。

(2) 确定应力应变曲线线性阶段和非线性阶段的分界点(面)，这包括两个方面：①从未经受过塑性变形时由弹性状态到达弹塑性状态的分界点(面)，也即初始弹性状态的界限，这一界限我们称为屈服条件，也称为屈服面。②经受过塑性变形后，弹性响应的界限变化了，即屈服条件变化了，变化后的屈服条件我们称之为加载条件，也称为加载面。

(3) 确定加卸载准则。如已知在某复杂应力状态下某点位处于弹塑性临界状态，则一应力增量可能使该点位跨越该临界状态进入塑性状态，也可能使其回到弹性区间，因此需要一个判据来进行判断，以便决定在后续计算中是按弹塑性状态还是弹性状态来考虑，这个判据就称为加卸载准则。

(4) 材料的加载过程不可能无限制地进行。加载到一定程度时材料会因破坏或变形过大而失效，也不能采用塑性力学理论来分析了。因此，需要一个强度(或失效)判据。

如果以 σ_{ij} 作为坐标轴，屈服条件显然可用函数 $F(\sigma_{ij}) = 0$ 来描述，它在应力空间中是一个曲面，称为屈服面；而加载条件由于与加载历史和路径有关，可用函数 $\phi(\sigma_{ij}, K) = 0$ 来描述，式中 K 为表征加载历史和路径的参数，在应力空间中它也是一个曲面，称为加载面。屈服条件、加载条件及加卸载准则的研究情况将在第6章介绍。

5.4.2 Drucker 公设

首先介绍材料的稳定与不稳定概念.观察图 5-19 所示的单向拉伸应力应变曲线,其中图(a)中要增加应变就必须增加应力,我们称这时的材料是稳定的;而在图(b)中过了应力峰值点 D 之后,增加应变时应力反而下降,这时称材料是不稳定的. Drucker 公设将材料稳定的概念推广到了复杂应力状态.

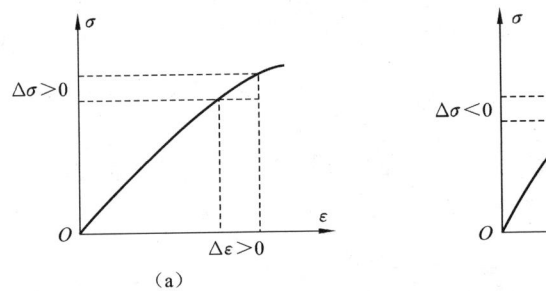
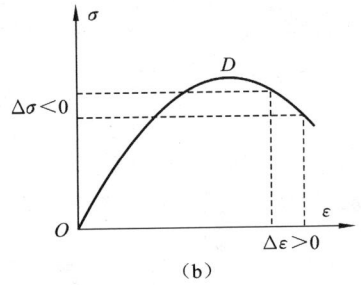

图 5-19 材料的稳定与不稳定

Drucker 公设 考虑某应力循环,开始时应力 σ_{ij}^0 在加载面内(即 σ_{ij}^0 处于弹性状态),然后达到 σ_{ij},刚好在加载面上,继续在加载面上加载到 $\sigma_{ij}+\mathrm{d}\sigma_{ij}$,在这一阶段,将产生塑性应变 $\mathrm{d}\varepsilon_{ij}^p$,最后将应力又卸回到 σ_{ij}^0. 若在整个应力循环过程中,附加应力 $\sigma_{ij}-\sigma_{ij}^0$ 所做的塑性功不小于零,则材料就称为是稳定的.

在上述应力循环过程中外载所做的功必然大于零,即

$$\oint_{\sigma_{ij}^0} \sigma_{ij}\,\mathrm{d}\varepsilon_{ij} \geqslant 0 \tag{5-10}$$

符号"$\oint_{\sigma_{ij}^0}$"表示积分路径从 σ_{ij}^0 开始又回到 σ_{ij}^0.

不论材料是否稳定,式(5-10)表示的功不可能是负的,否则就能通过应力循环不断地从物体中提取能量. 要判断材料的稳定性必须由附加应力 $\sigma_{ij}-\sigma_{ij}^0$ 所做的塑性功不小于零得出,其定义为

$$\oint_{\sigma_{ij}^0}(\sigma_{ij}-\sigma_{ij}^0)\mathrm{d}\varepsilon_{ij} = \oint_{\sigma_{ij}^0}(\sigma_{ij}-\sigma_{ij}^0)(\mathrm{d}\varepsilon_{ij}^e+\mathrm{d}\varepsilon_{ij}^p) \geqslant 0 \tag{5-11}$$

由于弹性应变 ε_{ij}^e 在应力循环中是可逆的,故有

$$\oint_{\sigma_{ij}^0}(\sigma_{ij}-\sigma_{ij}^0)\mathrm{d}\varepsilon_{ij}^e = 0$$

所以式(5-11)等价于

$$\oint_{\sigma_{ij}^0}(\sigma_{ij}-\sigma_{ij}^0)\mathrm{d}\varepsilon_{ij}^p \geqslant 0$$

而在整个应力循环过程中,仅当应力由 σ_{ij} 加到 $\sigma_{ij}+\mathrm{d}\sigma_{ij}$ 时才会产生塑性应变 $\mathrm{d}\varepsilon_{ij}^p$,循环的其余过程并不产生塑性应变,因此上一积分可表示为

$$(\sigma_{ij}+\mathrm{d}\sigma_{ij}-\sigma_{ij}^0)\mathrm{d}\varepsilon_{ij}^p \geqslant 0 \qquad (5\text{-}12)$$

我们可用一维情形的情况直观地对式(5-12)作一说明. 如图 5-20 所示,这时有

$$(\sigma+\mathrm{d}\sigma-\sigma^0)\mathrm{d}\varepsilon^p \geqslant 0 \qquad (5\text{-}13)$$

式(5-13)左侧表示的就是图 5-20 中阴影部分面积,显然对于稳定材料阴影面积必然大于零. 但对于如图 5-21 所示不稳定材料,此时 $\mathrm{d}\sigma<0$,$\mathrm{d}\varepsilon^p>0$,式(5-13)左侧就有可能小于零.

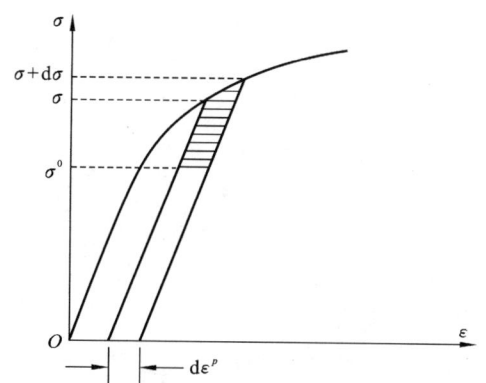

图 5-20 一维情形 Drucker 公设的说明一

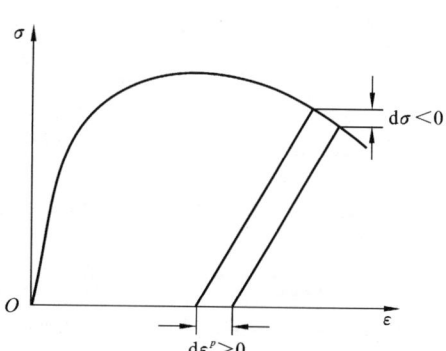

图 5-21 一维情形 Drucker 公设的说明二

例如,我们取 σ^0 很接近于 σ,可使

$$0<\sigma-\sigma^0=\Delta\sigma<|\mathrm{d}\sigma|$$

将 $\Delta\sigma+\mathrm{d}\sigma<0$ 代入式(5-12)便有

$$(\sigma+\mathrm{d}\sigma-\sigma^0)\mathrm{d}\varepsilon^p=(\Delta\sigma+\mathrm{d}\sigma)\mathrm{d}\varepsilon^p<0$$

从式(5-12)可以导出两个不等式:

(1) 当 $\sigma_{ij}\neq\sigma_{ij}^0$ 时,由于 $\mathrm{d}\sigma_{ij}$ 是高阶微量可以忽略,有

$$(\sigma_{ij}-\sigma_{ij}^0)\mathrm{d}\varepsilon_{ij}^p \geqslant 0 \qquad (5\text{-}14)$$

(2) 当 $\sigma_{ij}=\sigma_{ij}^0$ 时,则有

$$\mathrm{d}\sigma_{ij}\mathrm{d}\varepsilon_{ij}^p \geqslant 0 \qquad (5\text{-}15)$$

下面我们用几何图形来形象地说明式(5-14)和式(5-15)的意义.

如图 5-22 所示,将应力空间 σ_{ij} 和塑性应变空间 ε_{ij}^p 的坐标重合,并将 $\mathrm{d}\varepsilon_{ij}^p$ 的原点置于加载面上的 σ_{ij} 点,即点 A 处. 这样 σ_{ij}^0,σ_{ij} 分别可用矢量 $\overrightarrow{OA^0}$,$\overrightarrow{OA}$ 表示,$\mathrm{d}\sigma_{ij}$ 和 $\mathrm{d}\varepsilon_{ij}^p$ 也可分别用矢量 $\mathrm{d}\boldsymbol{\sigma}$ 和 $\mathrm{d}\boldsymbol{\varepsilon}^p$ 表示.

由矢量的点积定义可知,式(5-14)可表示为

$$\boldsymbol{A^0A}\cdot\mathrm{d}\boldsymbol{\varepsilon}^p \geqslant 0 \qquad (5\text{-}16)$$

式(5-16)表示式中两个矢量的夹角为锐角.

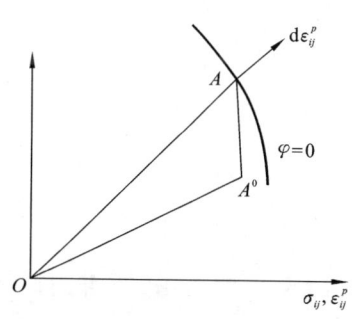

图 5-22 应力空间与塑性应变空间

又设加载面在点 A 处的法向矢量为 $\boldsymbol{n}$，如果 $\mathrm{d}\boldsymbol{\varepsilon}^p$ 与 $\boldsymbol{n}$ 不重合，则总可以在加载面内找到点 A^0，使式(5-16)不成立，如图5-23所示.

再者，若加载面不是外凸的，即如图5-24所示是凹的，则也可在加载面内找到点 A^0，使式(5-16)不成立.

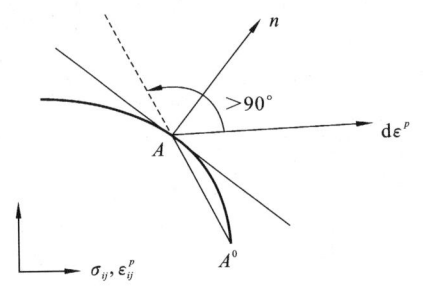

图5-23 加载面上 $\mathrm{d}\varepsilon_{ij}^p$ 的方向

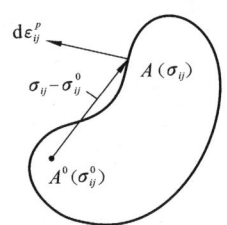

图5-24 加载面形状要求

总结：加载面必是外凸的，且 $\mathrm{d}\varepsilon_{ij}^p$ 必与加载面的外法线重合.

因此，若加载面用函数 $\phi(\sigma_{ij},K)=0$ 表示，K 为表征加载路径与历史的参数，则 $\mathrm{d}\varepsilon_{ij}^p$ 可表示为

$$\mathrm{d}\varepsilon_{ij}^p = \mathrm{d}\lambda \frac{\partial \phi}{\partial \sigma_{ij}} \tag{5-17}$$

式中：$\mathrm{d}\lambda \geqslant 0$ 为一比例系数.

上式表明，塑性应变增量各分量之间的比例可由 σ_{ij} 在加载面 $\phi(\sigma_{ij},K)=0$ 上的位置决定.

再来讨论式(5-15)的意义. 由于 $\mathrm{d}\boldsymbol{\varepsilon}^p$ 与 $\boldsymbol{n}$ 重合，式(5-15)可表示为

$$\mathrm{d}\boldsymbol{\sigma} \cdot \boldsymbol{n} \geqslant 0 \tag{5-18}$$

这表明，只有当应力增量指向加载面外部时才能产生塑性变形，这实际上就是加卸载准则. 第6章将对此作进一步讨论.

综上所述，如果加载面 $\phi(\sigma_{ij},K)=0$ 确定了，则非线性阶段的应力应变关系就能确定如下：

$$\left. \begin{aligned} \varepsilon_{ij} &= \varepsilon_{ij}^e + \varepsilon_{ij}^p \\ \varepsilon_{ij}^e &= \frac{\sigma_{ij}}{2G} - \frac{3\mu}{E}\sigma^a \delta_{ij} \\ \varepsilon_{ij}^p &= \int \mathrm{d}\varepsilon_{ij}^p = \int \mathrm{d}\lambda \frac{\partial \phi}{\partial \sigma_{ij}} \end{aligned} \right\} \tag{5-19}$$

5.4.3 单一曲线假定

研究人员曾试图直接建立总应变与瞬时应力之间的关系，也即直接建立用全量（总

应变与瞬时应力)形式表示的与加载路径无关的本构关系,但前述研究表明非线性应力应变关系与加载历史和路径相关,也与加载面相关,因此建立全量形式的本构关系是不切实际的.但在不断的探索中人们发现在简单加载情况下,应力应变之间有一种近似的全量关系,这就是单一曲线假定.简单加载是指单元体应力分量各分量之间的比值在加载过程中保持不变,按同一参量单调增长的加载情形.非简单加载情形则称为复杂加载.

单一曲线假定　在简单加载情况下,按不同应力组合所得的 $\bar{\sigma}\sim\bar{\varepsilon}$ 曲线和简单拉伸时的 $\sigma\sim e$ 曲线一样,e 为应变偏量.当 $\mu=\dfrac{1}{2}$ 时,$\sigma\sim e$ 曲线等同于 $\sigma\sim\varepsilon$ 曲线.这一假定已通过试验证明.

在加载过程中,物体的应力场变化一般是很复杂的,怎么才能保证其内部的每一个单元体都处于简单加载情形呢?对此依留辛(А. А. Ильюшин)给出了如下一组充分条件:

(1) 小变形.

(2) $\mu=\dfrac{1}{2}$.

(3) 外载按比例单调增长,如有位移边界条件,只能是零位移边界条件.

(4) 材料的 $\bar{\sigma}\sim\bar{\varepsilon}$ 曲线具有 $\bar{\sigma}=\overline{A\varepsilon^n}$ 的形式.

如果在加载过程中能满足这些条件,就能保证实现简单加载.不过真实材料并不符合上述条件(2)和条件(4).

5.4.4　几种应力-应变曲线简化模型

进入塑性状态后,应力应变关系由于是非线性、非单值、与应变路径有关的,表述很复杂,因此研究进展比较缓慢,它是制约塑性力学理论发展与工程应用的瓶颈.为简化难点,我们常常对材料的应力应变关系作出简化,常用的简化应力应变关系模型如下.

1. 理想弹塑性模型

有些材料,例如低碳钢等,经过较长的屈服阶段后才强化.因此,当应变不太大时可不必考虑后面的强化阶段,而把材料看成是理想弹塑性的,如图 5-25 所示.对于强化程度比较小的材料也可以这样近似处理.

在理想弹塑性模型中,应力达到屈服应力以前,应力应变呈线性关系,应力达到屈服应力以后,应力则保持不变.其应力应变关系可写成

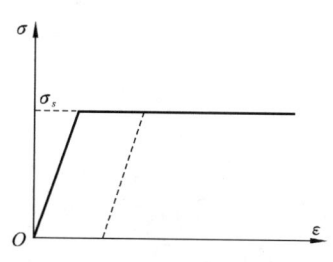

图 5-25　理想弹塑性模型

$$\left. \begin{aligned} \varepsilon &= \frac{\sigma}{E} & |\sigma| &< \sigma_s \\ \varepsilon &= \frac{\sigma}{E} + \lambda \mathrm{sign}\sigma & |\sigma| &= \sigma_s & \sigma\mathrm{d}\sigma &\geqslant 0 \text{(加载)} \\ \mathrm{d}\varepsilon &= \frac{\mathrm{d}\sigma}{E} & |\sigma| &= \sigma_s & \sigma\mathrm{d}\sigma &< 0 \text{(卸载)} \end{aligned} \right\} \quad (5\text{-}20)$$

式中:$\lambda \geqslant 0$,$\mathrm{sign}\sigma$ 的定义为

$$\mathrm{sign}\sigma = \begin{cases} 1, & \sigma > 0 \\ 0, & \sigma = 0 \\ 1, & \sigma < 0 \end{cases}$$

2. 刚性理想塑性模型

若材料的强化和弹性变形都可以忽略不计,则可认为材料是刚性理想塑性的,如图 5-26 所示.屈服阶段较长或者强化不显著的材料可以采用这种模型.其应力应变关系可写成

$$\left. \begin{aligned} \varepsilon &= 0 & |\sigma| &< \sigma_s \\ \varepsilon &= \lambda \mathrm{sign}\sigma & |\sigma| &= \sigma_s & \sigma\mathrm{d}\sigma &\geqslant 0 \text{(加载)} \\ \mathrm{d}\varepsilon &= 0 & |\sigma| &= \sigma_s & \sigma\mathrm{d}\sigma &< 0 \text{(卸载)} \end{aligned} \right\} \quad (5\text{-}21)$$

式中:$\lambda \geqslant 0$.

3. 线性强化弹塑性模型

在这种模型中考虑弹性变形和强化,但认为强化是线性的,如图 5-27 所示.其应力应变关系可写成

$$\left. \begin{aligned} \varepsilon &= \frac{\sigma}{E} & |\sigma| &\leqslant \sigma_s \\ \varepsilon &= \frac{\sigma}{E} + (|\sigma| - \sigma_s)\left(\frac{1}{E'} - \frac{1}{E}\right)\mathrm{sign}\sigma & |\sigma| &> \sigma_s & \sigma\mathrm{d}\sigma &> 0 \text{(加载)} \\ \mathrm{d}\varepsilon &= \frac{\mathrm{d}\sigma}{E} & |\sigma| &> \sigma_s & \sigma\mathrm{d}\sigma &< 0 \text{(卸载)} \end{aligned} \right\} \quad (5\text{-}22)$$

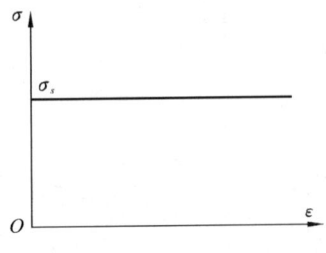

图 5-26 刚性理想塑性模型

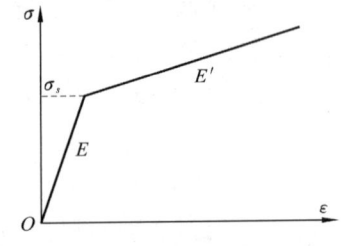

图 5-27 线性强化弹塑性模型

4. 刚性线性强化模型

忽略线性强化弹塑性模型的弹性变形部分就形成了刚性线性强化模型,如图 5-28 所示.其应力应变关系可写成

$$\left.\begin{array}{ll} \varepsilon=0 & |\sigma|\leqslant\sigma_s \\ \varepsilon=(|\sigma|-\sigma_s)\dfrac{1}{E'}\text{sign}\sigma & |\sigma|>\sigma_s,\ \sigma\mathrm{d}\sigma>0\,(\text{加载}) \\ \mathrm{d}\varepsilon=0 & |\sigma|>\sigma_s,\ \sigma\mathrm{d}\sigma<0\,(\text{卸载}) \end{array}\right\}$$

(5-23)

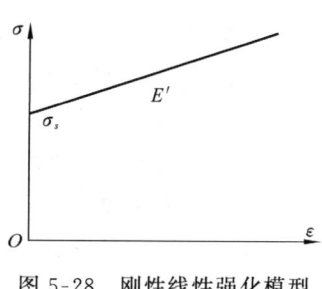

图 5-28 刚性线性强化模型

5. 幂次强化模型

该模型的加载规律可写成

$$\sigma=A|\varepsilon|^n\text{sign}\varepsilon$$

$$\text{sign}\varepsilon=\begin{cases}1, & \varepsilon>0 \\ 0, & \varepsilon=0 \\ -1, & \varepsilon<0\end{cases}$$

式中:$A>0$ 为常数,$0<n<1$.这种模型在 $\varepsilon=0$ 处,斜率为无穷大,近似性并不好,不过在数学处理上比较方便.

以上模型描述简单,不足之处是一维的,未能推广到三维的一般情况,所以实际应用存在困难.

5.5 弹性应变与塑性应变之间的关系

5.5.1 弹性应变与塑性应变之间的关系研究

对于一给定的各向同性材料,在同一试验形式下的同类试验曲线是不变的.例如,一材料的一个样品的单轴拉伸 σ-ε 曲线如图 5-29 所示,则其他样品 σ-ε 曲线也和图 5-29 一致.

现将图 5-29 所示曲线每一点的应变 ε 分成弹性应变 ε^e 和塑性应变 ε^p 两部分($\varepsilon=\varepsilon^e+\varepsilon^p$),并以 ε^e 和 ε^p 作为一对坐标值绘图,可以得到图 5-30 所示的 ε^e-ε^p 曲线,以后简称为 e-p 曲线.

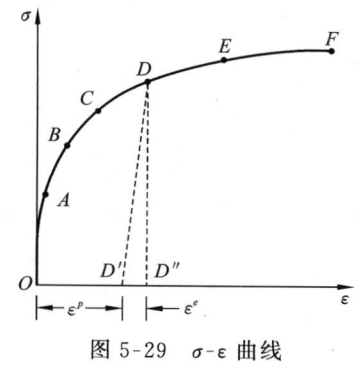

图 5-29 σ-ε 曲线

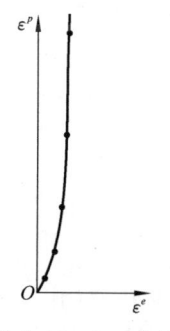

图 5-30 e-p 曲线

$\varepsilon^e, \varepsilon^p$ 的具体求法是:在 σ-ε 曲线上选取数点,曲线变化平缓时,点可以选得稀疏一些,变化剧烈时密一些,如图 5-29 中所示的 A,B,C,D,E,F 点.从一点如点 D 作两射线,一条垂直于轴 $O\varepsilon$ 交于 D'',另一条平行于 OA 交于 D',A 点为弹性极限点.根据材料的卸载规律,可知应力应变状态处于 D 点的弹性应变 $\varepsilon^e = D'D''$,塑性应变 $\varepsilon^p = OD'$.其他点照此方法可求得各自的 $\varepsilon^e, \varepsilon^p$.

由 σ-ε 曲线的不变性可知 e-p 曲线也是不变的,这说明 e-p 曲线是用另一种方式描绘了材料的变形规律.

用数学方式来描绘 e-p 曲线,有

$$\varepsilon^p = f(\varepsilon^e) \tag{5-24}$$

材料的弹性应变与塑性应变在单轴简单应力下存在着式(5-24)所示的相关关系,那么在组合的复杂应力状态下是否也存在着类似的关系呢?也就是说,有没有一种普遍适用的弹性应变与塑性应变相互关系存在呢?我们来看下面的试验结果.

(1) J. M. 莱塞尔兹(Lessels)和 C. W. 麦克哥林格(Macgregor)两人用镍-铬-钼钢做了不同组合应力下的试验(简单加载).他们将试件制成薄壁管状,在不同组合的内压和轴向力下试验了 5 个样品,每个样品测取了两条曲线,一条轴向应力-应变曲线,一条横向应力-应变曲线,这些曲线如图 5-31(a) 和图 5-32(a) 所示.图中 σ_z 为轴向应力,σ_t 为横向应力,$\sigma_z = g(\sigma_t)$ 表示加载时横向应力和轴向应力的关系.

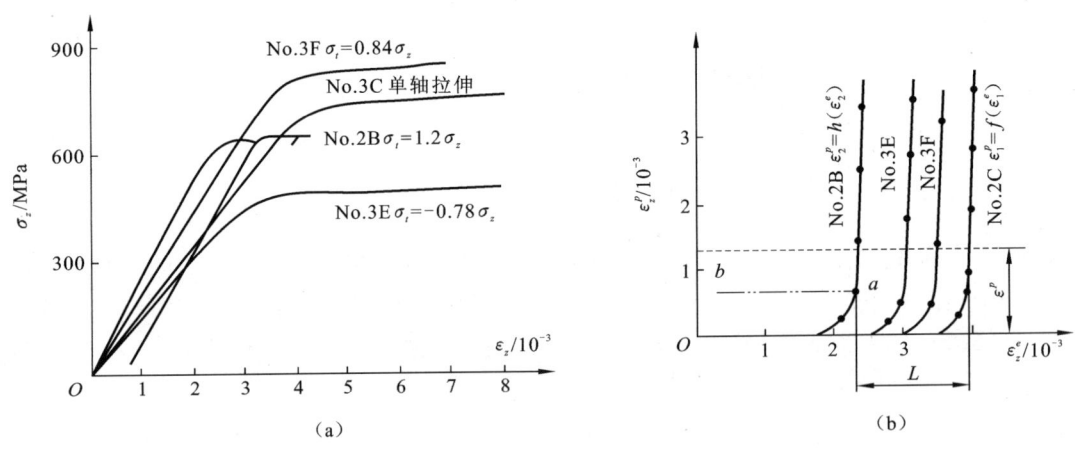

图 5-31 不同荷载组合下的应力应变曲线与 e-p 曲线

由图 5-31(a),图 5-32(a) 可以作出各曲线的 e-p 曲线图,见图 5-31(b),图 5-32(b) 所示.由图 5-31(b) 和图 5-32(b) 可见,任意两条 e-p 曲线之间的间距是几乎不变的,亦即一条 e-p 曲线可由另一条 e-p 曲线沿 ε^e 轴平移而得到.上述两图中的应变均为主应变.

设一条 e-p 曲线的数学表达式是 $\varepsilon_1^p = f(\varepsilon_1^e)$,另一条为 $\varepsilon_2^p = h(\varepsilon_2^e)$,则从图 5-31(b) 可看出大致有如下关系成立:

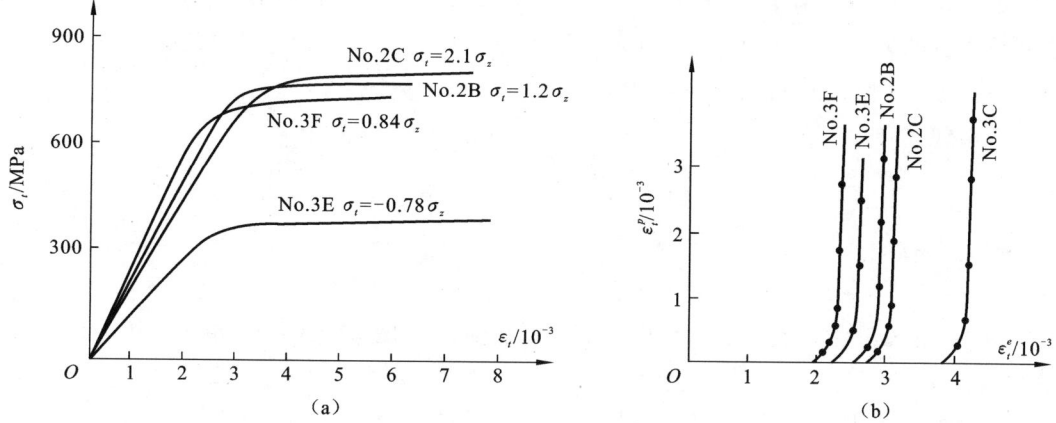

图 5-32　不同荷载组合下的应力应变曲线与 $e\text{-}p$ 曲线

$$\varepsilon_2^p = f(\varepsilon_2^e + L) \tag{5-25}$$

式中：L 为常数，表示两条 $e\text{-}p$ 曲线在 ε^e 轴方向上的间距．

可进一步推论：任意一条主应变的 $e\text{-}p$ 曲线 $\varepsilon_i^p = F(\varepsilon_i^e)$ 和被选为基准的 $e\text{-}p$ 曲线 $\varepsilon^p = f(\varepsilon^e)$ 之间存在关系：

$$\varepsilon_i^p = F(\varepsilon_i^e) = f(\varepsilon_i^e + L_i) \quad (i=1,2,3) \tag{5-26}$$

式中：$\varepsilon_i^e, \varepsilon_i^p$ 分别是主应变的弹性和塑性部分；$L_i = L_i(\sigma_1, \sigma_2, \sigma_3)$ 是与 $\varepsilon_i^p = F(\varepsilon_i^e)$ 曲线应力状态有关的函数，其含义与式(5-25)中的常数 L 相同，表示 $\varepsilon_i^p = F(\varepsilon_i^e)$ 与 $\varepsilon^p = f(\varepsilon^e)$ 在 ε^e 轴方向上的间距．$L_i(\sigma_1, \sigma_2, \sigma_3)$ 函数的具体形式有待通过试验用统计方法获得或是由细观力学理论结合宏观力学推出．

（2）冯·卡门(T. Von Kármán)用 Carrara 大理石试件在室温下做了三轴试验，实验的应力-应变曲线如图 5-33(a)所示．

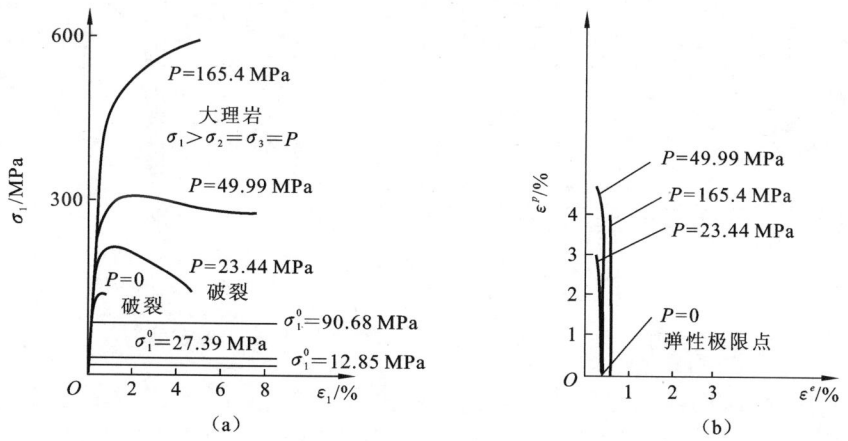

图 5-33　三轴试验应力-应变曲线与 $e\text{-}p$ 曲线

试验是先使侧压力 P 达到定值($\sigma_2=\sigma_3=P$),然后再施加轴向载荷.因此在加轴向载荷之前岩石的轴向已产生了伸长变形,要使轴向应变真正从零状态开始,就应从施加的轴向力中扣除 σ_1^0 部分. σ_1^0 可用如下方法求得:

根据弹性理论,有

$$\varepsilon_1=\frac{1}{E}[\sigma_1-\mu(\sigma_2+\sigma_3)]$$

令 $\varepsilon_1=0$,则有

$$\sigma_1^0=2\mu\sigma_2=2\mu\sigma_3=2\mu P$$

由于 Carrara 大理石的 $\mu=0.274$,所以可得对应于图 5-33(a)中各种侧压力的 σ_1^0 值如下:

$$P=23.443\text{ MPa}\quad \sigma_1^0=2\times 0.274\times 23.443=12.85\text{ MPa}$$
$$P=49.99\text{ MPa}\quad \sigma_1^0=27.39\text{ MPa}$$
$$P=165.48\text{ MPa}\quad \sigma_1^0=90.68\text{ MPa}$$

显然,$\sigma_1\geqslant\sigma_1^0$ 以上部分的应力-应变曲线才是真正的轴向应变从零开始的曲线.舍去 $\sigma_1<\sigma_1^0$ 以下部分,可作出如图 5-33(b)所示的 e-p 曲线.从图 5-33 可知,几种围压的 e-p 曲线形状很接近.高围压和低围压的 e-p 曲线在 ε^p 较大时相互偏离有增大的趋势,可认为是低围压时,脆性的岩石外层出现剥落,相对于高围压而言,岩石试件形状发生了变化之故.

(3) M. S. 佩特森(Paterson)对 Wombeyan 大理岩进行了三轴试验,结果如图 5-34(a)所示.按(2)中的方式进行分析,也有类似结果,其 e-p 曲线如图 5-34(b)所示.

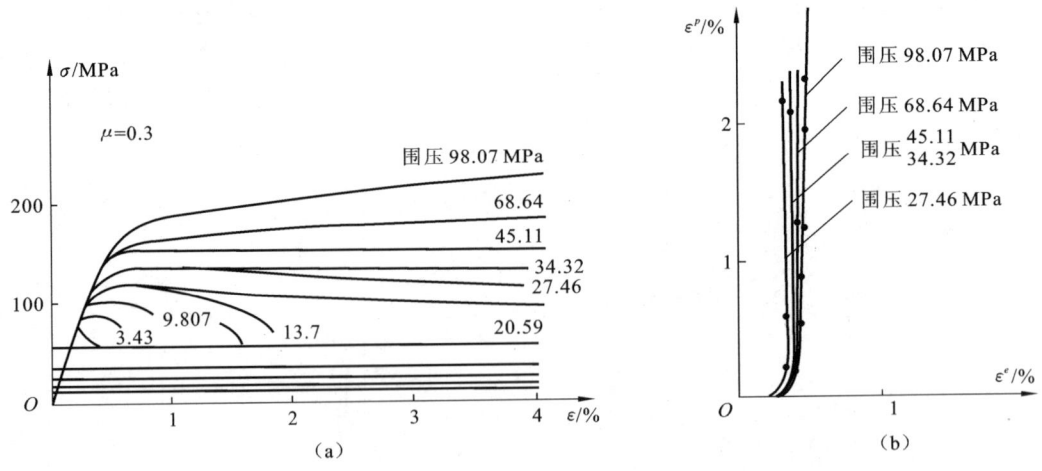

图 5-34 大理岩三轴应力应变曲线与 e-p 曲线

(4) G. I. 泰勒(Taylor)进行了单晶铝拉伸和压缩试验,并给出了单晶铝的剪应力-剪应变曲线,如图 5-35 所示.由图可知,几种情况下的剪应力-剪应变曲线是同一条曲线,这无疑表明了这些情形下的 e-p 曲线的具有一致性.

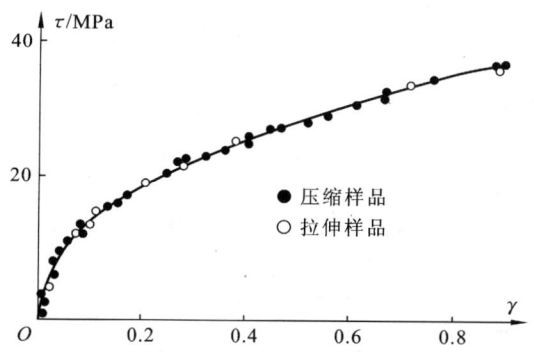

图 5-35　单晶铝在拉伸和压缩情形下的 $\tau \sim \gamma$ 曲线

(5) 几种不同标号的混凝土的压缩试验曲线如图 5-36(a)所示. 据图 5-36(a)作出 e-p 曲线如图 5-36(b)所示. 由图 5-36 可知,不同标号的混凝土的 e-p 曲线形状也有一致性.

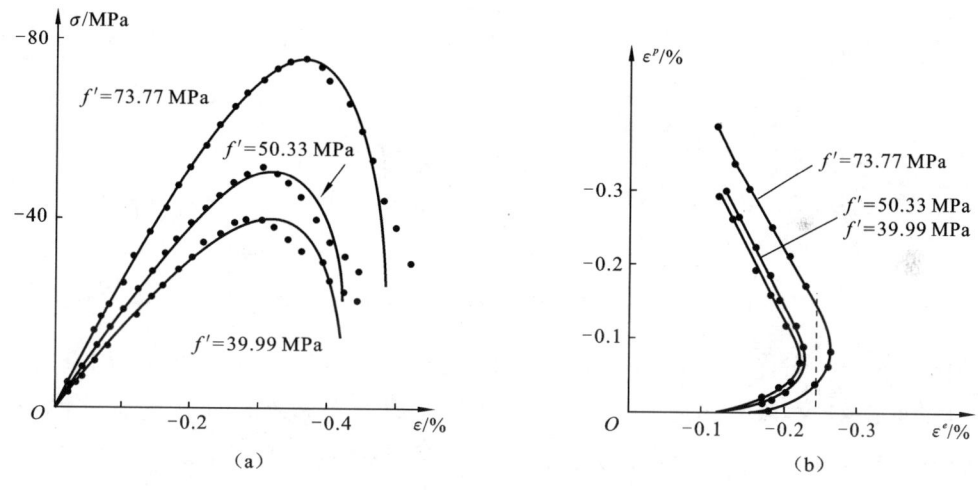

图 5-36　混凝土样品单轴压缩曲线与 e-p 曲线

(6) 在一些温度下,材料的 e-p 曲线也具有一致性,如图 5-37(a)所示,表示的是花岗岩在 5×10^5 kPa 围压和不同温度下的试验曲线,对应的 e-p 曲线如图 5-37(b)所示,该图表明各种情况下的 e-p 曲线是一致的. 图 5-38 所示的是纯铁和中碳钢在室温(+20 ℃)和两种低温(液氮温度−196 ℃和液氢温度−253 ℃)条件下,拉伸试件在短期加载时的拉伸图,由图示各曲线间距几乎不变,便可得知其 e-p 曲线的形状是一致的.

这方面的例子还可以举出很多.

前述 e-p 曲线都是讨论加载情形,卸载情形的 e-p 曲线有什么变化呢? 大家都知道,材料在卸载时是保持已有的塑性变形值不变,而应力应变按弹性规律变化的[参见图 5-31(a),No.2B 样品的试验曲线],其在 e-p 曲线中的表现如图 5-31(b)中的虚线 ab 所示,ab 平行于 $O\epsilon^e$ 轴.

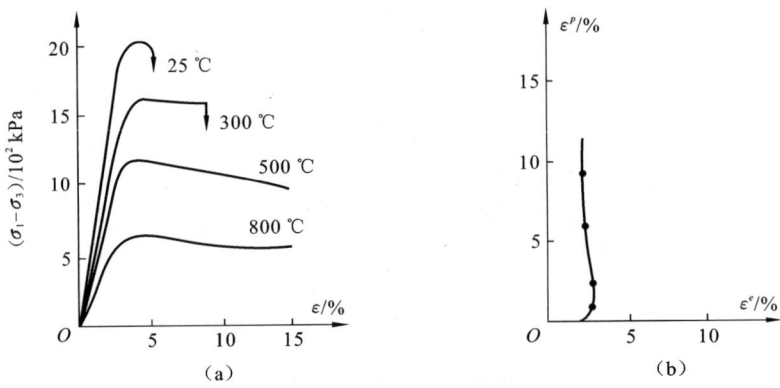

图 5-37 不同温度下的实验曲线与 e-p 曲线

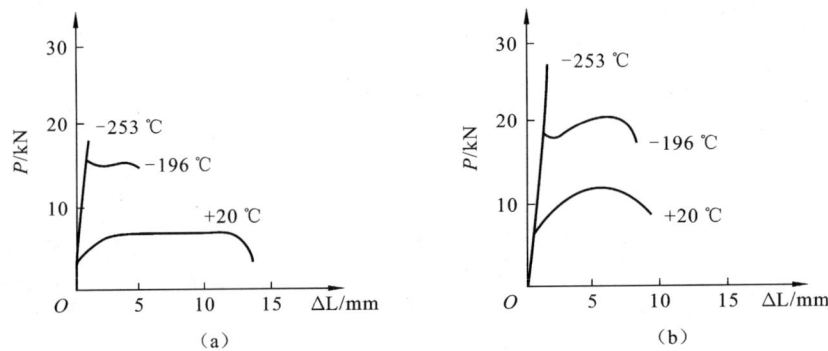

图 5-38 纯铁(a)和中碳钢(b)在室温和两种低温条件下,拉伸试件的短期加载拉伸图

如卸载后又进行反向加载(由拉伸改为压缩或反之),不考虑包辛格效应时,会出现同一个塑性变形值对应符号相反但绝对值相等的两个弹性变形值的问题,这样式(5-26)的一一对应性就成问题了.这个问题与应力应变多值关系的确定实际上是同一类问题,当从初始的零状态开始,一段一段地跟踪着加载历史寻找到最终状态时,弹性应变与塑性应变之间是有确定关系的,即引进一个与加载历史有关的参数 α,便可解决这个问题,实际上也可解决上述卸载问题,所以一般情况下,e-p 曲线的表达式应改写为

$$\varepsilon_i^p = f(\varepsilon_i^e + L_i) \quad L_i = L_i(\sigma_1, \sigma_2, \sigma_3, \alpha) \quad (i=1,2,3) \tag{5-27}$$

因应力和弹性应变在弹性区和塑性区均满足广义胡克定律,所以上式的 L_i 也可表述为

$$L_i = L_i(\varepsilon_i^e, \alpha) \tag{5-28}$$

以上讨论的例子虽都是简单加载情况,而且涉及的都是主应变,但式(5-27)也可推广至复杂加载及非主应变情形(具体函数关系有待进一步研究).这样,各向同性、连续、均质材料的 e-p 曲线可用一普遍适用的关系——弹性应变与塑性应变变相互关系来描绘.

弹性应变与塑性应变相互关系:

(1) 简单加载情形. 任意一条主应变的 e-p 曲线总可以由其他主应变 e-p 曲线沿弹性应变 ε^e 轴平移而得到. 也就是说,屈服以后各种应力状态下弹性应变增量与塑性应变增量的关系遵循同一规律.

(2) 若取简单加载情形下的一条主应变 e-p 曲线 $\varepsilon^p = f(\varepsilon^e)$ 作为基准,则任意应力应变状态下,应变 ε_{ij} 的弹性部分 ε_{ij}^e 和塑性部分 ε_{ij}^p 具有相关关系:

$$\varepsilon_{ij}^p = f[\varepsilon_{ij}^e + L_{ij}(\varepsilon_{ij}^e, \alpha)] \tag{5-29}$$

式中:α 的含义如前所述;L_{ij} 的含义如图 5-39 所示. 式(5-29)考虑的是应变的绝对值,这一点在应用时应予注意.

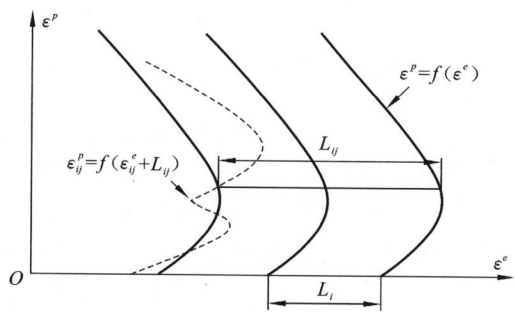

图 5-39 e-p 曲线示意图

实线:简单加载应变 e-p 曲线;虚线:一般状态下 e-p 曲线

需要指出的是,弹性应变与塑性应变相互关系对一般金属材料符合得比较好,对于所讨论的岩石材料,仅大约在塑性应变与弹性应变同量级的范围内符合较好,在更大的变形情况下,如何修正上述关系或如何解释现有的现象,尚需进一步探讨.

在动载荷作用下,如将弹性应变与塑性应变关系中的 L_i 函数改写为

$$L_{ij} = L_{ij}(\varepsilon_{ij}^e, \alpha, V) \tag{5-30}$$

式中:V 为加载速度;则理论上弹性应变与塑性应变相互关系也可用于描述动载荷情形的材料变形性质.

通过拟合 e-p 曲线,初步发现以下两个表达式拟合效果良好:

$$\varepsilon^e = A\varepsilon^p / e^{BX} + C \quad X = \varepsilon^p \quad \varepsilon^p \geqslant 0 \tag{5-31}$$

$$\varepsilon^p = \frac{a \pm \sqrt{a^2 + \dfrac{b^2}{c} - 4c\left(\varepsilon^e - d - \dfrac{b}{2c}\right)^2}}{2c(\varepsilon^e - d)} \quad \varepsilon^p \geqslant 0 \tag{5-32}$$

上两式中,A、B、C 及 a、b、c、d 均为待定常数.

在简单加载下,若以 L_i 表示 i 方向主应变 e-p 曲线与基准 e-p 曲线之间的距离,由图 5-39 可看出

$$L_i = \varepsilon_L - \varepsilon_i^L \quad (i = 1, 2, 3) \tag{5-33}$$

式中:ε_i^L 为所考虑加载情况下 i 方向的弹性极限应变,ε_L 为基准 e-p 曲线的弹性极限应变

(后同).

展开式(4-16)可得应变分量有如下的坐标变换公式(设原坐标轴与主应变方向重合,因而原坐标系中剪应变为零,ε_x,ε_y 和 ε_z 代表主应变):

$$\left.\begin{aligned}\varepsilon_{x'} &= l_1^2\varepsilon_x + m_1^2\varepsilon_y + n_1^2\varepsilon_z \\ \varepsilon_{y'} &= l_2^2\varepsilon_x + m_2^2\varepsilon_y + n_2^2\varepsilon_z \\ \varepsilon_{z'} &= l_2^2\varepsilon_x + m_2^2\varepsilon_y + n_2^2\varepsilon_z \\ \gamma_{x'y'} &= 2l_1l_2\varepsilon_x + 2m_1m_2\varepsilon_y + 2n_1n_2\varepsilon_z \\ \gamma_{y'z'} &= 2l_2l_3\varepsilon_x + 2m_2m_3\varepsilon_y + 2n_2n_3\varepsilon_z \\ \gamma_{z'x'} &= 2l_3l_1\varepsilon_x + 2m_3m_1\varepsilon_y + 2n_3n_1\varepsilon_z \end{aligned}\right\} \quad (5\text{-}34)$$

式中:新、旧坐标轴之间的夹角余弦 l,m 和 n 如表 5-1 所示.

表 5-1　新旧坐标轴夹角余弦表

新＼旧	x	y	z
x'	l_1	m_1	n_1
y'	l_2	m_2	n_2
z'	l_3	m_3	n_3

由于 ε_x,ε_y 和 ε_z 是主应变,根据弹性应变与塑性应变相互关系,有

$$\left.\begin{aligned}\varepsilon_x &= \varepsilon_x^e + f(\varepsilon_x^e + L_x) \\ \varepsilon_y &= \varepsilon_y^e + f(\varepsilon_y^e + L_y) \\ \varepsilon_z &= \varepsilon_z^e + f(\varepsilon_z^e + L_z)\end{aligned}\right\} \quad (5\text{-}35)$$

将式(5-35)代入式(5-34)第 1 式,有

$$\varepsilon_{x'} = l_1^2\varepsilon_x^e + m_1^2\varepsilon_y^e + n_1^2\varepsilon_z^e + l_1^2 f(\varepsilon_x^e + L_x) + m_1^2 f(\varepsilon_y^e + L_y) + n_1^2 f(\varepsilon_z^e + L_z)$$

显然,上式中的弹性部分和塑性部分分别为

$$\varepsilon_{x'}^e = l_1^2\varepsilon_x^e + m_1^2\varepsilon_y^e + n_1^2\varepsilon_z^e \quad (5\text{-}36)$$

$$\varepsilon_{x'}^p = l_1^2 f(\varepsilon_x^e + L_x) + m_1^2 f(\varepsilon_y^e + L_y) + n_1^2 f(\varepsilon_z^e + L_z) \quad (5\text{-}37)$$

将确定的 f,L_x,L_y 和 L_z 函数代入,便可获得 $\varepsilon_{x'}^p$ 与 $\varepsilon_{x'}^e$ 之间的关系.应变的其他 5 个分量也同理,由于导出的表达式较长,而导出方式简单,这里就不一一讨论了.

下面考虑一种特殊情况:将主应变 e-p 曲线作线性简化,即取 f 函数为线性函数 $\overline{f}$ (相当于应力应变线性强化模型).

设

$$\varepsilon^p = \overline{f}(\varepsilon^e) = k\varepsilon^e + k_1$$

代入式(5-37),有

$$\varepsilon_{x'}^p = k[(l_1^2\varepsilon_x^e + m_1^2\varepsilon_y^e + n_1^2\varepsilon_z^e) + (l_1^2 L_x + m_1^2 L_y + n_1^2 L_z)] + (l_1^2 + m_1^2 + n_1^2)k_1$$
$$= k\varepsilon_{x'}^e + k(l_1^2 L_x + m_1^2 L_y + n_1^2 L_z) + k_1$$

令

$$L_{x'} = l_1^2 L_x + m_1^2 L_y + n_1^2 L_z$$

则上式可表示为

$$\varepsilon_{x'}^p = k(\varepsilon_{x'}^e + L_{x'}) + k_1 = \overline{f}(\varepsilon_{x'}^e + L_{x'})$$

将式(5-35)代入式(5-34)的第4式,有

$$\gamma_{x'y'}^e = 2l_1 l_2 \varepsilon_x^e + 2m_1 m_2 \varepsilon_y^e + 2n_1 n_2 \varepsilon_z^e$$
$$\gamma_{x'y'}^p = 2l_1 l_2 \overline{f}(\varepsilon_x^e + L_x) + 2m_1 m_2 \overline{f}(\varepsilon_y^e + L_y) + 2n_1 n_2 \overline{f}(\varepsilon_z^e + L_z)$$
$$= k(\gamma_{x'y'}^e + 2l_1 l_2 L_x + 2m_1 m_2 L_y + 2n_1 n_2 L_z) + (2l_1 l_2 + 2m_1 m_2 + 2n_1 n_2)k_1$$

因

$$l_1 l_2 + m_1 m_2 + n_1 n_2 = 0$$

所以

$$\gamma_{x'y'}^p = k(\gamma_{x'y'}^e + 2l_1 l_2 L_x + 2m_1 m_2 L_y + 2n_1 n_2 L_z)$$
$$= k(\gamma_{x'y'}^e + 2l_1 l_2 L_x + 2m_1 m_2 L_y + 2n_1 n_2 L_z - k_1/k) + k_1$$
$$= k(\gamma_{x'y'}^e + L_{x'y'}) + k_1 = \overline{f}(\gamma_{x'y'}^e + L_{x'y'})$$

式中

$$L_{x'y'} = 2l_1 l_2 L_x + 2m_1 m_2 L_y + 2n_1 n_2 L_z - k_1/k$$

由于基准 e-p 曲线 $\varepsilon^p = k\varepsilon^e + k_1$,可知 $-k_1/k$ 即为基准 e-p 曲线弹性极限处的弹性应变值 ε_L,故有

$$L_{x'y'} = 2l_1 l_2 L_x + 2m_1 m_2 L_y + 2n_1 n_2 L_z + \varepsilon_L$$

将式(5-33)代入 $L_{x'}$ 和 $L_{x'y'}$ 表达式,可得

$$L_{x'} = \varepsilon_L - \varepsilon_{x'}^L \qquad L_{x'y'} = \varepsilon_L - \gamma_{x'y'}^L$$

对应变的其余分量也有类似的结果.综合起来,它们可以统一表示为

$$\varepsilon_{ij}^p = \overline{f}(\varepsilon_{ij}^e + L_{ij}) \qquad L_{ij} = \varepsilon_L - \varepsilon_{ij}^L \tag{5-38}$$

式中:ε_{ij}^L 为所考虑加载方式下的弹性极限应变.另,式(5-38)中 ε_{ij}^p,ε_{ij}^e,ε_{ij}^L 均为工程应变(文中其他未说明处,可理解为张量).

5.5.2 单一曲线假定对弹性应变与塑性应变相互关系的引证

前面已介绍,在简单加载情况下有试验证实了的单一曲线假定:按不同应力组合所得的 $\overline{\sigma} \sim \overline{\varepsilon}$ 曲线和简单拉伸时的 $\sigma \sim e$ 曲线一样,e 为应变偏量.其中

$$\left.\begin{array}{l}\bar{\sigma}=\sqrt{\dfrac{3}{2}s_{ij}s_{ij}}=\dfrac{\sqrt{2}}{2}\left[(\sigma_1-\sigma_2)^2+(\sigma_2-\sigma_3)^2+(\sigma_3-\sigma_1)^2\right]^{\frac{1}{2}} \\ \bar{\varepsilon}=\sqrt{\dfrac{2}{3}e_{ij}e_{ij}}=\dfrac{\sqrt{2}}{3}\left[(\varepsilon_1-\varepsilon_2)^2+(\varepsilon_2-\varepsilon_3)^2+(\varepsilon_3-\varepsilon_1)^2\right]^{\frac{1}{2}}\end{array}\right\} \quad (5\text{-}39)$$

由于 $\bar{\sigma}\sim\bar{\varepsilon}$ 曲线的参变量 $\bar{\sigma},\bar{\varepsilon}$ 的表达式过于复杂,一般情况下难以对一确定方向的应变做弹塑性应变相互关系的分析,下面只讨论两种应力应变状态.

(1) $\varepsilon_1=\varepsilon_1,\varepsilon_2=\varepsilon_3=0,\sigma_1=P_1,\sigma_2=\sigma_3$. 此状态表明试件在 $\varepsilon_2,\varepsilon_3$ 两方向受到刚性约束,仅 ε_1 方向受主动力作用而产生变形. 在此应力应变状态下有

$$\bar{\varepsilon}=\dfrac{2}{3}|\varepsilon_1|=\dfrac{2}{3}\varepsilon_{01} \quad \varepsilon_{01}=|\varepsilon_1| \quad (5\text{-}40)$$

$$\bar{\sigma}=|P_1-\sigma_2| \quad (5\text{-}41)$$

由 $\varepsilon_2=\varepsilon_3=0$,依据边界和荷载的对称性,可以导出在 ε_2 和 ε_3 方向上质点的位移始终为零,所以有 $\varepsilon_2^e=\varepsilon_3^e=0$,从而有

$$\dfrac{1}{E}[\sigma_2-\mu(\sigma_1+\sigma_3)]=\varepsilon_2^e=0$$

$$\dfrac{1}{E}[\sigma_3-\mu(\sigma_1+\sigma_2)]=\varepsilon_3^e=0$$

利用 $\sigma_2=\sigma_3$,可从上面方程组解得

$$\sigma_2=\sigma_3=\dfrac{\mu}{1-\mu}P_1 \quad (5\text{-}42)$$

所以

$$\bar{\sigma}=|P_1-\sigma_2|=\dfrac{1-2\mu}{1-\mu}P_{01} \quad P_{01}=|P_1| \quad (5\text{-}43)$$

从而 $\bar{\sigma}\sim\bar{\varepsilon}$ 曲线可表述为

$$\bar{\varepsilon}=\dfrac{2}{3}\varepsilon_{01}=F\left(\dfrac{1-2\mu}{1-\mu}P_{01}\right)=F(\bar{\sigma}) \quad (5\text{-}44)$$

或

$$\varepsilon_{01}=\dfrac{3}{2}F\left(\dfrac{1-2\mu}{1-\mu}P_{01}\right)=\dfrac{3}{2}F(\bar{\sigma}) \quad (5\text{-}45)$$

(2) $\varepsilon_1=0,\varepsilon_2=\varepsilon_3,\sigma_2=\sigma_3=P_2$. 此状态表明试件在 ε_1 方向受到刚性约束,$\varepsilon_2,\varepsilon_3$ 方向受同等大小作用力. 在此应力应变状态下有

$$\bar{\varepsilon}=\dfrac{2}{3}\varepsilon_{02} \quad \varepsilon_{02}=|\varepsilon_2| \quad (5\text{-}46)$$

$$\bar{\sigma}=|P_2-\sigma_1|$$

因

$$\dfrac{1}{E}[\sigma_1-\mu(\sigma_2+\sigma_3)]=\varepsilon_1^e=0$$

有

第 5 章 本构关系

$$\sigma_1 = 2\mu\sigma_2 = 2\mu P_2$$

所以有

$$\bar{\sigma} = |P_2 - \sigma_1| = (1-2\mu)P_{02} \quad P_{02} = |P_2| \tag{5-47}$$

从而有

$$\bar{\varepsilon} = \frac{2}{3}\varepsilon_{02} = F(\bar{\sigma}) = F[(1-2\mu)P_{02}] \tag{5-48}$$

或

$$\varepsilon_{02} = \frac{3}{2}F[(1-2\mu)P_{02}] = \frac{3}{2}F(\bar{\sigma}) \tag{5-49}$$

因为单一曲线成立,所以式(5-44)和式(5-48)表示的是同一条曲线(以 $\varepsilon_{01} \sim \bar{\sigma}, \varepsilon_{02} \sim \bar{\sigma}$ 作为变量),如图 5-40 所示.

现令 $\varepsilon_{01} = \varepsilon_{02}$,则据式(5-45),式(5-49)有

$$\frac{1-2\mu}{1-\mu}P_{01} = (1-2\mu)P_{02}$$

即有

$$P_{02} - P_{01} = \mu P_{02} > 0 \quad 或 \quad P_{02} > P_{01} \tag{5-50}$$

再作出 $\varepsilon_{01} \sim P_{01}, \varepsilon_{02} \sim P_{02}$ 两曲线于图 5-40 中,因有式(5-50)成立,显然这两条曲线是不同的. 由前面的推导可知, $\varepsilon_{01} \sim P_{01}$,

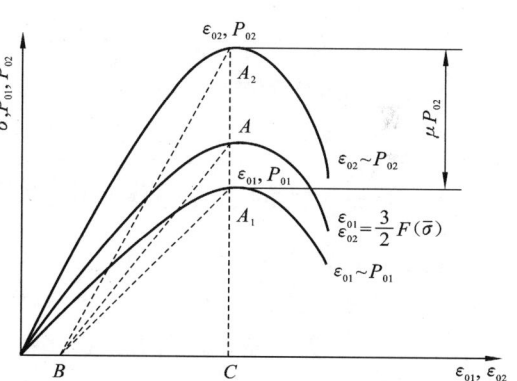

图 5-40 两种应力状态的应力应变曲线

$\varepsilon_{02} \sim P_{02}$ 就是我们常说的应力应变曲线. 这两种应力应变状态的 e-p 曲线是否符合弹塑性变形相互关系呢?我们知道,弹塑性应变相互关系的特征是:当两种应力应变状态产生的塑性应变值相等时,两状态的弹性应变值的差应等于一常数 L.

下面我们就来讨论 $\varepsilon_{01} \sim P_{01}, \varepsilon_{02} \sim P_{02}$ 两曲线是否有上述特征.

研究表明,当应力应变处于弹性阶段时, $\bar{\sigma}$ — $\bar{\varepsilon}$ 成线性关系:

$$\bar{\sigma} = 3G\bar{\varepsilon}$$

这表明 $\varepsilon_{01} \sim \bar{\sigma}, \varepsilon_{02} \sim \bar{\sigma}$ 在弹性阶段也成线性关系,其斜率为 $2G$,这样有

$$\varepsilon_{01} = \varepsilon_{02} = \frac{1}{2G}\bar{\sigma}$$

当 $\varepsilon_{01} = \varepsilon_{02} = \varepsilon_0$ 时,如卸载,则卸载路径的斜率也应等于 $2G$. 按此斜率便可将 ε_0 分解成弹性部分 ε_0^e 和塑性部分 ε_0^p. 由于 $\varepsilon_{01} \sim P_{01}, \varepsilon_{02} \sim P_{02}$ 与 $\varepsilon_{01} \sim \bar{\sigma}, \varepsilon_{02} \sim \bar{\sigma}$ 是同一函数关系的不同表示而已,所以在 $\varepsilon_{01} = \varepsilon_{02} = \varepsilon_0$ 处,两者的弹性部分和塑性部分必定和 $\varepsilon_{01} \sim \bar{\sigma}, \varepsilon_{02} \sim \bar{\sigma}$ 曲线在 ε_0 处的量完全一致,即两者的弹性部分均为 ε_0^e,塑性部分均为 ε_0^p. 从而可知这两种应力应变状态在塑性变形量相等时,两者的弹性应变量差值确为一常数,

$$L = \varepsilon_0^e - \varepsilon_0^e = 0$$

这样便佐证了弹性应变与塑性应变相互关系确实成立.

5.6 依据弹性应变和塑性应变相互关系导出的强度判据

任何材料加载到一定程度都会被破坏.由于材料受载后的应力状态有无数组合,人们不可能通过一一进行试验来确定它们何时会破坏,而材料何时失效(破坏),由各种材料构成的结构在使用时是否安全,又是工程技术人员必须回答的问题.这种来自工程实践的需要,使材料的破坏判据研究,也就是强度理论(判据)的研究得到了重视.由于强度理论是由有限试验事实归纳总结出来的,其正确性就有待更多试验结果的不断验证.目前,适用性较好的强度理论主要有最大拉应力理论、最大拉应变理论、最大切应力理论、畸变能理论、莫尔-库仑强度理论、双剪应力强度理论等,但它们均有不足之处.因此,强度理论的研究一直是科研及工程技术人员关注的领域.

下面仅介绍依据弹性应变和塑性应变相互关系导出的强度判据研究成果.

1. 用主应变的塑性分量表示的强度判据

设一材料在简单加载下的主应力-主应变曲线如图 5-41 所示,则由图 5-41 可作出各曲线 e-p 曲线,如图 5-42 所示.从图 5-41 可知,A,B,C 三点分别对应着应力状态 1~3 的强度极限,应力应变状态在未达到这些点之前,材料是安全的,而一旦超过这些点,材料就破坏了.根据卸载规律可知,A,B,C 三点分别对应各自应变过程的最大弹性应变 $\varepsilon^e_{A\max}$,$\varepsilon^e_{B\max}$,$\varepsilon^e_{C\max}$.这三点在图 5-42 中的对应点是 A',B',C'.

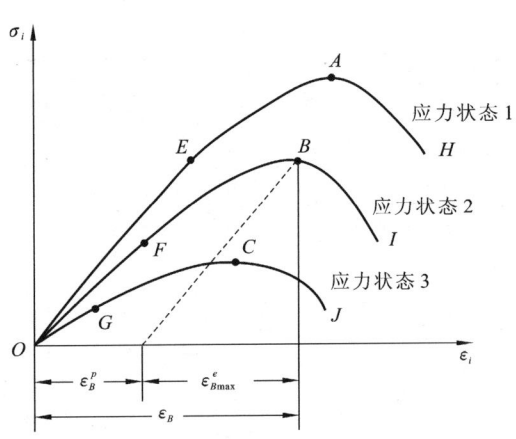
图 5-41 简单加载主应力主应变曲线

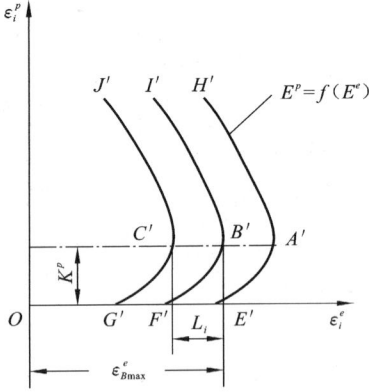
图 5-42 简单加载主应变 e-p 曲线

前面总结的弹性应变和塑性应变相互关系表明:图 5-42 中的三条曲线形状是一致的,任意一条曲线均可由其他两条曲线平移适当的距离 L_i 而得到.这表明:具有最大弹性应变的三点 A',B',C' 有相同的纵坐标 ε^p_i,设其值为 K^p,很显然,只要将材料变形控制在曲线 $OE'A'$,$OF'B'$,$OG'C'$ 之间而不越过 A',B',C' 点,则材料将是安全的,用数学形式来描述就是

$$\varepsilon_i^p \leqslant K^p \quad (i=1,2,3) \tag{5-51}$$

式中：ε_i^p 是材料主应变中的塑性应变分量；K^p 为常数.

式(5-51)就是依据弹性应变和塑性应变相互关系导出的用主应变塑性分量表示的强度判据数学形式. 当然它在复杂应力状态下的适用性还有待进一步论证.

以下几个方面提供了对上述强度判据的支持：

(1) 任意材料若要求材料的强度条件不超过弹性极限，则可将材料强度条件表述为

$$\varepsilon_i^p = 0 \quad (i=1,2,3)$$

这相当于令式(5-51)中的 $K^p = 0$，这从一个侧面说明了该强度判据的合理性.

(2) 若一材料的 K^p 值为 $C \neq 0$，则该强度判据能很好地解释材料三向等压下的高强度问题：我们知道金属材料在较高的三向等压下只发生弹性的体积变形而不产生塑性变形，岩土类材料产生的塑性变形也有限，即材料的塑性变形在三向等压下是很难达到它的极限值 $K^p = C$ 的，所以在三向等压下材料具有高强度.

(3) 图 5-37(a) 和图 5-37(b) 分别给出了花岗岩在 5×10^5 kPa 围压和不同温度下的应力-应变曲线及其 e-p 曲线，如令 $K^p = 0.098\%$，强度理论新判据就能很好地解释实验结果.

2. 用主应力表示的强度判据

现有强度理论判据基本是用主应力表示的，用主应变塑性分量表示的强度判据应用不方便. 下面介绍依据弹性应变和塑性应变相互关系导出的用主应力表示的强度判据.

如图 5-43 所示，图中曲线 1 是单轴试验轴向应力应变曲线的 e-p 曲线，曲线 2 是另一条简单加载下的主应变 e-p 曲线.

根据图 5-43 有

$$\varepsilon_{2\max}^e = [\sigma_1^b - \mu(\sigma_2^b + \sigma_3^b)]/E = \varepsilon_2^s + \Delta\varepsilon^e = \varepsilon_2^s + (\varepsilon_b^e - \varepsilon_s) \tag{5-52}$$

式中：σ_i^b $(i=1,2,3)$ 是曲线 2 强度极限点的三个主应力，ε_2^s 是曲线 2 对应的应力-应变曲线的弹性极限应变，ε_b^e 是曲线 1 强度极限点应变的弹性部分.

我们知道，有

$$\varepsilon_2^s = [\sigma_1^s - \mu(\sigma_2^s + \sigma_3^s)]/E \tag{5-53}$$

$$\varepsilon_b^e - \varepsilon_s = (\sigma_b - \sigma_s)/E \tag{5-54}$$

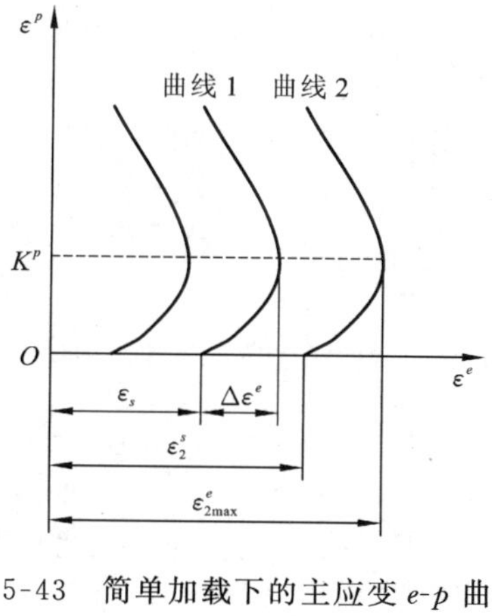

图 5-43 简单加载下的主应变 e-p 曲线

式(5-53)中，σ_i^s $(i=1,2,3)$ 是曲线 2 屈服极限点的三个主应力；式(5-54)中，σ_b 和 σ_s 分别对应曲线 1 强度极限点和屈服极限点的应力.

将式(5-53)和式(5-54) 代入式(5-52)，有

$$[\sigma_1^b - \mu(\sigma_2^b + \sigma_3^b)] - [\sigma_1^s - \mu(\sigma_2^s + \sigma_3^s)] = \sigma_b - \sigma_s \tag{5-55}$$

如果 $\sigma_1^s - \mu(\sigma_2^s + \sigma_3^s) = \sigma_s$，式(5-55)化简为

$$\sigma_1^b - \mu(\sigma_2^b + \sigma_3^b) = \sigma_b \tag{5-56}$$

式(5-56)正好是最大拉应变强度理论(判据)的表达式. 由图 5-43 可知 ε_2^s 一般情况下不等于 ε_s，也即 $\sigma_1^s - \mu(\sigma_2^s + \sigma_3^s)$ 一般情况下不等于 σ_s，因此式(5-55)可以认为是最大拉应变强度理论的修正.

令 $k = \sigma_b - \sigma_s$，式(5-55) 可写为

$$[\sigma_1^b - \mu(\sigma_2^b + \sigma_3^b)] - [\sigma_1^s - \mu(\sigma_2^s + \sigma_3^s)] = k \tag{5-57}$$

式(5-57)就是依据弹性应变和塑性应变相互关系导出的用主应力表示的强度判据. 它在复杂应力状态下的适用性也有待进一步论证.

也可认为式(5-57)是一种新的屈服准则：式(5-57) 中 $[\sigma_1^b - \mu(\sigma_2^b + \sigma_3^b)]$ 由强度极限状态的应力确定，而 $[\sigma_1^s - \mu(\sigma_2^s + \sigma_3^s)]$ 由屈服极限状态的应力确定；强度极限状态和屈服极限状态这两个状态之中的一个确定之后，另一状态就可由式(5-57)确定，因此式(5-57)建立了强度极限与屈服极限之间的关系.

经验表明，从试验曲线确定强度极限比确定屈服极限要容易些，因此式(5-57)可降低屈服极限及屈服准则的研究难度. 可用王福江(1985)用房山大理岩做的三轴压缩试验来说明式(5-57)的应用. 房山大理岩三轴压缩试验曲线示如图 5-44 所示. 图中 σ_3 是围压，$\sigma_2 = \sigma_3$.

因为试验过程中围压保持不变，式(5-57)可简化为

$$\sigma_1^b - \sigma_1^s = \sigma_b - \sigma_s \tag{5-58}$$

从图 5-44 中可方便读取 σ_b 和每条曲线的 σ_1^b，数据如表 5-1 所示. 相对来说，每条曲线的屈服极限应力则不是那么容易读取，大致取两个单轴屈服极限应力值：$\sigma_s = 77.5$ MPa 和 $\sigma_s = 90.6$ MPa. 由式(5-58)便可计算出每条曲线的 σ_1^s，也标示于表 5-2 和图 5-44 中. 图 5-44 中圆点对应 $\sigma_s = 77.5$ MPa 的计算值，方点对应 $\sigma_s = 90.6$ MPa 的计算值. 考虑到岩石试验的离散性，可以说由式(5-58)计算出的屈服应力适用性良好.

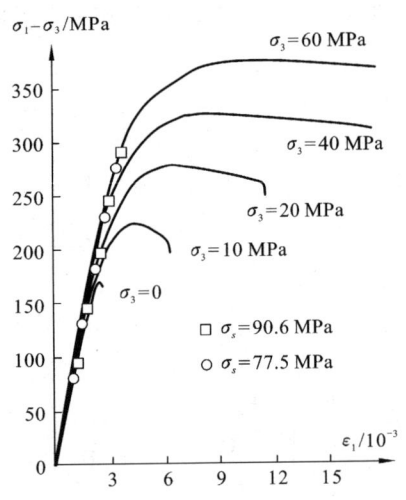

图 5-44　房山大理岩三轴压缩试验曲线

表 5-2　式(5-58)计算出的屈服应力

σ_3/MPa	0	10	20	40	60
$\sigma_1^b - \sigma_3$/MPa	170.43	225.22	277.87	325.65	374.35
$\sigma_1^s - \sigma_3 (\sigma_s = 77.5)$/MPa	77.5	132.29	184.94	232.72	281.42
$\sigma_1^s - \sigma_3 (\sigma_s = 90.6)$/MPa	90.6	145.39	198.04	245.82	294.52

第6章 屈服条件、加载条件与加卸载准则

6.1 一维问题的屈服条件、加载条件与加卸载准则

为便于概念的理解,这里以理想弹塑性材料和线性强化弹塑性材料为例,先讨论最简单的一维问题.

6.1.1 理想弹塑性材料

理想弹塑性材料单轴拉伸的一维应力应变曲线如图 6-1 所示.

当应力达到 σ_s 后材料屈服,屈服条件可表示为

$$F(\sigma)=\sigma-\sigma_s=0 \qquad (6\text{-}1)$$

只要不卸载,其应力保持 σ_s 不变,应变可随意发展,所以其发生塑性变形后的屈服条件,即加载条件也可用式(6-1)表示.

进入弹塑性状态后,应力增量 $d\sigma=0$ 便维持在塑性状态,当 $d\sigma<0$ 时,便按弹性规律卸载,因此我们可用 $d\sigma$ 的状态判断单元体的加卸载状态,即

$$\left.\begin{array}{ll}d\sigma=0, & 加载 \\ d\sigma<0, & 卸载\end{array}\right\} \qquad (6\text{-}2)$$

式(6-2)即为加卸载准则.

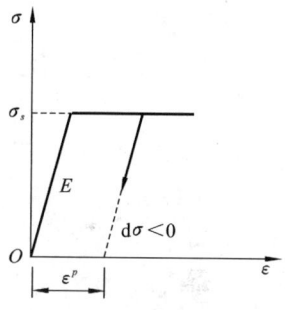

图 6-1 理想弹塑性材料

6.1.2 线性强化弹塑性材料

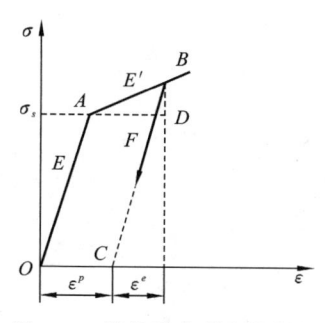

图 6-2 线性强化弹塑性材料

线性强化弹塑性材料的一维应力-应变曲线如图 6-2 所示.

当应力达到 σ_s 后材料屈服,屈服条件同式(6-1)为

$$F(\sigma)=\sigma-\sigma_s=0$$

当应力状态位于点 B 时,点 B 应力 σ_B 为新的屈服极限,也称为后继屈服极限.我们可用下式描述点 B 的屈服条件——加载条件:

$$F(\sigma)=\sigma-\sigma_B=0 \qquad (6\text{-}3)$$

式中:σ_B 是随加载历史和路径而变的一个量,如果能找出它的变化规律,则式(6-3)就能用于判断加载过程中任一时刻所研究材料单元是不是处于弹塑性分界点上.

对图 6-2 而言,只要塑性应变 ε^p 确定,又知 σ_B 位于弹塑性临界状态,便有

$$\sigma_B = \sigma_s + E'\overline{AD} = \sigma_s + E'(\overline{AF} + \overline{FD}) = \sigma_s + E'[\varepsilon^p + (\sigma_B - \sigma_s)/E]$$

即

$$\sigma_B = H(\varepsilon^p) = \sigma_s + \varepsilon^p \frac{E'E}{E-E'}$$

所以,加载条件的通用表达式可写成

$$F(\sigma) = \sigma - H(\varepsilon^p) = 0 \tag{6-4}$$

当应力 σ 处于弹塑性临界状态时,可用下式来判断有应力增量 $d\sigma$ 时的状态:

$$\left. \begin{array}{l} \sigma d\sigma > 0, \quad 加载 \\ \sigma d\sigma < 0, \quad 卸载 \end{array} \right\} \tag{6-5}$$

式(6-5)即为线性强化弹塑性材料的加卸载准则,而且拉伸压缩均适用.

6.2 复杂应力状态的屈服条件

复杂应力状态的屈服条件已不像上面介绍的一维状态那样简单、直观.但不论它多么复杂,总可以如上一章所述表示成应力状态的函数,即屈服条件的一般形式可表示为

$$F(\sigma_{ij}) = 0 \tag{6-6}$$

对各向同性材料而言,坐标变换不影响屈服,因此式(6-6)可改写成三个主应力的函数:

$$f(\sigma_1, \sigma_2, \sigma_3) = 0 \tag{6-7}$$

也可写成三个应力(张量)不变量的函数:

$$f(J_1, J_2, J_3) = 0 \tag{6-8}$$

若采用静水压力不影响塑性状态的基本假设,屈服条件可进一步表述成应力偏量的函数:

$$f(J_1', J_2', J_3') = f(J_2', J_3') = 0 \tag{6-9}$$

由式(6-7)~式(6-9)可知,屈服条件是三个变量或两个变量的函数,因此我们可以用几何方法将其形象地表示出来.

以 $\sigma_1, \sigma_2, \sigma_3$ 作为坐标轴构成主应力空间,如图 6-3 所示.设以 i, j 和 k 分别表示应力空间中三个坐标轴方向的单位矢量,则任意一应力状态可用这个空间中的一个矢量 $\overrightarrow{OP}$ 来描述:

$$\overrightarrow{OP} = \sigma_1 \boldsymbol{i} + \sigma_2 \boldsymbol{j} + \sigma_3 \boldsymbol{k}$$

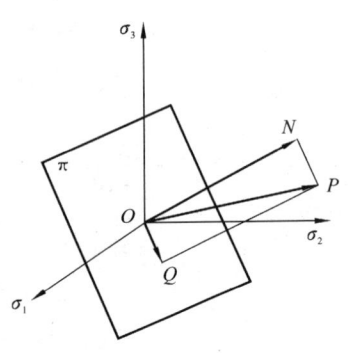

图 6-3 主应力空间与π平面

把它分解成偏量部分与静水压力部分有
$$\overrightarrow{OP}=s_1\boldsymbol{i}+s_2\boldsymbol{j}+s_3\boldsymbol{k}+(\sigma^a\boldsymbol{i}+\sigma^a\boldsymbol{j}+\sigma^a\boldsymbol{k})=\overrightarrow{OQ}+\overrightarrow{ON}$$
式中:$\overrightarrow{OQ}$是主偏应力矢量;$\overrightarrow{ON}$则与$\sigma_1,\sigma_2,\sigma_3$轴的夹角均相等,它正交于过原点的平面
$$\sigma_1+\sigma_2+\sigma_3=0 \qquad (6\text{-}10)$$
式(6-10)表示的是一个平均正应力等于零的平面,习惯上称其为π平面.因为$\overrightarrow{OQ}$的三个分量之间满足如下关系:
$$s_1+s_2+s_3=0 \qquad (6\text{-}11)$$
所以$\overrightarrow{OQ}$总在π平面上.

式(6-9)表示的屈服条件也满足式(6-11),因此式(6-9)描述的曲线位于π平面上.

当静水压力不影响屈服时,增减$\overrightarrow{ON}$的大小不改变屈服状态,因此$f(\sigma_1,\sigma_2,\sigma_3)=0$描述的是一个平行于$\sigma_1=\sigma_2=\sigma_3$的柱面,该柱面垂直于$\pi$平面,它与$\pi$平面的交线就是屈服函数$f(J_2',J_3')=0$,如图6-4所示.对于静水压力影响屈服的岩石类材料,屈服曲面在主应力空间中的形状稍后再作介绍.

对静水压力不影响屈服的材料,显然只要确定屈服曲面与π平面的交线便可知道屈服曲面的形状了.下面就来研究π平面上屈服曲线的形状.沿着$\sigma_1=\sigma_2=\sigma_3$的射线方向看$\pi$平面,这时$\sigma_1,\sigma_2$和$\sigma_3$三个坐标轴投影到$\pi$平面上的位形如图6-5所示,$\sigma_1,\sigma_2$和$\sigma_3$轴分别对应图上的$\sigma_1',\sigma_2'$和$\sigma_3'$,屈服曲面也投影成了$\pi$平面上的屈服曲线.

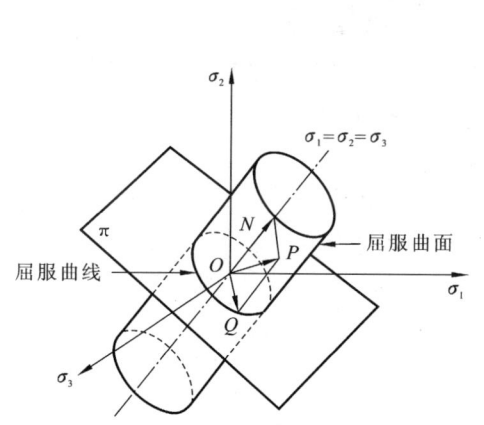

图 6-4 屈服面与屈服曲线

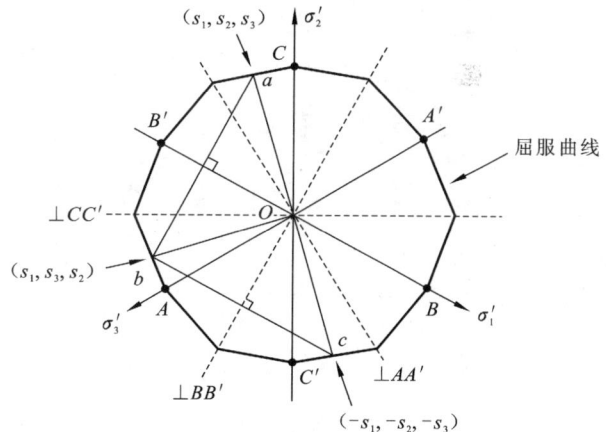

图 6-5 屈服曲线的对称性

由初始各向同性假定可知,若(s_1,s_2,s_3)是π平面屈服曲线上一点,则(s_1,s_3,s_2)也是屈服曲线上一点,即屈服曲线对称于$\overline{BB'}$线;同理,屈服曲线也对称于$\overline{AA'},\overline{CC'}$线.

如进一步假设拉伸和压缩时的屈服极限相等,则当(s_1,s_2,s_3)是屈服曲线上一点时,$(-s_1,-s_2,-s_3)$也是屈服曲线上一点,这两点对称于点O,如图6-5所示.由几何关系可知$\overline{bc}\parallel\overline{BB'}$,过点$O$作一垂直于$\overline{BB'}$的射线,可知点$b$和点$c$对称于该射线.因此屈服曲线

还对称于垂直于 $\overline{AA'}$，$\overline{BB'}$ 和 $\overline{CC'}$ 的三条射线.

由上述分析可知，对初始各向同性和拉压屈服极限相同的材料，π 平面上的屈服曲线有 6 条对称线，这 6 条对称线将屈服曲线分成了 12 部分，每部分对应 30°区间，如图 6-5 所示. 如能确定任一 30°区间的屈服曲线，就能确定整个屈服曲线.

再在 π 平面上建立平面直角坐标系 Oxy，y 轴与 σ_2' 方向重合，如图 6-6 所示. 设对应于 σ_1，σ_2 和 σ_3 三轴的单位矢量分别为 i，j 和 k，先来确定 i，j 和 k 在 π 平面 Oxy 坐标系里的坐标值.

设 i，j 和 k 的端点用点 1～3 表示，它们在 π 平面上的投影用点 $1'$，$2'$ 和 $3'$ 表示，如图 6-6 和图 6-7 所示. 则由点 1～3 三点形成的平面平行于 π 平面. 用 $\overline{12}$，$\overline{23}$ 和 $\overline{31}$ 分别表示 i，j，k 三个单位矢量端点相互连线的长度，有

$$\overline{12}=\overline{23}=\overline{31}=\overline{1'2'}=\overline{2'3'}=\overline{3'1'}=\sqrt{2}$$

$$\overline{O1'}=\frac{\overline{1'2'}}{2\cos30°}=\frac{\sqrt{2}}{2}\frac{2}{\sqrt{3}}=\sqrt{\frac{2}{3}}$$

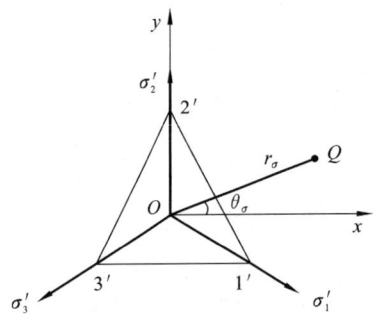

图 6-6　π 平面上的直角坐标系

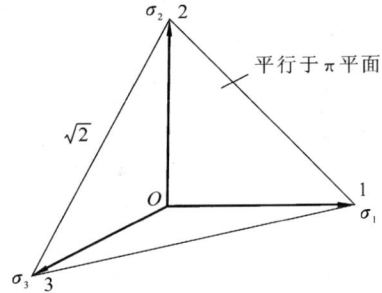

图 6-7　单位矢量在 π 平面上的投影

所以，点 $(\sigma_1,0,0)$ 在 $\overrightarrow{O\sigma_1'}$ 方向上的长度为 $\sqrt{\frac{2}{3}}\sigma_1$，其在 Oxy 系里的坐标为

$$x=\sqrt{\frac{2}{3}}\sigma_1\cdot\frac{\sqrt{3}}{2}=\frac{\sqrt{2}}{2}\sigma_1$$

$$y=-\sqrt{\frac{2}{3}}\sigma_1\cdot\frac{1}{2}=-\frac{\sqrt{6}}{6}\sigma_1$$

类似地，点 $(0,\sigma_2,0)$ 在 Oxy 系里的坐标为 $\left(0,\sqrt{\frac{2}{3}}\sigma_2\right)$，点 $(0,0,\sigma_3)$ 在 Oxy 系里的坐标为 $\left(-\frac{\sqrt{2}}{2}\sigma_3,-\frac{\sqrt{6}}{6}\sigma_3\right)$，于是，有矢量

$$\overrightarrow{OP}=\sigma_1 i+\sigma_2 j+\sigma_3 k$$

在 π 平面上投影的 x，y 坐标为

第 6 章 屈服条件、加载条件与加卸载准则

$$\left.\begin{aligned}x&=\frac{\sqrt{2}}{2}(\sigma_1-\sigma_3)=\frac{\sqrt{2}}{2}(s_1-s_3)\\y&=\frac{\sqrt{6}}{6}(2\sigma_2-\sigma_1-\sigma_3)=\frac{\sqrt{6}}{6}(2s_2-s_1-s_3)\end{aligned}\right\} \quad (6\text{-}12)$$

当采用图 6-6 所示的极坐标系来描述矢量

$$\overrightarrow{OP}=\sigma_1\boldsymbol{i}+\sigma_2\boldsymbol{j}+\sigma_3\boldsymbol{k}$$

在 π 平面上投影时,又有

$$\left.\begin{aligned}r_\sigma&=\sqrt{x^2+y^2}=\sqrt{\left[\frac{\sqrt{2}}{2}(\sigma_1-\sigma_3)\right]^2+\left[\frac{\sqrt{6}}{6}(2\sigma_2-\sigma_1-\sigma_3)\right]^2}=\sqrt{2J_2'}\\ \theta_\sigma&=\arctan\frac{y}{x}=\arctan\left[\frac{2\sigma_2-\sigma_1-\sigma_3}{\sqrt{3}(\sigma_1-\sigma_3)}\right]\end{aligned}\right\} \quad (6\text{-}13)$$

引进参数 μ_σ,有

$$\mu_\sigma=\sqrt{3}\tan\theta_\sigma=\frac{2\sigma_2-\sigma_1-\sigma_3}{(\sigma_1-\sigma_3)}=2\frac{\sigma_2-\sigma_3}{\sigma_1-\sigma_3}-1 \quad (6\text{-}14)$$

式中:μ_σ 称为洛德(Lode)参数.

若规定 $\sigma_1\geqslant\sigma_2\geqslant\sigma_3$,并将式(6-14)的自变量取为 σ_2,当 σ_2 由 σ_3 变到 σ_1 时,有

$$-1\leqslant\mu_\sigma\leqslant 1 \quad -30°\leqslant\theta_\sigma\leqslant 30°$$

下面研究几种特殊的应力状态.

1. 单向拉伸

$$\sigma_1=\sigma \quad \sigma_2=\sigma_3=0$$

此时,有

$$\mu_\sigma=-1 \quad r_\sigma=\sqrt{\frac{2}{3}}\sigma \quad \theta_\sigma=-30°$$

2. 单轴压缩

$$\sigma_1=\sigma_2=0 \quad \sigma_3=-\sigma$$

此时,有

$$\mu_\sigma=1 \quad r_\sigma=\sqrt{\frac{2}{3}}\sigma \quad \theta_\sigma=30°$$

3. 平面纯剪切

$$\sigma_1=\tau \quad \sigma_2=0 \quad \sigma_3=-\tau$$

此时,有

$$\mu_\sigma=0 \quad r_\sigma=\sqrt{2}\tau \quad \theta_\sigma=0°$$

利用以上几种应力状态,即可确定 π 平面上屈服曲线上的三个点 B,A' 和 D,如图 6-8

所示. 如能设计实验进一步确定 BD 或 DA' 之间的屈服曲线,整个屈服曲线也就能确定了.

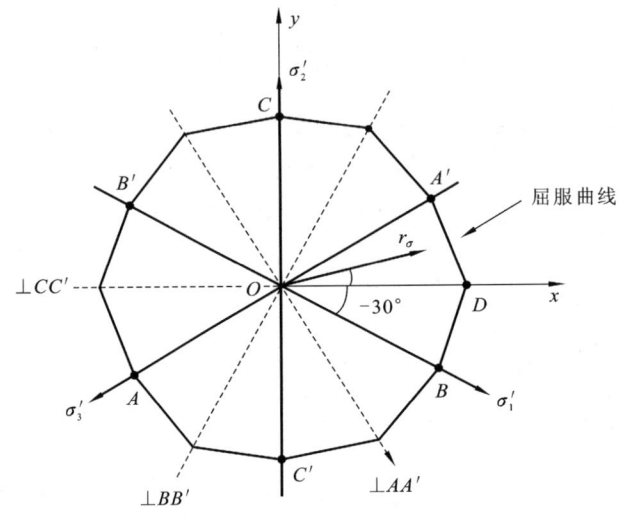

图 6-8 屈服曲线的确定

6.3 几个常用的屈服条件

有了上面关于屈服曲线的理论结果为指导,人们开展了大量屈服准则的研究与实验验证工作,提出了许许多多的屈服准则,不过到目前为止,人们还没有发现一个十分令人满意的屈服准则. 现在,相对较好的、常用的屈服准则有 Tresca 屈服准则、Mises 屈服准则、莫尔-库仑屈服准则、广义 Mises 和 Tresca 屈服准则和我国学者俞茂宏提出来的双剪应力屈服准则,下面我们逐一予以介绍.

6.3.1 Tresca 屈服准则

Tresca 屈服准则是 1864 年由法国科学家 Tresca 提出的,它是所有屈服准则中最早提出的. Tresca 假定当最大剪应力达到某一极限值 k 时,材料发生屈服. 若规定 $\sigma_1 \geqslant \sigma_2 \geqslant \sigma_3$,则 Tresca 屈服条件可表示为

$$\tau_{\max} = \frac{\sigma_1 - \sigma_3}{2} = k \tag{6-15}$$

这也是材料力学中的第三强度理论.

在主应力空间 $\sigma_1, \sigma_2, \sigma_3$ 中,若不规定 $\sigma_1 \geqslant \sigma_2 \geqslant \sigma_3$,则式(6-15)应写成

$$\left. \begin{array}{l} \sigma_1 - \sigma_2 = \pm 2k \\ \sigma_2 - \sigma_3 = \pm 2k \\ \sigma_3 - \sigma_1 = \pm 2k \end{array} \right\} \tag{6-16}$$

在 π 平面上，由式(6-16)表示的 Tresca 屈服准则的形状为一正六边形，如图 6-9(a) 所示；在主应力空间中，式(6-16)表示的是 6 个平面，它们构成一正六边形柱面，柱面的母线平行于 $\sigma_1=\sigma_2=\sigma_3$ 轴线，如图 6-9(b)所示.

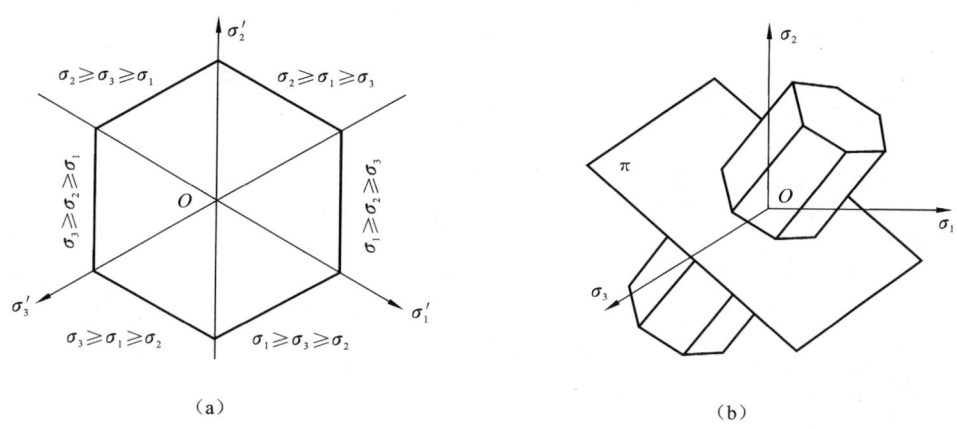

图 6-9 Tresca 屈服准则

在平面应力状态，若令 $\sigma_3=0$，式(6-16)成为

$$\left.\begin{aligned}\sigma_1-\sigma_2&=\pm 2k\\ \sigma_2&=\pm 2k\\ \sigma_1&=\pm 2k\end{aligned}\right\} \quad (6\text{-}17)$$

在 $\sigma_1\sim\sigma_2$ 平面上，这相当于 6 条直线，其形状如图 6-10 所示. 常数 k 如用简单拉伸实验来确定，则有

$$k=\sigma_s/2 \quad (6\text{-}18)$$

若用纯剪切实验确定，则有

$$k=\tau_s \quad (6\text{-}19)$$

比较以上两式可知，若 Tresca 屈服准则成立，则应有

$$\sigma_s=2\tau_s \quad (6\text{-}20)$$

但实验表明，对于大多数材料，式(6-20)满足得不好. 因而 Tresca 屈服准则的适用性并不好，不过由于其简单，目前仍在广泛应用中.

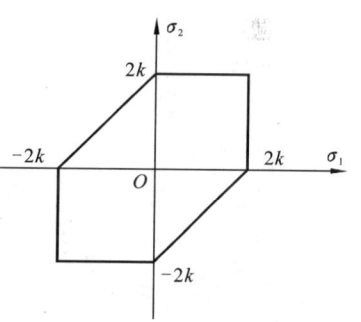

图 6-10 平面应力状态的 Tresca 屈服曲线

6.3.2 Mises 屈服准则

Tresca 屈服准则提出后得到了广泛的应用，但由于它与大多数材料的实验结果不尽相符，且没有考虑中间主应力的影响，又由于主应力方向未知时，Tresca 屈服准则的表达式很复杂难以应用等，德国科学家 Mises 提出以第二应力偏张量不变量 J_2' 作为屈服的判据，这样便有了 Mises 屈服准则：

$$J_2' = c \tag{6-21}$$

在 π 平面上,由式(6-13)可知 Mises 屈服条件表示一个圆,如图 6-11 所示.式(6-21)中的常数 c 若用简单拉伸实验测定,有

$$c = \frac{\sigma_s^2}{3} \tag{6-22}$$

若用纯剪切测定有

$$c = \tau_s^2 \tag{6-23}$$

若 Mises 屈服准则成立,则应有

$$\sigma_s = \sqrt{3}\tau_s \tag{6-24}$$

实验表明,对多数材料,此式符合得相对较好.

在 π 平面上,若设 Tresca 和 Mises 两种屈服条件在简单拉伸情况下一致,则 Tresca 屈服条件是内接于 Mises 圆的六边形,若设纯剪切时两者一致,则 Tresca 屈服条件是外切于 Mises 圆的六边形,如图 6-11 所示.

在主应力空间中,Mises 屈服面是圆柱面,当用简单拉伸实验测定常数 c 时,它的数学形式可表示为

$$(\sigma_1 - \sigma_2)^2 + (\sigma_2 - \sigma_3)^2 + (\sigma_3 - \sigma_1)^2 = 2\sigma_s^2 \tag{6-25}$$

在 $\sigma_3 = 0$ 的平面应力情况下,上式简化为

$$\sigma_1^2 - \sigma_1\sigma_2 + \sigma_2^2 = \sigma_s^2 \tag{6-26}$$

其形状示如图 6-12 所示,为一椭圆,图中虚线所示为 Tresca 屈服条件.

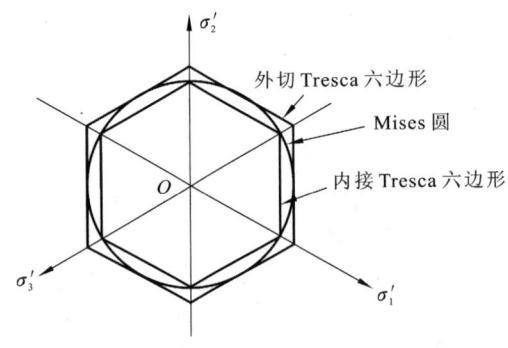

图 6-11 Miess 屈服准则及与 Tresca 屈服准则的对比

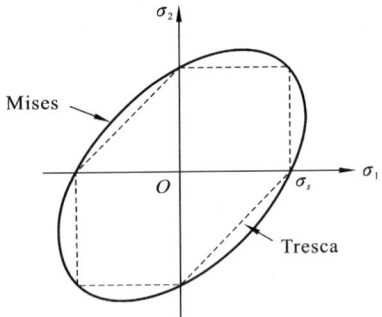

图 6-12 平面应力状态的 Mises 屈服曲线

6.3.3 双剪应力屈服准则

1961 年,俞茂宏提出了双剪应力屈服准则.用

$$\tau_{12} = (\sigma_1 - \sigma_2)/2$$
$$\tau_{23} = (\sigma_2 - \sigma_3)/2$$
$$\tau_{13} = (\sigma_1 - \sigma_3)/2$$

表示三个极值剪应力,称之为主剪应力. 由于三个主剪应力存在如下关系

$$\tau_{12}+\tau_{23}-\tau_{13}=0 \tag{6-27}$$

因而三个剪应力中只有两个是独立变量.

双剪应力屈服准则认为只有两个较大的主剪应力造成剪切屈服与破坏,由此得到的双剪应力屈服条件为

$$\left.\begin{array}{l} F(\tau_{13},\tau_{12})=\dfrac{1}{2}(\tau_{13}+\tau_{12})=\dfrac{1}{2}[\sigma_1-\dfrac{1}{2}(\sigma_2+\sigma_3)]=k \quad \tau_{12}>\tau_{23} \\ F(\tau_{13},\tau_{23})=\dfrac{1}{2}(\tau_{13}+\tau_{23})=\dfrac{1}{2}[\dfrac{1}{2}(\sigma_2+\sigma_1)-\sigma_3]=k \quad \tau_{12}<\tau_{23} \end{array}\right\} \tag{6-28}$$

这一屈服准则考虑了中间主应力的影响,它在 π 平面上为一等边六角形,与 Tresca 屈服准则不同的是,它的 6 个顶点不在三个主轴上,而是在三个主轴的平分线上,如图 6-13 所示. 双剪应力屈服准则在主应力空间是一个以 $\sigma_1=\sigma_2=\sigma_3$ 为轴线的等边六棱柱面.

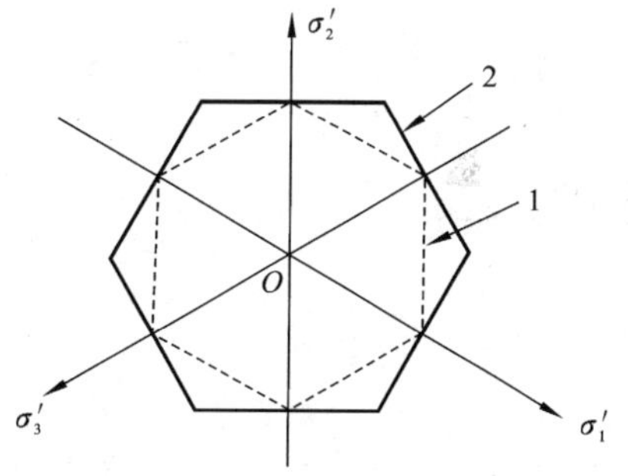

图 6-13 双剪应力屈服准则及与 Tresca 屈服准则的对比

1. Tresca 六边形;2. 双剪应力

6.3.4 莫尔-库仑屈服准则

岩土材料相对于金属材料而言,有其自身的特点,例如静水压力影响塑性变形等,因此它的屈服准则也有别于适用于金属材料的屈服准则. 目前,对一般的岩石与土质问题适用性较好的屈服准则是莫尔-库仑准则(图 6-14),其表达式为

$$\tau_n=c-\sigma_n\tan\varphi \tag{6-29}$$

式中:τ_n 表示极限抗剪强度;σ_n 表示剪切面上的法向应力,拉应力为正;c,φ 表示岩土材料的内聚力和内摩擦角.

式(6-29)在 σ_n,τ_n 平面上是一条直线,而实际上屈服时的 $\sigma_n\sim\tau_n$ 关系是一曲线,将 $\sigma_n\sim\tau_n$ 的关系表示成直线是近似的.

式(6-29)可以改写成以主应力表示的形式,即 $f(\sigma_1,\sigma_2,\sigma_3)=0$. 由图 6-14 可知

$$\tau_n=\dfrac{1}{2}(\sigma_1-\sigma_3)\cos\varphi$$

$$\sigma_n=\dfrac{1}{2}(\sigma_1+\sigma_3)+\dfrac{1}{2}(\sigma_1-\sigma_3)\sin\varphi$$

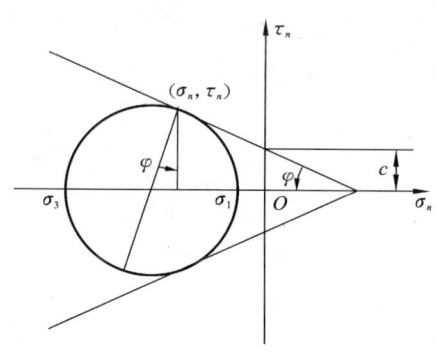

图 6-14 莫尔-库仑屈服准则

将上面两式代入式(6-29)有

$$\frac{1}{2}(\sigma_1-\sigma_3)=c\cos\varphi-\frac{1}{2}(\sigma_1+\sigma_3)\sin\varphi$$

这样就有

$$f(\sigma_1,\sigma_2,\sigma_3)=\frac{1}{2}(\sigma_1-\sigma_3)-c\cos\varphi+\frac{1}{2}(\sigma_1+\sigma_3)\sin\varphi=0 \qquad (6\text{-}30)$$

式(6-30)在 π 平面上的形状如图 6-15 所示.

莫尔-库仑屈服准则在主应力空间中的形状如图 6-16 所示.

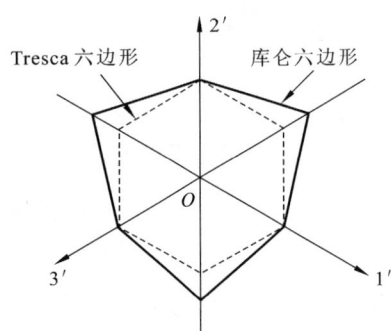

图 6-15 π 平面上莫尔-库仑屈服曲线

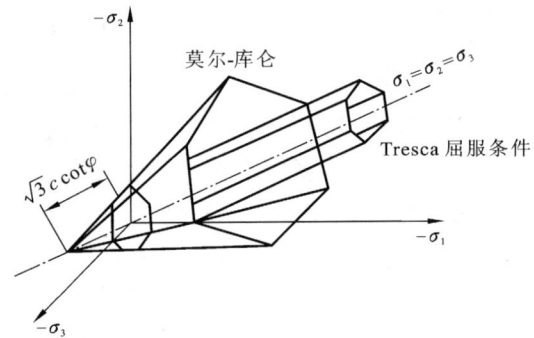

图 6-16 主应力空间中的 Drucker-Prager 屈服准则

6.3.5 广义 Mises 和 Tresca 屈服准则

Tresca 和 Mises 屈服准则和静水应力无关,在静水压力不很大的情况下,对金属与饱和土质是适用的. 但对于一般的岩石与土质问题而言,随着静水压力的增加,屈服应力和破坏应力都有很大的增长,因而 Tresca 和 Mises 屈服准则对一般的岩石与土质问题适用性不好. 为适用于岩土类材料,人们对 Tresca 和 Mises 屈服准则进行了修正.

对 Mises 屈服准则进行修正后的数学表达式为

$$\alpha J_1+\sqrt{J_2'}=k \qquad (6\text{-}31)$$

式(6-31)称为广义 Mises 屈服准则,它考虑了平均应力 σ^a 或 J_1 的影响. 式(6-31)中的 α 和 k 为两个参数,它们有多种取值方法,当取

$$\alpha=\frac{\sin\varphi}{\sqrt{3}\sqrt{3+\sin^2\varphi}} \qquad k=\frac{\sqrt{3}c\cos\varphi}{\sqrt{3+\sin^2\varphi}}$$

时,式(6-31)又称为 Drucker-Prager 屈服准则,α 和 k 中的 c,φ 为岩土材料的内聚力和内摩擦角. Drucker-Prager 屈服准则在主应力空间中的形状如图 6-17 所示.

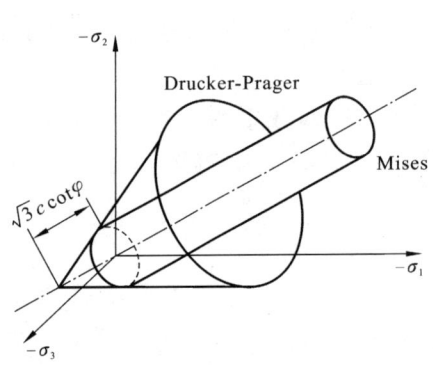

图 6-17

广义 Mises 屈服准则在 π 平面上的形状仍是一个圆,在主应力空间中是一圆锥,如图 6-18 所示.

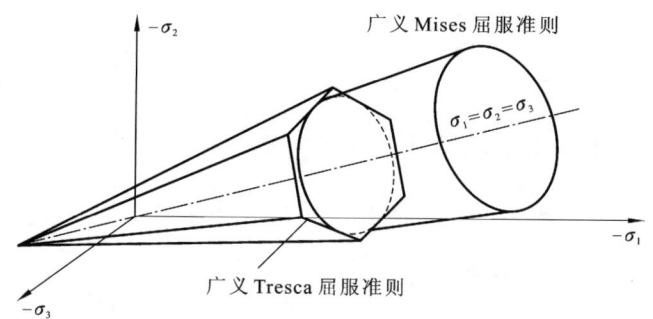

图 6-18 主应力空间中的广义 Tresca 屈服准则

对 Tresca 屈服准则进行修正后的数学表达式为

$$(\sigma_1-\sigma_2-k+\alpha J_1)(\sigma_2-\sigma_3-k+\alpha J_1)(\sigma_3-\sigma_1-k+\alpha J_1)=0 \qquad (6\text{-}32)$$

式(6-32)称为广义 Tresca 屈服准则. 它在 π 平面上的形状仍为一正六边形,在主应力空间中是一正六边形锥体,如图 6-18 所示.

6.4 屈服条件的实验验证

6.4.1 薄壁圆筒受内压 p 和轴向拉力 T 实验

设薄壁圆筒的平均半径为 R,壁厚为 δ,$\dfrac{\delta}{R}\ll 1$. 在远离力作用处的中间区段,圆筒内应力可认为是均匀分布. 如图 6-19 所示,薄壁圆筒的应力为

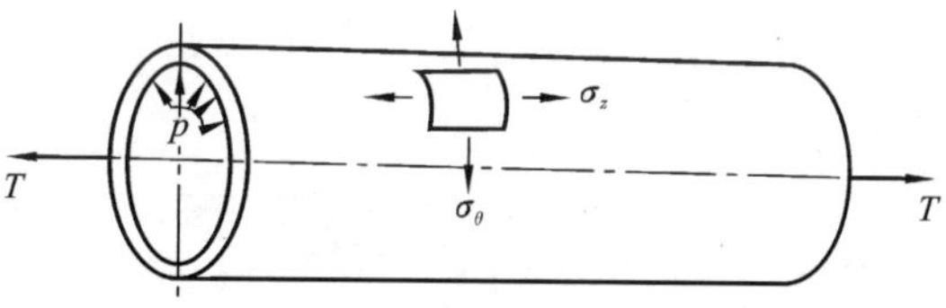

$$\sigma_\theta = p\frac{R}{\delta} \qquad \sigma_z=\frac{T}{2\pi R\delta} \qquad \sigma_r\approx 0$$

图 6-19 薄壁圆筒受内压和轴向拉力实验

如令 $\sigma_\theta \geqslant \sigma_z$,则有

$$\sigma_1=\sigma_\theta \qquad \sigma_2=\sigma_z \qquad \sigma_3=\sigma_r=0$$

$$\mu_\sigma=\frac{2\sigma_2-\sigma_1-\sigma_3}{\sigma_1-\sigma_3}=\frac{T-\pi R^2 p}{\pi R^2 p} \qquad (6\text{-}33)$$

要想通过实验确定 π 平面上 $-30°\leqslant \theta_\sigma\leqslant 0$ 范围里的屈服轨迹,需 $-1\leqslant \mu_\sigma\leqslant 0$,为满足这一条件,由式(6-33)可知,需

$$\pi R^2 p\geqslant T\geqslant 0 \qquad (6\text{-}34)$$

式(6-34)在实验中是可实现的,因此这一实验被用来验证屈服准则.

当 $T=0$ 时,$\sigma_z=0$,$\mu_\sigma=-1$,这对应着单轴拉伸情形;

当 $T=\pi R^2 p$ 时,$\mu_\sigma=0$,这时有

$$\sigma_\theta=p\frac{R}{\delta} \qquad \sigma_z=p\frac{R}{2\delta}=\frac{\sigma_\theta}{2} \qquad \sigma_r=0$$

似乎不是纯剪切状态.但从各应力分量中减去平均应力

$$\sigma^a=\frac{1}{3}(\sigma_\theta+\sigma_z+\sigma_r)=\frac{pR}{2\delta}$$

(利用静水压力不影响屈服的假定)后,有

$$\sigma_\theta=p\frac{R}{2\delta} \qquad \sigma_z=0 \qquad \sigma_r=-p\frac{R}{2\delta}$$

这就是在 r,θ 平面内的纯剪切状态.

在满足式(6-34)的条件下,改变 T 和 p 的比值,就可以获得 $-1\leqslant\mu_\sigma\leqslant 0$ 范围内的其余各种应力状态.

当规定 Mises、Tresca 和双剪应力三种屈服准则在单轴拉伸时重合,Tresca 屈服准则可变形为

$$\frac{\sigma_1-\sigma_3}{\sigma_s}=1 \qquad \sigma_1\geqslant\sigma_2\geqslant\sigma_3 \tag{6-35}$$

对 Mises 屈服准则 $J'_2=\frac{\sigma_s^2}{3}$ 也作一些变形.

因

$$r_\sigma=\sqrt{2J'_2}=\sqrt{\frac{2}{3}}\sigma_s$$

又

$$r_\sigma=\sqrt{2J'_2}=\sqrt{\frac{1}{2}(\sigma_1-\sigma_3)^2+\frac{1}{6}(2\sigma_2-\sigma_1-\sigma_3)^2}$$

$$=(\sigma_1-\sigma_3)\sqrt{\frac{1}{2}+\frac{1}{6}\left(\frac{2\sigma_2-\sigma_1-\sigma_3}{\sigma_1-\sigma_3}\right)^2}=(\sigma_1-\sigma_3)\sqrt{\frac{1}{2}+\frac{1}{6}\mu_\sigma^2}$$

所以,有

$$\frac{\sigma_1-\sigma_3}{\sqrt{6}}\sqrt{3+\mu_\sigma^2}=\sqrt{\frac{2}{3}}\sigma_s$$

$$\frac{\sigma_1-\sigma_3}{\sigma_s}=\frac{2}{\sqrt{3+\mu_\sigma^2}} \tag{6-36}$$

对双剪应力屈服准则作变换,也有以下表达式:

$$\frac{\sigma_1-\sigma_3}{\sigma_s}=\frac{4}{3+|\mu_\sigma|} \tag{6-37}$$

1926 年，Lode 对铁、铜和镍三种材料的薄壁管进行了受内压 p 和轴向拉力 T 实验，将实验结果标示在纵坐标为 $\dfrac{(\sigma_1-\sigma_3)}{\sigma_s}$、横坐标为 μ_σ 的坐标系中，如图 6-20 所示. 由图可见，实验结果与 Mises 屈服准则较为接近.

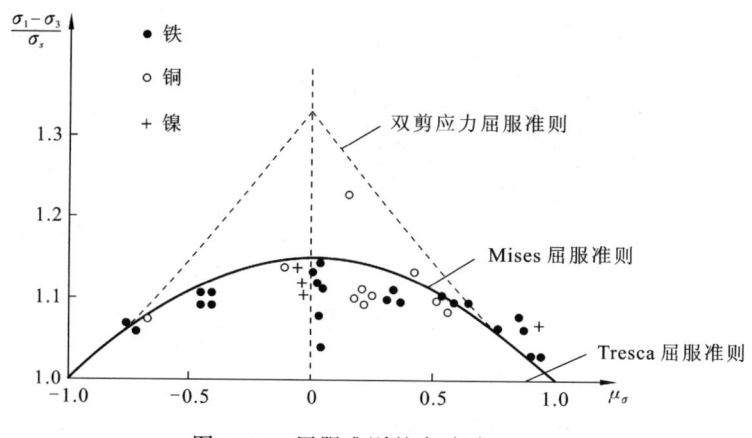

图 6-20　屈服准则的实验验证（一）

6.4.2　薄壁圆筒受扭矩 M 和轴向拉力 T 实验

设薄壁圆筒的平均半径为 R，壁厚为 δ，$\dfrac{\delta}{R}\ll 1$. 在远离力作用处的中间区段，圆筒内应力可认为是均匀分布. 如图 6-21 所示，薄壁圆筒的应力为

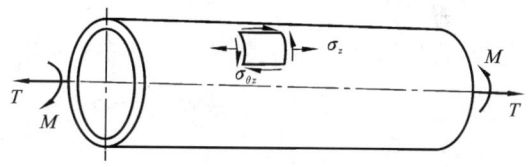

图 6-21　薄壁圆筒受扭矩和轴向拉力实验

$$\sigma_z=\frac{T}{2\pi R\delta}\quad \sigma_{\theta z}=\frac{M}{2\pi R^2\delta}\quad \sigma_r\approx 0$$

上述应力状态的主应力为

$$\sigma_1=\frac{\sigma_z}{2}+\frac{1}{2}\sqrt{\sigma_z^2+4\sigma_{\theta z}^2}\geqslant 0$$

$$\sigma_2=\sigma_r=0$$

$$\sigma_3=\frac{\sigma_z}{2}-\frac{1}{2}\sqrt{\sigma_z^2+4\sigma_{\theta z}^2}\leqslant 0$$

因此，Lode 参数可表示为

$$\mu_\sigma=\frac{2\sigma_2-\sigma_1-\sigma_3}{\sigma_1-\sigma_3}=\frac{-\sigma_z}{\sqrt{\sigma_z^2+4\sigma_{\theta z}^2}}=\frac{-T}{\sqrt{T^2+\dfrac{4M^2}{R^2}}} \tag{6-38}$$

由 $-1\leqslant \mu_\sigma\leqslant 0$ 的条件，得 $T\geqslant 0$.

当 $T=0$ 时，$\mu_\sigma=0$，对应纯剪切情况；

当 $M=0$ 时，$\mu_\sigma=-1$，对应单轴拉伸情况；

改变 T 和 M 的比值，就可以获得 $-1\leqslant\mu_\sigma\leqslant 0$ 范围内的其余各种应力状态.

仍规定 Mises、Tresca 和双剪应力三种屈服准则在单轴拉伸时重合，Tresca 屈服准则可变形为

$$\tau_{\max}=\frac{\sigma_1-\sigma_3}{2}=\frac{1}{2}\sqrt{\sigma_z^2+4\sigma_{\theta z}^2}=\frac{\sigma_s}{2}$$

或

$$\left(\frac{\sigma_z}{\sigma_s}\right)^2+4\left(\frac{\sigma_{\theta z}}{\sigma_s}\right)^2=1 \tag{6-39}$$

对 Mises 屈服准则，有

$$J_2'=\frac{1}{6}(2\sigma_z^2+6\sigma_{\theta z}^2)=\frac{1}{3}\sigma_s^2$$

或

$$\left(\frac{\sigma_z}{\sigma_s}\right)^2+3\left(\frac{\sigma_{\theta z}}{\sigma_s}\right)^2=1 \tag{6-40}$$

对双剪应力屈服准则，有

$$\frac{1}{4}\left(\frac{\sigma_z}{\sigma_s}\right)^2+\frac{3}{4}\sqrt{\left(\frac{\sigma_z}{\sigma_s}\right)^2+4\left(\frac{\sigma_{\theta z}}{\sigma_s}\right)^2}=1 \tag{6-41}$$

(1) Taylor-Quinney 对软钢、铜和铝三种材料的薄壁管进行了受扭矩 M 和轴向拉力 T 实验，将实验结果标示在纵坐标为 $\frac{\sigma_{\theta z}}{\sigma_s}$、横坐标为 $\frac{\sigma_z}{\sigma_s}$ 的坐标系中，如图 6-22 所示. 由图可见，实验结果与 Mises 屈服准则和双剪应力屈服准则较为接近.

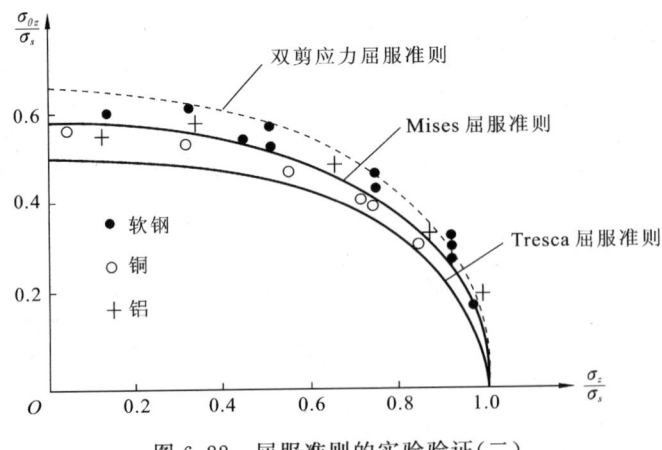

图 6-22　屈服准则的实验验证(二)

(2) 其他一些实验结果. 我国航空航天部航空发动机研究所在 MTS 伺服液压拉扭复合试验机上进行了混凝土薄壁管的试验，比较了双剪应力准则与莫尔-库仑准则，如

图 6-23 所示，图中 σ_c 为抗压强度极限．可以看出实验结果更接近于双剪应力准则．

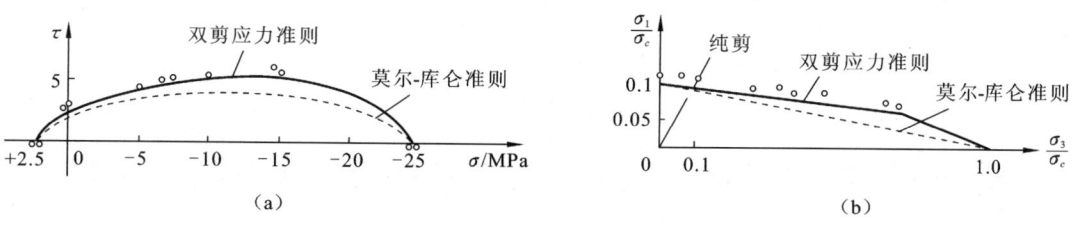

图 6-23　屈服准则的实验验证(三)

6.5　复杂应力状态的加载条件与加卸载准则

6.5.1　复杂应力状态的加载条件

在前一章已说明，经受过塑性变形后，弹性响应的界限变化了，即屈服条件变化了，变化后的屈服条件称之为加载条件，加载条件在应力空间中对应的曲面称为加载面，也称为后继屈服面．

为区分初始屈服面，用 $\phi(\sigma_{ij})=0$ 来表示加载面．对于理想弹塑性材料，由于没有强化效应，加载面与初始屈服面没有区别，$\phi=f$；但一般情况下，材料在发生塑性变形后，内部物质结构会有所变化，因此表现出的微观、宏观力学性质与初始弹性阶段均有所不同，所以发生塑性变形后的加载面虽然仍与应力状态 σ_{ij} 紧密相关，但它还受加载过程或应变历史的影响，这样加载面 $\phi(\sigma_{ij})=0$ 实际上应表述为

$$\phi(\sigma_{ij},K)=0$$

式中：K 为反映加载过程或应变历史的参数．

函数 $\phi(\sigma_{ij},K)=0$ 的确定也是建立在实验基础上的．由于加载面所涉及的影响因素多于初始屈服面，所以加载面的确定面临着比初始屈服面更多的困难．在这里，还难以讨论加载面的一般性态或表达式，只能介绍两种相对较实用的模型．

1．等向强化模型

等向强化模型假定：在复杂应力状态下，加载面就是屈服面作相似扩大，即

$$\phi(\sigma_{ij},K)=f(\sigma_{ij})-K=0 \tag{6-42}$$

式中：$f(\sigma_{ij})=0$ 表示初始屈服面．式中 K 的表述形式仍是有待研究的问题，目前采用的形式有：

（1）将 K 表述为与等效塑性应变相关的参数，即

$$K=\psi\left(\int \overline{d\varepsilon^p}\right) \tag{6-43}$$

这里，$\overline{d\varepsilon^p}$ 的定义同式(4-38)等效应变 $\bar{\varepsilon}$ 的定义，且有 $\psi(0)=\sigma_s$．

对于 Mises 屈服准则情形,式(6-42)可表述为
$$\phi(\sigma_{ij}, K) = \bar{\sigma} - K = 0 \tag{6-44}$$

(2) 将 K 表述为与塑性功相关的参数,即
$$K = \psi\left(\int dW^p\right) \quad dW^p = \sigma_{ij} d\varepsilon_{ij}^p \tag{6-45}$$

把问题退化到一维情形,就可以确定 ψ 函数的形式. 但比较起来,还是式(6-43)应用较方便.

研究表明:当 σ_{ij} 各分量之间的比值变化不是很大时,采用等向强化模型与实际还比较吻合. 该模型的缺点是没有考虑包氏效应,因此在分析应力反复变化的问题时,往往会产生较大的误差.

2. 随动强化模型

随动强化模型假定:加载面由屈服面随塑性变形的发展在应力空间中刚性移动而形成,也就是屈服面的大小和形状都没有改变. 其表达式可写成
$$\phi(\sigma_{ij}, K) = f(\sigma_{ij} - \alpha_{ij}) = 0 \tag{6-46}$$

式中:$f(\sigma_{ij}) = 0$ 表示的仍为初始屈服面;而 α_{ij} 有多种表达形式,常采用的形式是
$$\alpha_{ij} = c\varepsilon_{ij}^p \tag{6-47}$$

式中:c 为一常数,此时的模型又称为线性随动强化模型.

如果 $f(\sigma_{ij}) = 0$ 采用 Mises 屈服条件,则由式(6-46)和式(6-47)有
$$\phi = \bar{\sigma}(\sigma_{ij} - c\varepsilon_{ij}^p) - \sigma_s = \sqrt{\frac{3}{2}(s_{ij} - c\varepsilon_{ij}^p)(s_{ij} - c\varepsilon_{ij}^p)} - \sigma_s = 0 \tag{6-48}$$

系数 c 可根据简单拉伸实验确定:如假定塑性变形不产生体积变形,则有
$$s_{11} = \frac{2}{3}\sigma \quad s_{22} = s_{33} = -\frac{1}{3}\sigma \quad \varepsilon_{11}^p = \varepsilon^p \quad \varepsilon_{22}^p = \varepsilon_{33}^p = -\frac{1}{2}\varepsilon^p$$

所以有
$$\sigma = \sigma_s + \frac{3}{2}c\varepsilon^p$$

再采用图 6-2 所示应力应变线性强化模型,可得 σ 与 ε^p 之间的关系:
$$\sigma = \sigma_s + h\varepsilon^p \quad h = \frac{EE'}{E - E'}$$

便有
$$c = \frac{2}{3}h$$

在 π 平面上,我们可以采用 Mises 屈服准则,用图形描述上述两种模型的差异. 如图 6-24 所示,Mises 屈服准则初始屈服曲线为一半径 $r_\sigma = \sqrt{\frac{2}{3}}\sigma_s$ 的圆. 当应力状态变动至点 A,等向强化模型描述的是一个半径为 $\overline{OA}$ 的圆,而随动强化模型描述的则是一个圆心

位于点 O'、半径 $\overline{O'A}=r_\sigma=\sqrt{\dfrac{2}{3}}\sigma_s$ 的圆.

Ivey 用铝合金薄壁管进行了拉扭实验,结果如图 6-25 所示. 实验表明, 初始屈服曲线与 Mises 屈服准则较为符合, 但随着剪应力 $\sigma_{\theta z}$ 的增加, 加载曲面在向剪应力增加的方向整体移动, 同时伴随着形状的轻微变化, 这接近于随动强化模型.

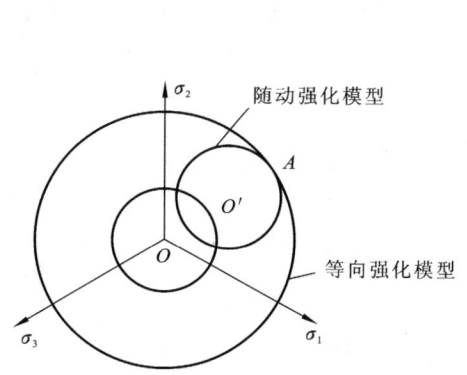

图 6-24 π 平面上两种强化模型示意

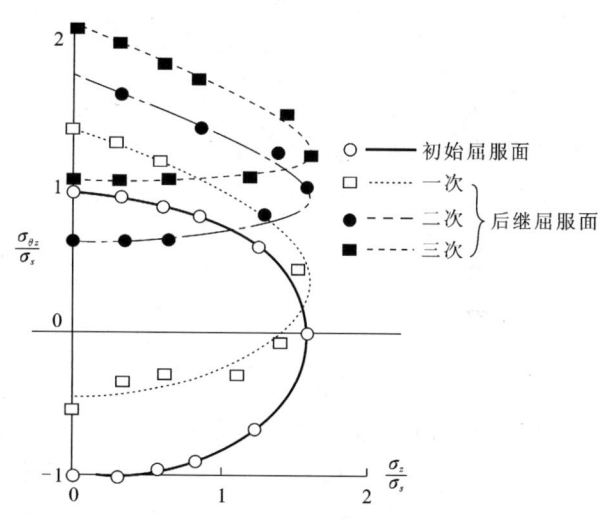

图 6-25 强化模型的实验验证(一)

Naghdi 等人用 24S-T 铝合金薄壁管也进行了拉扭实验, 结果如图 6-26 所示. 由图可见, 初始屈服曲线与 Mises 屈服准则也较为符合, 而随着剪应力 $\sigma_{r\theta}$ 的增加, 初始为圆的屈服曲线在加载点附近逐渐形成尖角, 这与上述两种模型不尽一致. 虽然有些学者提出的"尖角模型"接近这一实验现象, 但总体而言, 材料经过塑性变形后的加载条件目前离完善还有很长距离, 需要进行更深入细致的研究工作.

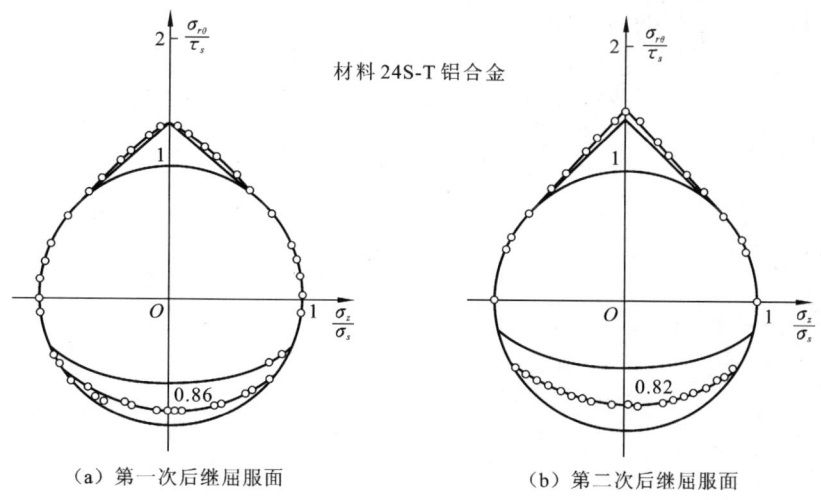

(a) 第一次后继屈服面　　　　　(b) 第二次后继屈服面

图 6-26 强化模型的实验验证(二)

6.5.2 复杂应力状态的加卸载准则

从前述可知,材料进入塑性状态后,要满足一定条件(加载准则)才能进一步产生塑性变形,否则有可能是卸载返回弹性状态.下面分几种情况来介绍加卸载准则.

1. 理想塑性材料的加卸载准则

对于理想塑性材料,加载条件就是屈服条件,加载面就是屈服面,因此,可认为应力状态处于屈服面上时就是加载,而当应力状态从屈服面上变动到屈服面内时就是卸载,用数学表达式表达,即

$$\left.\begin{array}{ll} f(\sigma_{ij})<0, & \text{弹性状态} \\ f(\sigma_{ij})=0 \quad \mathrm{d}f=f(\sigma_{ij}+\mathrm{d}\sigma_{ij})-f(\sigma_{ij})=\dfrac{\partial f}{\partial \sigma_{ij}}\mathrm{d}\sigma_{ij}=0, & \text{加载} \\ f(\sigma_{ij})=0 \quad \mathrm{d}f=\dfrac{\partial f}{\partial \sigma_{ij}}\mathrm{d}\sigma_{ij}<0, & \text{卸载} \end{array}\right\} \quad (6\text{-}49)$$

式(6-49)就是理想塑性材料的加卸载准则.

在应力空间中,用式(5-18)表述的矢量加卸载准则来描述式(6-49),有

$$\left.\begin{array}{ll} f=0 \quad \mathrm{d}\boldsymbol{\sigma}\cdot\boldsymbol{n}=0 & \text{加载} \\ f=0 \quad \mathrm{d}\boldsymbol{\sigma}\cdot\boldsymbol{n}<0 & \text{卸载} \end{array}\right\} \quad (6\text{-}50)$$

由于屈服面与加载面重合且不能扩大,$\mathrm{d}\boldsymbol{\sigma}$ 不能指向屈服面外,如图6-27所示.

有些屈服准则(例如 Tresca 屈服准则)是由几个光滑屈服面组成的,在光滑面处的加卸载准则,可以采用式(6-49),但问题是在两个光滑面的交界处形成了非光滑的角点,当应力状态位于此处时加卸载准则应如何描述呢?理论上说真正屈服面或加载面应是整体光滑的,产生非光滑角点应是屈服面或加载面的实际表述有所近似而致,处理这种人为近似导致的问题,现在采用的方法如下.

设应力状态处于两条光滑曲线 $f_l=0$ 和 $f_m=0$ 的交点上,如图6-28所示,我们规定:

$$\left.\begin{array}{ll} \mathrm{d}f_l=0 \quad \text{或} \quad \mathrm{d}f_m=0, & \text{加载} \\ \mathrm{d}f_l<0 \quad \text{和} \quad \mathrm{d}f_m<0, & \text{卸载} \end{array}\right\} \quad (6\text{-}51)$$

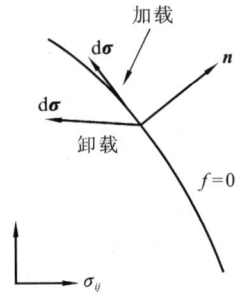

图 6-27 理想塑性材料的加卸载准则

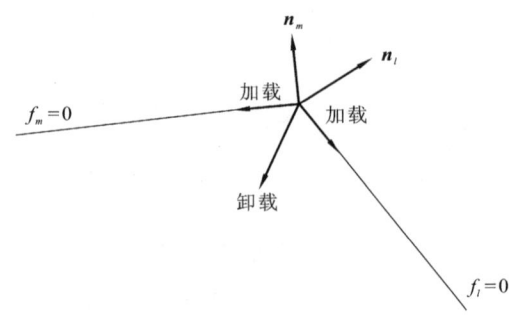

图 6-28 两个光滑面交界处的加卸载

若用 $\boldsymbol{n}_l$ 和 $\boldsymbol{n}_m$ 分别表示两条光滑曲线 $f_l=0$ 和 $f_m=0$ 的法线方向,则式(6-51)也可用矢量形式表示为

$$\left.\begin{array}{l} \mathrm{d}\boldsymbol{\sigma}\cdot\boldsymbol{n}_l=0 \quad \text{或} \quad \mathrm{d}\boldsymbol{\sigma}\cdot\boldsymbol{n}_m=0, \quad \text{加载} \\ \mathrm{d}\boldsymbol{\sigma}\cdot\boldsymbol{n}_l<0 \quad \text{和} \quad \mathrm{d}\boldsymbol{\sigma}\cdot\boldsymbol{n}_m<0, \quad \text{卸载} \end{array}\right\} \quad (6\text{-}52)$$

总之,只要应力增量保持在屈服面上就是加载,返回到屈服面内时就是卸载.

2. 强化材料的加卸载准则

对于强化材料,如图 6-29 所示,加载面在应力空间中将不断变化,若以 $\phi=0$ 表示加载面,则加载准则的数学表达式为

$$\left.\begin{array}{ll} \phi=0 & \mathrm{d}\phi=\dfrac{\partial\phi}{\partial\sigma_{ij}}\mathrm{d}\sigma_{ij}>0, \quad \text{加载} \\ \phi=0 & \mathrm{d}\phi=0, \quad \text{中性变载} \\ \phi=0 & \mathrm{d}\phi<0, \quad \text{卸载} \end{array}\right\} \quad (6\text{-}53)$$

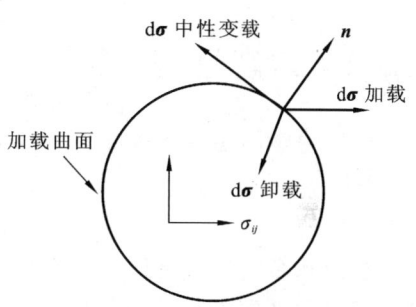

图 6-29 强化材料的加卸载准则

这里引进了中性变载的概念,它描述的是应力状态仅沿加载面的切向变化,加载面未扩大的情形. 用矢量形式表示式(6-53)有

$$\left.\begin{array}{l} \mathrm{d}\boldsymbol{\sigma}\cdot\boldsymbol{n}>0, \quad \text{加载} \\ \mathrm{d}\boldsymbol{\sigma}\cdot\boldsymbol{n}=0, \quad \text{中性变载} \\ \mathrm{d}\boldsymbol{\sigma}\cdot\boldsymbol{n}<0, \quad \text{卸载} \end{array}\right\} \quad (6\text{-}54)$$

第 7 章 塑性力学问题的求解方法

7.1 塑性力学问题的求解基本方程组

7.1.1 求解基本方程组

塑性力学问题并不意味着研究对象的所有区域都产生塑性变形而进入塑性状态,一般情况下,是部分区域进入塑性状态,部分区域仍处于弹性状态,因此我们涉及的是弹塑性混合问题.

前面几章介绍了物体的应力和应变、屈服准则以及本构关系,并在小变形的情况下,建立了静力平衡方程、几何方程和本构方程等,现将这些基本方程汇总如下.

1. 平衡方程

$$\sigma_{ij,j} + F_i = 0 \tag{7-1}$$

本书不涉及动力学问题.

2. 几何方程与变形协调方程

$$\varepsilon_{ij} = \frac{1}{2}(u_{i,j} + u_{j,i}) \tag{7-2}$$

$$\varepsilon_{ij,kl} + \varepsilon_{kl,ij} - \varepsilon_{ik,jl} - \varepsilon_{jl,ik} = 0 \tag{7-3}$$

3. 本构方程

(1) 采用应力应变关系时,有

$$\varepsilon_{ij} = f(\sigma_{ij}, \alpha) \tag{7-4}$$

当处于弹性阶段时,式(7-4)可写成

$$\varepsilon_{ij} = \varepsilon_{ij}^e = \frac{\sigma_{ij}}{2G} - \frac{3\mu}{E}\sigma^a \delta_{ij} \tag{7-5}$$

(2) 采用弹性应变与塑性应变关系时,有

$$\left.\begin{array}{l} \varepsilon_{ij}^p = F^p(\varepsilon_{ij}^e, \alpha) \\ \varepsilon_{ij}^e = \dfrac{\sigma_{ij}}{2G} - \dfrac{3\mu}{E}\sigma^a \delta_{ij} \end{array}\right\} \tag{7-6}$$

将方程式(7-1)、式(7-2)和式(7-4)联立(其他方程的功用在后文中介绍),我们知道 σ_{ij} 有 6 个分量,ε_{ij} 有 6 个分量,u_i 有 3 个分量,总共有 15 个未知量(函数),而式(7-1)、

式(7-2)和式(7-4)联立总共有 15 个方程,从数学上讲,有足够的微分方程来求这些未知量(函数),加上边值条件,问题是可解的.我们需要求出 15 个未知函数满足上述联立的微分方程组,同时还必须满足具体问题的边界条件,这时并不需要用到变形协调方程(变形协调方程可作为校核之用),若为动力学问题,求出的解答还需满足初始条件.若物体为多连通域问题,则还需考虑位移单值条件.

7.1.2 边界条件和初始条件

1. 边界条件

若物体表面所受分布外力

$$T_x = T_x(x,y,z,t)$$
$$T_y = T_y(x,y,z,t)$$
$$T_z = T_z(x,y,z,t)$$

已知,则这时的边界条件称为应力边界条件,同式(3-10)的导出过程,它可表示为

$$T_i = \sigma_{ij} l_j \tag{7-7}$$

若物体表面的位移

$$\bar{u}_x = \bar{u}_x(x,y,z,t)$$
$$\bar{u}_y = \bar{u}_y(x,y,z,t)$$
$$\bar{u}_z = \bar{u}_z(x,y,z,t)$$

已知,则这时的边界条件称为位移边界条件,它可表示为

$$u_i = \bar{u}_i \tag{7-8}$$

有时物体表面部分区域已知分布外力,部分区域已知位移时,称为混合边界问题.

2. 初始条件

当处理动力学问题时,要用到下到初始条件:

$$u_i|_{t=0} = f_i(x,y,z) \qquad \frac{\partial u_i}{\partial t}\bigg|_{t=0} = \varphi_i(x,y,z) \tag{7-9}$$

式中:$f_i(x,y,z)$,$\varphi_i(x,y,z)$为已知函数.

不过本书后面将不考虑动力学问题,即后面涉及的上述表达式中将均不含时间变量 t.

7.2 塑性力学问题求解的传统理论方法

传统理论方法一直采用应力应变关系作为本构关系,而且有塑性增量理论和塑性全量理论两种提法,由第 5 章的介绍可知,非线性段的应力应变关系与加载面相关,第 6 章已介绍加载面的研究情况,现在我们可进一步细化相关的非线性应力应变关系.

7.2.1 理想塑性材料的增量本构关系

将式(5-19)改成增量形式,有

$$\left.\begin{aligned} d\varepsilon_{ij} &= d\varepsilon_{ij}^e + d\varepsilon_{ij}^p \\ d\varepsilon_{ij}^e &= \frac{d\sigma_{ij}}{2G} - \frac{3\mu}{E} d\sigma^a \delta_{ij} \\ d\varepsilon_{ij}^p &= d\lambda \frac{\partial \phi}{\partial \sigma_{ij}} \end{aligned}\right\} \tag{7-10}$$

式中 $d\sigma^a = \frac{1}{3} d\sigma_{ii}$.

对理想塑性材料,加载面与屈服面一致,即 $\phi = f$. 因塑性应变增量 $d\varepsilon_{ij}^p$ 与加载面相关,所以对不同的加载准则, $d\varepsilon_{ij}^p$ 会有不同的表示形式,下面仅讨论其在 Mises 和 Tresca 两种屈服准则下的形式(习惯称之为与屈服准则相关联的流动法则).

1. 与 Mises 屈服准则相关联的流动法则

Mises 屈服准则为 $f = J_2' - c = 0$,所以有

$$d\varepsilon_{ij}^p = d\lambda \frac{\partial \phi}{\partial \sigma_{ij}} = d\lambda \frac{\partial f}{\partial \sigma_{ij}} = d\lambda \frac{\partial J_2'}{\partial \sigma_{ij}} = d\lambda s_{ij}$$

因此,式(7-10)可改写成

$$\left.\begin{aligned} d\varepsilon_{ij} &= d\varepsilon_{ij}^e + d\varepsilon_{ij}^p \\ d\varepsilon_{ij}^e &= \frac{d\sigma_{ij}}{2G} - \frac{3\mu}{E} d\sigma^a \delta_{ij} \\ d\varepsilon_{ij}^p &= d\lambda s_{ij} \end{aligned}\right\} \tag{7-11}$$

因

$$de_{ij} = d\varepsilon_{ij} - d\varepsilon^a \delta_{ij}$$
$$d\varepsilon_{ii}^p = d\lambda(s_{11} + s_{22} + s_{33}) = 0$$
$$d\varepsilon^a = \frac{1}{3} d\varepsilon_{ii} = \frac{1}{3}(d\varepsilon_{ii}^e + d\varepsilon_{ii}^p) = \frac{1}{3} d\varepsilon_{ii}^e = \left(\frac{1}{2G} - \frac{3\mu}{E}\right) d\sigma^a$$
$$ds_{ij} = d\sigma_{ij} - d\sigma^a \delta_{ij}$$

所以,有

$$de_{ij} = \frac{d\sigma_{ij}}{2G} - \frac{3\mu}{E} d\sigma^a \delta_{ij} + d\lambda s_{ij} - \left(\frac{1}{2G} - \frac{3\mu}{E}\right) d\sigma^a \delta_{ij}$$
$$= \frac{ds_{ij}}{2G} + d\lambda s_{ij}$$

由于 $de_{ii} = 0$,上式只有 5 个方程是独立的,需补充体积应变与体积应力之间的关系:

第 7 章　塑性力学问题的求解方法

$$\mathrm{d}\varepsilon_{kk} = \frac{1-2\mu}{E}\mathrm{d}\sigma_{kk}$$

这样,式(7-11)还可表示为

$$\left.\begin{aligned}\mathrm{d}e_{ij} &= \frac{\mathrm{d}s_{ij}}{2G} + \mathrm{d}\lambda s_{ij} \\ \mathrm{d}\varepsilon_{kk} &= \frac{1-2\mu}{E}\mathrm{d}\sigma_{kk}\end{aligned}\right\} \tag{7-12}$$

式(7-12)称为普朗特–罗伊斯(Prandtl-Reuss)关系.

2. 与 Tresca 屈服准则相关联的流动法则

在主应力空间,Tresca 屈服准则由以下 6 个平面组成:

$$\left.\begin{aligned}f_1 &= \sigma_2 - \sigma_3 - \sigma_s = 0 \\ f_2 &= -\sigma_3 + \sigma_1 - \sigma_s = 0 \\ f_3 &= \sigma_1 - \sigma_2 - \sigma_s = 0 \\ f_4 &= -\sigma_2 + \sigma_3 - \sigma_s = 0 \\ f_5 &= \sigma_3 - \sigma_1 - \sigma_s = 0 \\ f_6 &= -\sigma_1 + \sigma_2 - \sigma_s = 0\end{aligned}\right\} \tag{7-13}$$

当应力状态处于 $f_1 = 0$ 面上时,有

$$\left.\begin{aligned}\mathrm{d}\varepsilon_1^p &= \mathrm{d}\lambda_1 \frac{\partial f_1}{\partial \sigma_1} = 0 \\ \mathrm{d}\varepsilon_2^p &= \mathrm{d}\lambda_1 \frac{\partial f_1}{\partial \sigma_2} = \mathrm{d}\lambda_1 \\ \mathrm{d}\varepsilon_3^p &= \mathrm{d}\lambda_1 \frac{\partial f_1}{\partial \sigma_3} = -\mathrm{d}\lambda_1\end{aligned}\right\} \tag{7-14}$$

当应力状态处于 $f_2 = 0$ 面上时,有

$$\left.\begin{aligned}\mathrm{d}\varepsilon_1^p &= \mathrm{d}\lambda_2 \frac{\partial f_2}{\partial \sigma_1} = \mathrm{d}\lambda_2 \\ \mathrm{d}\varepsilon_2^p &= \mathrm{d}\lambda_2 \frac{\partial f_2}{\partial \sigma_2} = 0 \\ \mathrm{d}\varepsilon_3^p &= \mathrm{d}\lambda_2 \frac{\partial f_2}{\partial \sigma_3} = -\mathrm{d}\lambda_2\end{aligned}\right\} \tag{7-15}$$

当应力状态处于 $f_1 = 0$ 和 $f_2 = 0$ 两面交线上时,目前采用的近似处理的方法是将式(7-14)和式(7-15)叠加在一起:

$$\left.\begin{aligned}\mathrm{d}\varepsilon_1^p &= \mathrm{d}\lambda_2 \\ \mathrm{d}\varepsilon_2^p &= \mathrm{d}\lambda_1 \\ \mathrm{d}\varepsilon_3^p &= -(\mathrm{d}\lambda_1 + \mathrm{d}\lambda_2)\end{aligned}\right\} \tag{7-16}$$

两面交线上的塑性应变方向介于这两面的外法线之间,具体方向在应用中将依据周围单元的约束情况而确定.

7.2.2 强化材料的增量本构关系

强化材料的增量本构关系形式仍是式(7-10),通常将塑性应变增量 $d\varepsilon_{ij}^p$ 表达式中的 $d\lambda$ 设为

$$d\lambda = h d\phi \qquad (7-17)$$

式中:h 称为强化模量,这样 $d\varepsilon_{ij}^p$ 的表达式变为

$$d\varepsilon_{ij}^p = h d\phi \frac{\partial \phi}{\partial \sigma_{ij}} = h \frac{\partial \phi}{\partial \sigma_{ij}} \frac{\partial \phi}{\partial \sigma_{kl}} d\sigma_{kl} \qquad (7-18)$$

至于 h 的具体形式,则由具体加载面的形式而定. 例如,对 Mises 等向强化模型式(6-43)可导出 $h = \frac{1}{\psi'}$,ψ 为描述式(6-41)中 K 的函数. 有兴趣的读者请考文献了解详情.

7.2.3 简单加载时的全量理论

在第 5 章中已介绍了单一曲线假定和简单加载,在此我们将利用它们导出简单加载时的全量理论.

由于简单加载时各应力分量之间的比例不变,因此加载过程中应力主方向不变. 将简单加载的加载路径表示在 π 平面上,可知它是一条 θ_σ 等于常数的射线. 又设材料的初始屈服面是 Mises 圆,并采用等向强化模型,则塑性应变增量 $d\varepsilon_{ij}^p$ 的方向和加载路径将保持不变,始终与 r_σ 的方向一致. 我们知道,在此情况下,当加载面为初始屈服面时,有

$$d\varepsilon_{ij}^p = d\lambda s_{ij}$$

$d\varepsilon_{ij}^p$ 的方向不变,说明它在加载过程中始终可用上式描述(不过,这不排除 $d\lambda$ 的值可能有变). 这样,我们仍然可以导出式(7-12)所示的增量型非线性应力应变关系,为方便起见,重写式(7-12)如下:

$$\left. \begin{array}{l} de_{ij} = \dfrac{ds_{ij}}{2G} + d\lambda s_{ij} \\[2mm] d\varepsilon_{kk} = \dfrac{1-2\mu}{E} d\sigma_{kk} \end{array} \right\} \qquad (7-19)$$

一般而言,当采用其他类型的屈服准则和强化模型时,我们导不出上式,但传统理论方法通常认为上式仍近似成立,这是需要注意的地方.

因为应力各分量在简单加载过程中按比例增加,因此可将应力和偏应力分量表示为

第7章 塑性力学问题的求解方法

$$\sigma_{ij} = \sigma_{ij}^0 t \quad s_{ij} = s_{ij}^0 t$$

积分式(7-19)第1式,有

$$\int_0^t de_{ij} = \frac{1}{2G} \int_0^t ds_{ij} + s_{ij}^0 \int_0^t t d\lambda = \frac{1}{2G} s_{ij} + \frac{s_{ij}}{t} \int_0^t t d\lambda$$

令 $\Phi = \frac{1}{t} \int_0^t t d\lambda$,可得

$$e_{ij} = \left(\frac{1}{2G} + \Phi\right) s_{ij} = H s_{ij} \tag{7-20}$$

式中: $H = \frac{1}{2G} + \Phi$.

再将式(7-20)自乘,有

$$e_{ij} e_{ij} = H^2 s_{ij} s_{ij}$$

$$H = \frac{\sqrt{e_{ij} e_{ij}}}{\sqrt{s_{ij} s_{ij}}} = \frac{3\bar{\varepsilon}}{2\bar{\sigma}}$$

所以,有

$$e_{ij} = \frac{3\bar{\varepsilon}}{2\bar{\sigma}} s_{ij} \quad \text{或} \quad s_{ij} = \frac{2\bar{\sigma}}{3\bar{\varepsilon}} e_{ij} \tag{7-21}$$

积分式(7-19)第2式有

$$\varepsilon_{kk} = \frac{1-2\mu}{E} \sigma_{kk} \tag{7-22}$$

单一曲线假定表明,在简单加载情况下 $\bar{\varepsilon}$ 与 $\bar{\sigma}$ 之间是单值函数关系,则式(7-21)和式(7-22)表明简单加载情况下应力和总应变之间有单值的一一对应关系,它们称为非线性应力应变的全量理论或全量关系.

7.2.4 塑性力学问题求解的传统理论

由于传统塑性理论的本构关系有全量和增量两种,因此塑性力学问题的传统理论也有全量和增量两种,下面将这两种理论的方程汇总如下.

1. 塑性全量理论

设在物体 V 内给定体力 F_i,在应力边界 S_T 上给定面力 T_i,在位移边界 S_u 上给定位移 $\bar{u}_i$,要求应力 σ_{ij}、应变 ε_{ij} 和位移 u_i 满足以下方程和边界条件.

(1) 在 V 内满足平衡方程:

$$\sigma_{ij,j} + F_i = 0 \tag{7-23}$$

(2) 在 V 内满足几何关系:

$$\varepsilon_{ij} = \frac{1}{2}(u_{i,j} + u_{j,i}) \tag{7-24}$$

(3) 在 V 内满足本构方程：

$$\left.\begin{aligned} s_{ij} &= \frac{2}{3}\frac{\bar{\sigma}(\bar{\varepsilon})}{\bar{\varepsilon}}e_{ij} \quad \sigma_{kk}=\frac{E}{1-2\mu}\varepsilon_{kk} \\ s_{ij} &= \sigma_{ij}-\frac{1}{3}\sigma_{kk}\delta_{ij} \\ e_{ij} &= \varepsilon_{ij}-\frac{1}{3}\varepsilon_{kk}\delta_{ij} \\ \bar{\sigma} &= \sqrt{\frac{3}{2}s_{ij}s_{ij}} \quad \bar{\varepsilon}=\sqrt{\frac{2}{3}e_{ij}e_{ij}} \end{aligned}\right\} \quad (7\text{-}25)$$

(4) 在 S_T 上满足应力边界条件：

$$\sigma_{ij}l_j = T_i \qquad (7\text{-}26)$$

(5) 在 S_u 上满足位移边界条件：

$$u_i = \bar{u}_i \qquad (7\text{-}27)$$

2. 塑性增量理论

设在某一加载阶段，已经求得 σ_{ij}，ε_{ij}，u_i。现在此基础上让外载增加一个增量，即在 V 内有体力增量 $\mathrm{d}F_i$，在 S_T 上有面力增量 $\mathrm{d}T_i$，在 S_u 上有位移增量 $\mathrm{d}\bar{u}_i$，要求应力增量 $\mathrm{d}\sigma_{ij}$、应变增量 $\mathrm{d}\varepsilon_{ij}$ 和位移增量 $\mathrm{d}u_i$ 满足以下方程和边界条件.

(1) 在 V 内满足平衡方程：

$$\mathrm{d}\sigma_{ij,j} + \mathrm{d}F_i = 0 \qquad (7\text{-}28)$$

(2) 在 V 内满足几何关系：

$$\mathrm{d}\varepsilon_{ij} = \frac{1}{2}(\mathrm{d}u_{i,j} + \mathrm{d}u_{j,i}) \qquad (7\text{-}29)$$

(3) 在 V 内满足本构方程：

理想塑性材料

$$\left.\begin{aligned} &\text{弹性区：} f(\sigma_{ij})<0 \quad \mathrm{d}\varepsilon_{ij}=\frac{\mathrm{d}\sigma_{ij}}{2G}-\frac{\mu}{E}\mathrm{d}\sigma_{kk}\delta_{ij} \\ &\text{塑性区：} f(\sigma_{ij})=0 \\ &\qquad \mathrm{d}e_{ij}=\frac{\mathrm{d}s_{ij}}{2G}+\mathrm{d}\lambda\frac{\partial f}{\partial \sigma_{ij}} \\ &\qquad \mathrm{d}\varepsilon_{kk}=\frac{1-2\mu}{E}\mathrm{d}\sigma_{kk} \\ &\qquad \mathrm{d}\lambda=\begin{cases} 0, & f(\sigma_{ij}+\mathrm{d}\sigma_{ij})<0 \\ \geqslant 0, & f(\sigma_{ij}+\mathrm{d}\sigma_{ij})=0 \end{cases} \end{aligned}\right\} \quad (7\text{-}30\mathrm{a})$$

等向强化材料

$$\left.\begin{array}{l}
\text{弹性区}: \phi(\sigma_{ij}) < 0 \quad d\varepsilon_{ij} = \dfrac{d\sigma_{ij}}{2G} - \dfrac{\mu}{E} d\sigma_{kk}\delta_{ij} \\[6pt]
\text{塑性区}: \phi(\sigma_{ij}) = 0 \\[4pt]
\qquad de_{ij} = \dfrac{ds_{ij}}{2G} + d\lambda \dfrac{\partial \phi}{\partial \sigma_{ij}} \\[6pt]
\qquad d\varepsilon_{kk} = \dfrac{1-2\mu}{E} d\sigma_{kk} \\[6pt]
\qquad d\lambda = \begin{cases} 0, & \phi(\sigma_{ij}+d\sigma_{ij}) \leqslant 0 \\ h\,d\phi, & \phi(\sigma_{ij}+d\sigma_{ij}) > 0 \end{cases}
\end{array}\right\} \quad (7\text{-}30\mathrm{b})$$

(4) 在 S_T 上满足应力边界条件：

$$d\sigma_{ij} l_j = dT_i \tag{7-31}$$

(5) 在 S_u 上满足位移边界条件：

$$du_i = d\overline{u}_i \tag{7-32}$$

(6) 弹塑性交界处的连续条件：以 Q 表示弹性区和塑性区的交界面，以 $\boldsymbol{n}$ 表示 Q 面的法线方向，其分量为 n_i，则要求，

位移连续条件

$$du_i^1 = du_i^2 \tag{7-33}$$

应力连续条件

$$d\sigma_{ij}^1 n_j = d\sigma_{ij}^2 n_j \tag{7-34}$$

这里的上标 1、2 分别表示弹性区和塑性区.

求出 $d\sigma_{ij}, d\varepsilon_{ij}, du_i$ 后，叠加到原来的 $\sigma_{ij}, \varepsilon_{ij}, u_i$ 上，然后求出新的加载面，在塑性区 $\phi=0$，弹性区 $\phi<0$，弹塑性交界面是 $Q+dQ$. 在此基础上，又可以求下一步增量，直到满足

$$\sum_{i=1}^{n} dF_i = F_i \qquad \sum_{i=1}^{n} dT_i = T_i \qquad \sum_{i=1}^{n} d\overline{u}_i = \overline{u}_i$$

为止，这里 n 为增量次数.

用传统塑性理论方法求解塑性力学问题的过程比较烦琐、数学上有很大困难，而且因其本构关系、屈服准则和加载准则的研究中仍存在不少未解决的难点，不可避免地使其所得解答存在一些问题，在后述章节中，将结合应用实例对其存在的问题再作具体的说明.

7.3 塑性力学问题求解的新方法——弹塑性折线理论

7.3.1 弹塑性问题的统一基本方程组

先来讨论一下将位移 u_i 分解成对应 ε_{ij}^e 的弹性位移 u_i^e 和对应 ε_{ij}^p 的塑性位移 u_i^p 两部分之和这一问题.

为简明起见，我们取应变的一个分量如 ε_x 来讨论．根据其定义，有

$$\varepsilon_x = \varepsilon_x^e + \varepsilon_x^p = \frac{\partial u}{\partial x}$$

由于弹性应变 ε_x^e 是可恢复的（可逆的），现设 ε_x^e 已经恢复，仅剩余 ε_x^p．应变是由位移导出的中间变量，对位移来说，能恢复的是弹性位移 u^e．当弹性位移 u^e 完全恢复，剩余的就是塑性位移 u^p 了．这时的总应变以 ε_x^0 表示，则有

$$\varepsilon_x^0 = \varepsilon_x^p = \frac{\partial u^p}{\partial x}$$

这样已恢复的弹性应变部分 ε_x^e 可表示为

$$\varepsilon_x^e = \varepsilon_x - \varepsilon_x^p = \frac{\partial u}{\partial x} - \frac{\partial u^p}{\partial x} = \frac{\partial (u - u^p)}{\partial x}$$

显然，$u - u^p$ 就是恢复了的弹性位移部分 u^e，即有

$$u = u^e + u^p$$

因此一般情况下便有

$$u_i = u_i^e + u_i^p$$

据此可将式(7-2)改写为

$$\varepsilon_{ij} = \varepsilon_{ij}^e + \varepsilon_{ij}^p = \frac{1}{2}[(u_i^e + u_i^p)_{,j} + (u_j^e + u_j^p)_{,i}] = \frac{1}{2}(u_{i,j} + u_{j,i})$$

根据弹性位移与弹性应变、塑性位移与塑性应变的对应关系，有

$$\varepsilon_{ij}^e = \frac{1}{2}(u_{i,j}^e + u_{j,i}^e) \qquad \varepsilon_{ij}^p = \frac{1}{2}(u_{i,j}^p + u_{j,i}^p) \tag{7-35}$$

第 4 章中已说明位移 $u_i = u_i(x, y, z)$ 是坐标的连续函数，且有连续到三阶的导函数，同理，u_i^e 和 u_i^p 也有此性质，否则一点的 ε_{ij}^e 和 ε_{ij}^p 便可能有突变，与连续介质的特征不符．

采用式(7-6)所表示的本构方程，将方程式(7-1)、式(7-35)[即式(7-2)]和式(7-6)汇集在一起并重排其顺序，有

$$\left.\begin{aligned}
&\sigma_{ij,j} + F_i = 0 \\
&\varepsilon_{ij}^e = \frac{1}{2}(u_{i,j}^e + u_{j,i}^e) \\
&\varepsilon_{ij}^e = \frac{1}{2G}\sigma_{ij} - \frac{3\mu}{E}\sigma^a\delta_{ij} \\
&\varepsilon_{ij}^p = F^p(\varepsilon_{ij}^e, \alpha) \\
&\varepsilon_{ij}^p = \frac{1}{2}(u_{i,j}^p + u_{j,i}^p) \quad \text{或} \quad \varepsilon_{ij} = \frac{1}{2}(u_{i,j} + u_{j,i})
\end{aligned}\right\} \tag{7-36}$$

式(7-36)便是求解弹塑性问题的统一基本方程组．

需要说明的是，式(7-36)中的弹性应变与塑性应变关系 $\varepsilon_{ij}^p = F^p(\varepsilon_{ij}^e, \alpha)$ 可用应力应变关系 $\varepsilon_{ij} = f(\sigma_{ij}, \alpha)$ 代替，而功用不变．

当所研究的物体受力较小处于弹性阶段时，因无塑性位移及塑性应变，$u_i^p = 0$ 及 $\varepsilon_{ij}^p = 0$，

式(7-36)便退化成

$$\left.\begin{array}{l}\sigma_{ij,j}+F_i=0\\ \varepsilon_{ij}^e=\dfrac{1}{2}(u_{i,j}^e+u_{j,i}^e)\\ \varepsilon_{ij}^e=\dfrac{1}{2G}\sigma_{ij}-\dfrac{3\mu}{E}\sigma^a\delta_{ij}\end{array}\right\}$$

去掉此时无意义的上标"e",即

$$\left.\begin{array}{l}\sigma_{ij,j}+F_i=0\\ \varepsilon_{ij}=\dfrac{1}{2}(u_{i,j}+u_{j,i})\\ \varepsilon_{ij}=\dfrac{1}{2G}\sigma_{ij}-\dfrac{3\mu}{E}\sigma^a\delta_{ij}\end{array}\right\} \quad (7-37)$$

式(7-37)就是求解弹性力学问题的基本方程组,这就是说式(7-36)是弹塑性问题的统一基本方程组的原因.

7.3.2 弹塑性力学统一求解方程组的物理解释

如图 7-1 所示. 设所考虑的塑性问题应力应变状态处于点 C,对应加载过程经历的路径为 OAC,设想在点 C 卸载,大家知道,卸载路径是 $O'C$, $O'C \parallel OA$ (点 A 为弹性极限点),卸载后重新加到原有荷载时,经历的路径仍将是 $O'C$ 并最终位于点 C.

当应力应变状态处于图 7-1 中的 OA 区段时,因无塑性变形产生,是弹性力学问题,此时仅用式(7-37)求解即可;当应力应变状态进入弹塑性状态之后,即超过点 A,例如处于点 C,这便是塑性力学问题了,求解需用到式(7-36)的全体.

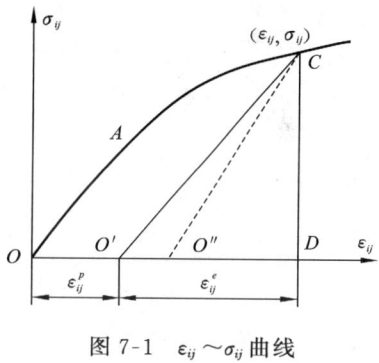

图 7-1 $\varepsilon_{ij} \sim \sigma_{ij}$ 曲线

采用联立式(7-1)、式(7-2)和式(7-4)的方法求点 C 的应力应变解(即传统理论方法),相当于按实际加载路径 OAC 求解,求解过程中忽略了小变形 OD 对几何边界的影响.

弹塑性力学统一求解方程组式(7-36)则是这样求解的:求解路径为 $OO'C$,同样忽略小变形 OD 对几何边界的影响,先按卸载后再加载的路径 $O'C$ 求解,由于 $O'C$ 是与 OA 一样的弹性路径,所以可用与求解 OA 段一样的弹性力学方法求解,这一过程对应的就是式(7-36)的前三式.

首先,点 C 的应力 σ_{ij} 满足平衡方程:

$$\sigma_{ij,j}+F_i=0$$

其次,点 C 处应力 σ_{ij} 与应变的弹性部分 ε_{ij}^e 满足广义胡克定律:

$$\varepsilon_{ij}^e = \frac{1}{2G}\sigma_{ij} - \frac{3\mu}{E}\sigma^a\delta_{ij}$$

最后,弹性应变部分 ε_{ij}^e 与弹性位移部分 u_i^e 有对应关系:

$$\varepsilon_{ij}^e = \frac{1}{2}(u_{i,j}^e + u_{j,i}^e)$$

联立上述三式求解,可得出 ε_{ij}^e,σ_{ij},u^e.

再利用弹塑性变形相互关系求 OO' 即塑性应变 ε_{ij}^p,最终求得总应变 ε_{ij},这就是式(7-36)的后两式求解.很显然,最终求总应变 ε_{ij} 也可以利用应力应变之间的关系来完成,也就是式(7-36)中的弹性应变与塑性应变关系 $\varepsilon_{ij}^p = F(\varepsilon_{ij}^e,\alpha)$ 用应力应变关系 $\varepsilon_{ij} = f(\sigma_{ij},\alpha)$ 代替.

利用边界条件,最终可确定塑性力学问题的解答 σ_{ij},$\varepsilon_{ij} = \varepsilon_{ij}^e + \varepsilon_{ij}^p$ 及 $u = u^e + u^p$.

以上的物理解释表明弹塑性力学统一求解方程组的求解路径为一折线 $OO'C$,这就是2016年曾将其命名为塑性折线理论的原因.当 OO' 段长度为零,即无塑性应变产生,便退化成了弹性力学问题,所以弹塑性力学统一求解方程组也能求解弹性力学问题(往后弹塑性力学可用此方程组统一编写),这里将塑性折线理论更名为弹塑性折线理论.

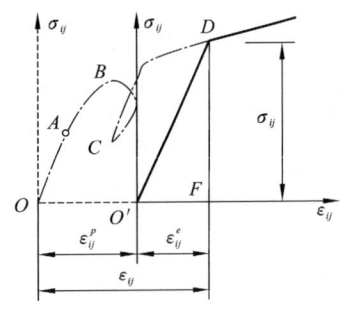

图 7-2 $\varepsilon_{ij} \sim \sigma_{ij}$ 曲线

弹塑性折线理论式(7-36)的物理解释还可换种说法,如图 7-2 所示.第一组试验人员将原始试件加载至点 D 后因故需离开,故卸载走人,试件经历的应力应变路径为图 7-2 虚线坐标系中的点划线 $OABCDO'$.随后第二组试验人员到达又将该试件从点 O' 加载至点 D,他们不知该试件已加载过,因此他们得到的试验曲线为实线坐标系中的直线段 $O'D$,这是弹性过程,自然可用弹性力学理论计算应力应变场.

第二组人员用弹性力学理论求得应力应变后,第一组人员返回,告知该试件曾经加过载,这样第二组才知他们求得的实际上是应力和应变的弹性部分.利用弹性应变和塑性应变关系,第二组人员计算出了应变的塑性部分 OO' 段,最终得解.第二组也可利用应力应变关系由弹性力学理论求得的应力直接求总应变 $OO'F$ 段而得解.

从上面的物理解释不难看出:弹塑性折线理论将复杂的非线性问题转化为了线性问题加上一直线段 OO' 的求解.只要本构方程确定了,不论是弹性应变和塑性应变关系还是应力应变关系,OO' 的求解便没有数学上的困难,所以弹塑性折线理论大大降低了塑性力学问题的求解难度.

另外,值得特别指出的是:利用图 7-1 中 $O'C /\!/ OA$(在图 7-2 中是 $O'D /\!/ OA$)仅是一种手段,当实际卸载路径不平行于 OA 时我们仍可假定其平行;当没有明显的弹性极限点 A 时,尚可自行设定 $O'C$ 的斜率,这样做仅会影响弹性应变和塑性应变的相互比值,而不会影响最终结果的正确性.这一特性使上述求解方法的适用范围扩大到了没有明显弹性极限点的材料,例如岩土介质等.

7.3.3 弹塑性折线理论的求解方法

因式(7-36)包含弹性力学的基本方程,在讨论式(7-36)的求解之前,我们先简单介绍式(7-37)对应的弹性力学问题的求解.

1. 弹性力学问题基本方程组的求解方法概述

式(7-37)展开成工程常用形式为包含 15 个未知函数并由 15 个偏微分方程组成的微分方程组,要同时求解这一微分方程组,在数学上还有不少困难. 实际上,研究发现求解弹性力学问题时,并不需同时求出式(7-37)中的 15 个未知函数,我们可将某些未知函数先行求出,然后以求出的量为基础再求出其他的未知函数. 求解弹性力学问题有以下两种方法.

(1) 取弹性体中各点的位移作为基本未知量,这时物体中每一点有三个未知量 u_i,写成工程习惯形式为

$$u(x,y,z) \quad v(x,y,z) \quad w(x,y,z)$$

需求出这三个未知量,使之满足三个平衡方程,同时满足边界条件(若为动力学问题还需满足初始条件).

(2) 取弹性体中各点的应力作为基本未知量,这时物体中每一点有 6 个未知量 σ_{ij},即

$$\sigma_x(x,y,z) \quad \sigma_y(x,y,z) \quad \sigma_z(x,y,z)$$
$$\tau_{xy}(x,y,z) \quad \tau_{yz}(x,y,z) \quad \tau_{zx}(x,y,z)$$

需求出这 6 个未知量,使之满足三个平衡方程. 研究表明,这时还须满足 6 个变形协调方程(原因后述),同时要满足边界条件(若为动力学问题还需满足初始条件).

上述两种方法中,无论是取位移还是应力为基本未知数,均有一系列复杂的偏微分方程组要联立求解,并需满足特定问题的边界条件,这在数学上往往还是存在很大困难,因此目前还未能得出一般解. 对于一些实际问题,我们还可采用逆解法或半逆解法. 所谓逆解法即设定位移为点的某坐标函数,由此求出应变与应力,然后再求出与设定的位移模式相对应的物体边界上的外力;而半逆解法则为设定一部分应力和一部分位移,据此求出其他的应力、应变或位移. 若设定的应力或位移不能满足基本方程组或不符合特定问题的边界条件,则须重新设定.

2. 弹性力学问题的按位移求解法

选取位移 u_i 为基本未知函数,应力 σ_{ij}、应变 ε_{ij} 均成为由 u_i 导出的函数,这样方程组中未知函数只有三个位移函数 u_i,只需要三个方程加上相应的边值条件便能求解了.

为达到上述目标,先将广义胡克定律变换为如下应力用应变表述的函数形式:

$$\sigma_{ij} = 2G\varepsilon_{ij} + \lambda\varepsilon_{kk}\delta_{ij} \tag{7-38}$$

式中
$$\lambda = \frac{\mu E}{(1+\mu)(1-2\mu)}$$

将式(7-37)中的第二式代入第三式[采用式(7-38)的表示形式],得

$$\sigma_{ij} = 2G\varepsilon_{ij} + \lambda\varepsilon_{kk}\delta_{ij} = G(u_{i,j}+u_{j,i}) + \lambda u_{k,k}\delta_{ij} \qquad (7\text{-}39)$$

再将上式代入式(7-37)中的第一式,有

$$\begin{aligned}\sigma_{ij,j}+F_i &= [G(u_{i,j}+u_{j,i})+\lambda u_{k,k}\delta_{ij}]_{,j}+F_i \\ &= G(u_{i,jj}+u_{j,ij})+\lambda u_{k,ki}+F_i \\ &= G(u_{i,jj}+u_{j,ij})+\lambda u_{j,ji}+F_i=0\end{aligned}$$

由于微分与先后顺序无关,所以上式可写成

$$(G+\lambda)u_{j,ij}+Gu_{i,jj}+F_i=0 \qquad (7\text{-}40)$$

式(7-40)即为用位移表述的平衡方程,又称为拉梅方程,它是按位移求解法的基本方程.

再来考虑边值条件.

对于位移边界条件,显然可不变动,因为它就是用位移表示的.对于应力边界条件,将式(7-39)代入式(7-7),有

$$T_i = G(u_{i,j}+u_{j,i})l_j + \lambda u_{k,k}l_i \qquad (7\text{-}41)$$

再将式(7-40)展开成工程习惯地用直角坐标表示的形式:

当 $i=1$ 时,有

$$u_{j,ij} = \frac{\partial}{\partial x}\left(\frac{\partial u}{\partial x}+\frac{\partial v}{\partial y}+\frac{\partial w}{\partial z}\right)$$

$$u_{i,jj} = \frac{\partial^2 u}{\partial x^2}+\frac{\partial^2 v}{\partial y^2}+\frac{\partial^2 w}{\partial z^2}$$

所以 $i=1$ 时,式(7-40)可变为

$$(G+\lambda)\frac{\partial e}{\partial x}+G\nabla^2 u+F_x=0$$

式中

$$e = \frac{\partial u}{\partial x}+\frac{\partial v}{\partial y}+\frac{\partial w}{\partial z}$$

$$\nabla^2 = \frac{\partial^2}{\partial x^2}+\frac{\partial^2}{\partial y^2}+\frac{\partial^2}{\partial z^2}$$

当 $i=2,3$ 时,可类似地展开式(7-40),汇总起来,用直角坐标表示的式(7-40)为

$$\left.\begin{aligned}(G+\lambda)\frac{\partial e}{\partial x}+G\nabla^2 u+F_x=0 \\ (G+\lambda)\frac{\partial e}{\partial y}+G\nabla^2 v+F_y=0 \\ (G+\lambda)\frac{\partial e}{\partial z}+G\nabla^2 w+F_z=0\end{aligned}\right\} \qquad (7\text{-}42)$$

如不考虑体积力(认为体积力为零),上式变为

$$\left.\begin{aligned}(G+\lambda)\frac{\partial e}{\partial x}+G\nabla^2 u&=0\\(G+\lambda)\frac{\partial e}{\partial y}+G\nabla^2 v&=0\\(G+\lambda)\frac{\partial e}{\partial z}+G\nabla^2 w&=0\end{aligned}\right\} \qquad (7\text{-}43)$$

3. 弹性力学问题的按应力求解法

选取应力 σ_{ij} 为基本未知函数,位移 u_i、应变 ε_{ij} 均成为由 σ_{ij} 导出的函数,使方程组中未知函数只有 6 个应力函数 σ_{ij}.

先将变形协调方程式(7-3)加以变换,用应力分量代替应变分量. 在这里用张量方程推导比较抽象,较难理解,因此我们直接用工程常用形式进行变换.

式(4-34)所示变形协调方程的第一式为

$$\frac{\partial^2 \varepsilon_x}{\partial y^2}+\frac{\partial^2 \varepsilon_y}{\partial x^2}=\frac{\partial^2 \gamma_{xy}}{\partial x \partial y}$$

利用广义胡克定律,将上式中的应变分量用应力分量表示为

$$\varepsilon_x=\frac{1}{E}[\sigma_x-\mu(\sigma_y+\sigma_z)]$$

$$\varepsilon_y=\frac{1}{E}[\sigma_y-\mu(\sigma_z+\sigma_x)]$$

$$\gamma_{xy}=\frac{2(1+\mu)}{E}\tau_{xy}$$

得

$$\frac{\partial^2 \sigma_x}{\partial y^2}-\mu\left(\frac{\partial^2 \sigma_y}{\partial y^2}+\frac{\partial^2 \sigma_z}{\partial y^2}\right)+\frac{\partial^2 \sigma_y}{\partial x^2}-\mu\left(\frac{\partial^2 \sigma_x}{\partial x^2}+\frac{\partial^2 \sigma_z}{\partial x^2}\right)=2(1+\mu)\frac{\partial^2 \tau_{xy}}{\partial x \partial y} \qquad (7\text{-}44)$$

再利用平衡方程消去式(7-44)中的 τ_{xy}:平衡方程的第 1 式对 x 微分,第 2 式对 y 微分,第 3 式对 z 微分,有

$$\frac{\partial^2 \sigma_x}{\partial x^2}+\frac{\partial^2 \tau_{xy}}{\partial x \partial y}+\frac{\partial^2 \tau_{xz}}{\partial x \partial z}+\frac{\partial F_x}{\partial x}=0$$

$$\frac{\partial^2 \tau_{yx}}{\partial x \partial y}+\frac{\partial^2 \sigma_y}{\partial y^2}+\frac{\partial^2 \tau_{yz}}{\partial y \partial z}+\frac{\partial F_y}{\partial y}=0$$

$$\frac{\partial^2 \tau_{zx}}{\partial x \partial z}+\frac{\partial^2 \tau_{zy}}{\partial y \partial z}+\frac{\partial^2 \sigma_z}{\partial z^2}+\frac{\partial F_z}{\partial z}=0$$

将上列三个方程的前两个相加,然后减去第三个,有

$$2\frac{\partial^2 \tau_{xy}}{\partial x \partial y}=-\frac{\partial^2 \sigma_x}{\partial x^2}-\frac{\partial^2 \sigma_y}{\partial y^2}+\frac{\partial^2 \sigma_z}{\partial z^2}-\frac{\partial F_x}{\partial x}-\frac{\partial F_y}{\partial y}+\frac{\partial F_z}{\partial z}$$

将上式代入(7-44)得

$$\frac{\partial^2 \sigma_x}{\partial y^2} - \mu\left(\frac{\partial^2 \sigma_y}{\partial y^2} + \frac{\partial^2 \sigma_z}{\partial z^2}\right) + \frac{\partial^2 \sigma_y}{\partial x^2} - \mu\left(\frac{\partial^2 \sigma_x}{\partial x^2} + \frac{\partial^2 \sigma_z}{\partial x^2}\right)$$
$$= (1+\mu)\left(-\frac{\partial^2 \sigma_x}{\partial x^2} - \frac{\partial^2 \sigma_y}{\partial y^2} + \frac{\partial^2 \sigma_z}{\partial z^2} - \frac{\partial F_x}{\partial x} - \frac{\partial F_y}{\partial y} + \frac{\partial F_z}{\partial z}\right) \tag{7-45}$$

化简上式后,有

$$(1+\mu)\nabla^2 \sigma_z + \frac{\partial^2 \Theta}{\partial z^2} - \nabla^2 \Theta = (1+\mu)\left(\frac{\partial F_x}{\partial x} + \frac{\partial F_y}{\partial y} - \frac{\partial F_z}{\partial z}\right) \tag{7-46}$$

式中

$$\Theta = \sigma_x + \sigma_y + \sigma_z$$
$$\nabla^2 = \frac{\partial^2}{\partial x^2} + \frac{\partial^2}{\partial y^2} + \frac{\partial^2}{\partial z^2}$$

类似地,对变形协调方程式(4-34)的第 2 和第 3 式进行变换,汇总前三式的变换结果,有

$$\left.\begin{aligned}
(1+\mu)\nabla^2 \sigma_x + \frac{\partial^2 \Theta}{\partial x^2} - \nabla^2 \Theta &= (1+\mu)\left(-\frac{\partial F_x}{\partial x} + \frac{\partial F_y}{\partial y} + \frac{\partial F_z}{\partial z}\right) \\
(1+\mu)\nabla^2 \sigma_y + \frac{\partial^2 \Theta}{\partial y^2} - \nabla^2 \Theta &= (1+\mu)\left(\frac{\partial F_x}{\partial x} - \frac{\partial F_y}{\partial y} + \frac{\partial F_z}{\partial z}\right) \\
(1+\mu)\nabla^2 \sigma_z + \frac{\partial^2 \Theta}{\partial z^2} - \nabla^2 \Theta &= (1+\mu)\left(\frac{\partial F_x}{\partial x} + \frac{\partial F_y}{\partial y} - \frac{\partial F_z}{\partial z}\right)
\end{aligned}\right\} \tag{7-47}$$

将式(7-47)三式相加,可得

$$\nabla^2 \Theta = -\frac{(1+\mu)}{(1-\mu)}\left(\frac{\partial F_x}{\partial x} + \frac{\partial F_y}{\partial y} + \frac{\partial F_z}{\partial z}\right) \tag{7-48}$$

将上式回代式(7-47)可使之进一步化简,对变形协调方程式(4-34)的其余三式也作类似的变换,最终可得到如下按应力求解的 6 个基本微分方程:

$$\left.\begin{aligned}
(1+\mu)\nabla^2 \sigma_x + \frac{\partial^2 \Theta}{\partial x^2} &= -\frac{(1+\mu)}{(1-\mu)}\left[(2-\mu)\frac{\partial F_x}{\partial x} + \mu\frac{\partial F_y}{\partial y} + \mu\frac{\partial F_z}{\partial z}\right] \\
(1+\mu)\nabla^2 \sigma_y + \frac{\partial^2 \Theta}{\partial y^2} &= -\frac{(1+\mu)}{(1-\mu)}\left[\mu\frac{\partial F_x}{\partial x} + (2-\mu)\frac{\partial F_y}{\partial y} + \mu\frac{\partial F_z}{\partial z}\right] \\
(1+\mu)\nabla^2 \sigma_z + \frac{\partial^2 \Theta}{\partial z^2} &= -\frac{(1+\mu)}{(1-\mu)}\left[\mu\frac{\partial F_x}{\partial x} + \mu\frac{\partial F_y}{\partial y} + (2-\mu)\frac{\partial F_z}{\partial z}\right] \\
(1+\mu)\nabla^2 \tau_{xy} + \frac{\partial^2 \Theta}{\partial x \partial y} &= -(1+\mu)\left(\frac{\partial F_x}{\partial y} + \frac{\partial F_y}{\partial x}\right) \\
(1+\mu)\nabla^2 \tau_{yz} + \frac{\partial^2 \Theta}{\partial y \partial z} &= -(1+\mu)\left(\frac{\partial F_y}{\partial z} + \frac{\partial F_z}{\partial y}\right) \\
(1+\mu)\nabla^2 \tau_{zx} + \frac{\partial^2 \Theta}{\partial z \partial x} &= -(1+\mu)\left(\frac{\partial F_z}{\partial x} + \frac{\partial F_x}{\partial z}\right)
\end{aligned}\right\} \tag{7-49}$$

第 7 章 塑性力学问题的求解方法

式(7-49)也称为米歇尔(Michell)相容方程.

当体力为零或为常量时,式(7-49)简化为

$$\left.\begin{aligned}(1+\mu)\nabla^2\sigma_x+\frac{\partial^2\Theta}{\partial x^2}&=0\\(1+\mu)\nabla^2\sigma_y+\frac{\partial^2\Theta}{\partial y^2}&=0\\(1+\mu)\nabla^2\sigma_z+\frac{\partial^2\Theta}{\partial z^2}&=0\\(1+\mu)\nabla^2\tau_{xy}+\frac{\partial^2\Theta}{\partial x\partial y}&=0\\(1+\mu)\nabla^2\tau_{yz}+\frac{\partial^2\Theta}{\partial y\partial z}&=0\\(1+\mu)\nabla^2\tau_{zx}+\frac{\partial^2\Theta}{\partial z\partial x}&=0\end{aligned}\right\} \quad (7\text{-}50)$$

式(7-50)也称为贝尔特拉米(Beltrami)相容方程.

式(7-50)用张量形式方程可表示为

$$(1+\mu)\sigma_{ij,kk}+\sigma_{kk,ij}=0 \quad (7\text{-}51)$$

按应力求解时,须使 6 个应力分量满足平衡方程式(7-1)和相容方程式(7-49)或式(7-50),并在边界上满足应力边界条件式(7-7).由于位移边界条件难以用应力分量表示,因此,含位移边界条件的弹性问题一般都不能采用按应力求解法得出准确的函数式解答.

对于多连通域,尚应满足位移单值条件.

按应力求解弹性力学问题,一般比较复杂.当没有体积力时,我们可通过先行求取平衡方程的一般解答并代入式(7-50)中,使求解具体问题时,只需通过求解式(7-50)并满足边界条件便可得解. 如取三个任意函数 $\varphi_1(x,y,z),\varphi_2(x,y,z)$ 和 $\varphi_3(x,y,z)$,易于验证应力场的如下形式是平衡方程的解答:

$$\left.\begin{aligned}\sigma_x&=\frac{\partial^2\varphi_3}{\partial y^2}+\frac{\partial^2\varphi_2}{\partial z^2} & \tau_{xy}&=\frac{\partial^2\varphi_3}{\partial x\partial y}\\\sigma_y&=\frac{\partial^2\varphi_1}{\partial z^2}+\frac{\partial^2\varphi_3}{\partial x^2} & \tau_{yz}&=\frac{\partial^2\varphi_1}{\partial y\partial z}\\\sigma_z&=\frac{\partial^2\varphi_2}{\partial x^2}+\frac{\partial^2\varphi_1}{\partial y^2} & \tau_{xy}&=\frac{\partial^2\varphi_2}{\partial z\partial x}\end{aligned}\right\} \quad (7\text{-}52)$$

将上式代入式(7-50),有

$$\left.\begin{aligned}&(1+\mu)\nabla^2\left(\frac{\partial^2\varphi_3}{\partial y^2}+\frac{\partial^2\varphi_2}{\partial z^2}\right)+\frac{\partial^2\Theta}{\partial x^2}=0\\&(1+\mu)\nabla^2\left(\frac{\partial^2\varphi_1}{\partial z^2}+\frac{\partial^2\varphi_3}{\partial x^2}\right)+\frac{\partial^2\Theta}{\partial y^2}=0\\&(1+\mu)\nabla^2\left(\frac{\partial^2\varphi_2}{\partial x^2}+\frac{\partial^2\varphi_1}{\partial y^2}\right)+\frac{\partial^2\Theta}{\partial z^2}=0\\&\frac{\partial^2}{\partial x\partial y}[(1+\mu)\nabla^2\varphi_3-\Theta]=0\\&\frac{\partial^2}{\partial y\partial z}[(1+\mu)\nabla^2\varphi_1-\Theta]=0\\&\frac{\partial^2}{\partial z\partial x}[(1+\mu)\nabla^2\varphi_2-\Theta]=0\end{aligned}\right\} \quad (7\text{-}53)$$

以后求解时无须考虑平衡方程,只需求解式(7-53)并满足边界条件即可.

4. 弹性力学平面问题求解方法简述

我们的研究对象任何时候都是三维的,它们所受的外力也都是空间力系,因此,严格来说,弹性问题的求解应按前述方法进行. 但是,如果所研究的物体具有一些特定的形状,并且承受特殊的外力及约束,它们便能简化为所谓的平面问题,其求解将比空间问题简单. 弹性力学中有平面应变和平面应力两类平面问题,因弹塑性折线理论在处理平面问题时也将采用弹性力学平面问题的求解方法,这里也对其求解方法作简单介绍.

设有很薄且等厚的平板,只在板边受有平行于板面且不沿厚度变化的面力,体力也平行于板面,这就是平面应力问题. 设 z 坐标方向沿板平面的法线方向,则平面应力问题在板内只有 σ_x,σ_y 和 τ_{xy} 三个应力分量存在.

平面应变问题则是一个坐标方向的尺寸远大于另外两个坐标方向的尺寸,形如很长的柱形体,在柱面上受有平行于横截面且不沿柱长方向变化的面力,体力平行于横截面且不沿柱长方向变化. 设 z 坐标方向沿柱长方向,则平面应变问题沿 x,y 坐标方向的位移与 z 坐标无关,z 方向的位移为零. 于是可导出只有 $\sigma_x,\sigma_y,\sigma_z=\mu(\sigma_x+\sigma_y)$ 和 τ_{xy} 四个应力分量存在,且它们与 z 无关,仅是 x,y 的函数.

1) 平面问题求解基本方程组

弹性力学空间问题简化为平面应力问题之后,求解基本方程组简化为以下形式:

(1) 平衡方程

$$\left.\begin{aligned}\frac{\partial\sigma_x}{\partial x}+\frac{\partial\tau_{yx}}{\partial y}+F_x=0\\ \frac{\partial\tau_{xy}}{\partial x}+\frac{\partial\sigma_y}{\partial y}+F_y=0\end{aligned}\right\} \quad (7\text{-}54)$$

第7章 塑性力学问题的求解方法

(2) 几何方程

$$\left.\begin{array}{l}\varepsilon_x=\dfrac{\partial u}{\partial x} \quad \varepsilon_y=\dfrac{\partial v}{\partial y}\\[2mm] \gamma_{xy}=\dfrac{\partial v}{\partial x}+\dfrac{\partial u}{\partial y}\end{array}\right\} \tag{7-55}$$

将上式 ε_x 对 y 的二阶偏导和 ε_y 对 x 的二阶偏导相加,可得变形协调方程

$$\dfrac{\partial^2 \varepsilon_y}{\partial x^2}+\dfrac{\partial^2 \varepsilon_x}{\partial y^2}=\dfrac{\partial \gamma_{xy}}{\partial x \partial y} \tag{7-56}$$

(3) 本构方程(物理方程)

$$\left.\begin{array}{l}\varepsilon_x=\dfrac{1}{E}(\sigma_x-\mu\sigma_y)\\[2mm] \varepsilon_y=\dfrac{1}{E}(\sigma_y-\mu\sigma_x)\\[2mm] \gamma_{xy}=\dfrac{1}{G}\tau_{xy}\end{array}\right\} \tag{7-57}$$

或

$$\left.\begin{array}{l}\sigma_x=\dfrac{E}{1-\mu^2}(\varepsilon_x+\mu\varepsilon_y)\\[2mm] \sigma_y=\dfrac{E}{1-\mu^2}(\varepsilon_y+\mu\varepsilon_x)\\[2mm] \tau_{xy}=G\gamma_{xy}\end{array}\right\} \tag{7-58}$$

(4) 边界条件. 若在物体表面上给定表面力 T_x,T_y,则边界条件为

$$\left.\begin{array}{l}l\sigma_x+m\tau_{yx}=T_x\\ l\tau_{xy}+m\sigma_y=T_y\end{array}\right\} \tag{7-59}$$

式中:l,m 为物体表面的方向余弦.

若在物体表面上给定位移 $\bar{u},\bar{v}$,则边界条件为

$$u=\bar{u} \qquad v=\bar{v} \tag{7-60}$$

将上述平面应力问题基本方程组中的 E 换为 $\dfrac{E}{1-\mu^2}$,μ 换为 $\dfrac{\mu}{1-\mu}$,便成为平面应变问题的基本方程组. 下面同理,不再专门介绍平面应变问题的求解了.

2) 平面应力问题按位移求解

将几何方程式(7-55)代入本构方程式(7-58),得

$$\left.\begin{array}{l}\sigma_x=\dfrac{E}{1-\mu^2}\left(\dfrac{\partial u}{\partial x}+\mu\dfrac{\partial v}{\partial y}\right)\\[2mm] \sigma_y=\dfrac{E}{1-\mu^2}\left(\dfrac{\partial v}{\partial y}+\mu\dfrac{\partial u}{\partial x}\right)\\[2mm] \tau_{xy}=\dfrac{E}{2(1+\mu)}\left(\dfrac{\partial v}{\partial x}+\dfrac{\partial u}{\partial y}\right)\end{array}\right\} \tag{7-61}$$

然后将上式代入式(7-54)和式(7-59),便得到用位移表示的如下求解基本微分方程

和用位移表示的应力边界条件

$$\left.\begin{aligned}\frac{E}{1-\mu^2}\left(\frac{\partial^2 u}{\partial x^2}+\frac{1-\mu}{2}\frac{\partial^2 u}{\partial y^2}+\frac{1+\mu}{2}\frac{\partial^2 v}{\partial x\partial y}\right)+F_x=0\\ \frac{E}{1-\mu^2}\left(\frac{\partial^2 v}{\partial y^2}+\frac{1-\mu}{2}\frac{\partial^2 u}{\partial x^2}+\frac{1+\mu}{2}\frac{\partial^2 u}{\partial x\partial y}\right)+F_y=0\end{aligned}\right\} \quad (7\text{-}62)$$

$$\left.\begin{aligned}\frac{E}{1-\mu^2}\left[l\left(\frac{\partial u}{\partial x}+\mu\frac{\partial v}{\partial y}\right)+m\frac{1-\mu}{2}\left(\frac{\partial u}{\partial y}+\frac{\partial v}{\partial x}\right)\right]=T_x\\ \frac{E}{1-\mu^2}\left[l\frac{1-\mu}{2}\left(\frac{\partial u}{\partial y}+\frac{\partial v}{\partial x}\right)+m\left(\mu\frac{\partial u}{\partial x}+\frac{\partial v}{\partial y}\right)\right]=T_y\end{aligned}\right\} \quad (7\text{-}63)$$

而位移边界条件仍为式(7-60).

总结:按位移求解平面应力问题,仅需使位移分量满足微分方程式(7-62),并在边界上满足式(7-60)和式(7-63)即可.求出位移分量后,可由几何方程式(7-55)求出应变分量,然后由式(7-61)求应力分量.

3) 平面应力问题按应力求解

前面式(7-56)已消去了几何方程式(7-55)中的位移分量,再将本构方程式(7-57)代入式(7-56)中,有

$$\frac{\partial^2}{\partial y^2}(\sigma_x-\mu\sigma_y)+\frac{\partial^2}{\partial x^2}(\sigma_y-\mu\sigma_x)=2(1+\mu)\frac{\partial^2\tau_{xy}}{\partial x\partial y} \quad (7\text{-}64)$$

将平衡方程变形为

$$\left.\begin{aligned}\frac{\partial \tau_{yx}}{\partial y}=-\frac{\partial \sigma_x}{\partial x}-F_x\\ \frac{\partial \tau_{xy}}{\partial x}=-\frac{\partial \sigma_y}{\partial y}-F_y\end{aligned}\right\} \quad (7\text{-}65)$$

将式(7-65)中的第一式对 x 求偏导,第二式对 y 求偏导,得

$$2\frac{\partial^2 \tau_{yx}}{\partial x\partial y}=-\frac{\partial^2 \sigma_x}{\partial x^2}-\frac{\partial^2 \sigma_y}{\partial y^2}-\frac{\partial F_x}{\partial x}-\frac{\partial F_y}{\partial y}$$

将其代入式(7-64),得到简化后的变形协调方程:

$$\left(\frac{\partial^2}{\partial x^2}+\frac{\partial^2}{\partial y^2}\right)(\sigma_x+\sigma_y)=-(1+\mu)\left(\frac{\partial F_x}{\partial x}+\frac{\partial F_y}{\partial y}\right) \quad (7\text{-}66)$$

归纳起来有:按应力求解时,应力分量必须满足平衡方程式(7-54)、变形协调方程式(7-66)以及应力边界条件式(7-59).由于位移边界条件式(7-60)难以用应力分量表示,故按应力求解只能求解边界条件全为应力边界条件的问题.

对于单连体问题,上述方程是完备的.但对于多连体问题,尚需考虑位移单值条件.

当体力分量 F_x,F_y 是常量,不随坐标变化时,式(7-66)可简化为

$$\left(\frac{\partial^2}{\partial x^2}+\frac{\partial^2}{\partial y^2}\right)(\sigma_x+\sigma_y)=0 \quad (7\text{-}67)$$

或记为

第 7 章　塑性力学问题的求解方法

$$\nabla^2(\sigma_x + \sigma_y) = 0$$

同时,可求得平衡方程式(7-54)的通解

$$\sigma_x = \frac{\partial^2 \varphi}{\partial y^2} - F_x x \qquad \sigma_y = \frac{\partial^2 \varphi}{\partial x^2} - F_y y \qquad \tau_{xy} = -\frac{\partial^2 \varphi}{\partial x \partial y} \tag{7-68}$$

式中:φ 称为艾里应力函数(Airy stress function).

将式(7-68)代入式(7-67),有

$$\left(\frac{\partial^2}{\partial x^2} + \frac{\partial^2}{\partial y^2}\right)\left(\frac{\partial^2 \varphi}{\partial x^2} + \frac{\partial^2 \varphi}{\partial y^2}\right) = 0 \tag{7-69}$$

或简写为

$$\nabla^4 \varphi = 0 \tag{7-70}$$

综上可得,按应力求解常体力问题,归结为求解一个应力函数 φ,它必须满足变形协调方程式(7-69),在边界上满足应力边界条件式(7-59).同样这种方法只适用于边界条件全为应力边界条件的问题.对于多连体问题,尚需考虑位移单值条件.

5. 弹塑性折线理论求解方程组的求解方法

现在再回到式(7-36)的求解.

观察式(7-36)可看出,前三个式子是弹性力学求解问题的基本方程组,前三式有 6 个应力分量 σ_{ij}、3 个弹性位移分量 u_i^e 和 6 个弹性应变分量 ε_{ij}^e 共 15 个未知函数,而前三式也有 15 个微分方程,因此由前面介绍的弹性问题求解方法可知,前三式的求解可以独立于后两式进行,但其求解结果的正确性要待后两式求解完毕后由总的结果是否满足边界条件来决定.

结合求解方程组的物理解释,可得结论:求解弹塑性问题,可以先把问题按弹性问题求解,求得弹性解后(留有待定常数未确定),再以弹性解为基础求解式(7-36)的后两式,若得解并满足边界条件,则解答便为弹塑性问题的正确解答.

尽管弹塑性折线理论的方程数多于传统理论方法,但由于它可以利用成熟的弹性问题求解方法先求解式(7-36)前三式,且前三式得解后,当本构关系确定时,后面两式的求解已没有数学上的困难,因此弹塑性折线理论与传统理论相比有明显优势.后面两章的应用实例表明,应用弹塑性折线理论能得出不少问题的准确解答,而这是传统理论方法做不到的.

对于复杂的加载形式,弹塑性本构方程式(7-6)的形式会很复杂,这时可以将式(7-36)改写成如下增量形式:

$$\left.\begin{aligned}
& \mathrm{d}\sigma_{ij,j} + \mathrm{d}F_i = 0 \\
& \mathrm{d}\varepsilon_{ij}^e = \frac{1}{2}(\mathrm{d}u_{i,j}^e + \mathrm{d}u_{j,i}^e) \\
& \mathrm{d}\varepsilon_{ij}^e = \frac{1}{2G}\mathrm{d}\sigma_{ij} - \frac{3\mu}{E}\mathrm{d}\sigma^a \delta_{ij} \\
& \mathrm{d}\varepsilon_{ij}^p = G(\mathrm{d}\varepsilon_{ij}^e) \\
& \mathrm{d}\varepsilon_{ij}^p = \frac{1}{2}(\mathrm{d}u_{i,j}^p + \mathrm{d}u_{j,i}^p) \quad \text{或} \quad \mathrm{d}\varepsilon_{ij} = \frac{1}{2}(\mathrm{d}u_{i,j} + \mathrm{d}u_{j,i})
\end{aligned}\right\} \tag{7-71}$$

对于每一个足够小的增量步,因加载路径是确定的,式(7-6)关系的描述应会简单些.但式(7-71)中的函数 $d\varepsilon_{ij}^p = G(d\varepsilon_{ij}^e)$ 会因每一增量步加(卸)载方式的不同而不同.

需特别说明的是:在动力学问题中,平衡方程中还包含惯性力 $-\rho\dfrac{\partial^2 u_i}{\partial t^2}$,当 u_i 分解成

$$u_i = u_i^e + u_i^p$$

惯性力分解成

$$-\rho\frac{\partial^2 u_i^e}{\partial t^2} - \rho\frac{\partial^2 u_i^p}{\partial t^2}$$

这一分解结果使塑性动力学问题的平衡方程已不同于弹性动力学的平衡方程,所以上述弹塑性问题的求解方法不适用于动力学问题.

7.4 弹塑性问题基本定理

7.4.1 解的唯一性定理

1. 弹性解唯一性定理

当弹性体受载前处于无初应力的自然状态,受载后位移又是微小的,则在确定的体力和确定的边界条件作用下,其应力场、应变场及位移场解答是唯一的,这就是弹性解唯一性定理.后面将用到这个定理,证明可参见弹性力学有关书籍.

2. 塑性解唯一性定理

塑性解唯一性定理的叙述和证明可参见 Martin(1975)的著作.实际上由于塑性力学不考虑流变、动力等与时间相关的因素,实际问题在确定载荷作用下必定有一确定的应力、应变与位移解,也就是说有唯一解.但若采用前面介绍的理想弹塑性模型求解,则位移解不能保证是唯一的,但这时的不唯一是模型与实际问题有差距造成的.

7.4.2 弹性解的迭加原理

弹性力学解的迭加原理是指在小变形和线弹性条件下,弹性体在两组不同外力单独作用下所得弹性力学解答的相加等于这两组外力共同作用时的弹性力学解答.证明可参见弹性力学有关书籍.

7.4.3 虚功原理

先介绍两个定义:静力可能应力场和运动可能位移场.

(1) 静力可能应力场

设有一应力场 σ_{ij}^0，它满足所研究问题的平衡方程和应力边界条件，即有

$$\sigma_{ij,j}^0 + F_i = 0 \tag{7-72}$$

$$T_i = \sigma_{ij}^0 l_j \tag{7-73}$$

但与 σ_{ij}^0 对应的应变场 ε_{ij}^0 和位移场 u_i^0 则不一定满足变形协调方程和位移边界条件. 这样的应力场称为静力可能应力场. 式(7-73)中的 l_j 为物体表面的外法线方向余弦.

(2) 运动可能位移场

设有一运动可能的位移场 u_i^*，由其可导出相应的应变场 ε_{ij}^*，它们满足所研究问题的变形协调方程和位移边界条件，但与它们对应的应力场 σ_{ij}^* 却不一定满足所研究问题的平衡方程和应力边界条件. 这样的位移场 u_i^* 就称为运动可能位移场.

显然，静力可能应力场包括了真实的应力场，运动可能的位移场包括了真实的位移场. 而只有真实的应力场和位移场才既是静力可能的，又是运动可能的.

对一研究对象，任意选取一静力可能的应力场 σ_{ij}^0 和一运动可能的位移场 u_i^*（静力可能的应力场和运动可能的位移场之间可没有任何关联），研究表明总存在如下关系：

$$\int_V F_i u_i^* \, dV + \int_S T_i u_i^* \, dS = \int_V \sigma_{ij}^0 \varepsilon_{ij}^* \, dV \tag{7-74}$$

这就是虚功原理.

虚功原理 在外力作用下处于平衡状态的可变形体，对任一静力可能应力场和任一运动可能位移场，外力在虚位移(非真实的用"虚"字来描述，后同)上所做的虚功等于内力所做的虚功.

证 将式(7-73)代入式(7-74)，并利用空间格林(Green)公式(也称为散度定理)，有

$$\int_S T_i u_i^* \, dS = \int_S \sigma_{ij}^0 u_i^* l_j \, dS = \int_V (\sigma_{ij}^0 u_i^*)_{,j} \, dV = \int_V \sigma_{ij,j}^0 u_i^* \, dV + \int_V \sigma_{ij}^0 u_{i,j}^* \, dV$$

$$= \int_V \sigma_{ij,j}^0 u_i^* \, dV + \int_V \sigma_{ij}^0 \varepsilon_{ij}^* \, dV$$

上式等号右侧最后结果的第二个积分的变换利用了应力场 σ_{ij}^0 的对称性，即利用了以下变换：

$$\sigma_{ij}^0 u_{i,j}^* = \frac{1}{2} \sigma_{ij}^0 u_{i,j}^* + \frac{1}{2} \sigma_{ij}^0 u_{i,j}^* = \frac{1}{2} \sigma_{ij}^0 u_{i,j}^* + \frac{1}{2} \sigma_{ji}^0 u_{j,i}^*$$

$$= \sigma_{ij}^0 \cdot \frac{1}{2}(u_{i,j}^* + u_{j,i}^*)$$

代回式(7-74)，有

$$\int_V F_i u_i^* \, dV + \int_S T_i u_i^* \, dS = \int_V (F_i + \sigma_{ij,j}^0) u_i^* \, dV + \int_V \sigma_{ij}^0 \varepsilon_{ij}^* \, dV = \int_V \sigma_{ij}^0 \varepsilon_{ij}^* \, dV$$

式(7-74)得证.

7.4.4 虚功率原理

当物体介质处于运动状态时，用 $v_i(x,y,z,t)$ 表示质点三个方向的速度分量，经过 dt

时间,则有微小位移
$$du_i = v_i dt$$
相应的应变分量可表示为
$$d\varepsilon_{ij} = \frac{1}{2}(du_{i,j} + du_{j,i}) = \frac{1}{2}(v_{i,j} + v_{j,i})dt$$
令
$$\dot{\xi}_{ij} = \frac{1}{2}(v_{i,j} + v_{j,i}) \tag{7-75}$$
式中:$\dot{\xi}_{ij}$ 称为应变率张量.

前面已介绍,塑性力学不考虚时间效应,因此在应用中上面的 dt 可不理解为真实时间,而仅代表一个加载变形的过程.

再定义运动可能的速度场 v_i^*：v_i^* 仅需在位移边界 S_u 上满足 $v_i^* = \overline{v}_i$，$\overline{v}_i$ 为在 S_u 上给定的速度. 显然,运动可能的速度场不一定是物体内的真实速度场.

任意选取一静力可能的应力场 σ_{ij}^0 和一运动可能的速度场 v_i^*（静力可能的应力场和运动可能的速度场之间可没有任何关联）,研究表明总存在如下关系:
$$\int_V F_i v_i^* dV + \int_S T_i v_i^* dS = \int_V \sigma_{ij}^0 \dot{\xi}_{ij}^* dV \tag{7-76}$$
式(7-76)称为虚功率原理.

虚功率原理 在外力作用下处于平衡状态的可变形体,对任一静力可能应力场和任一运动可能速度场,外力的虚功率等于物体的虚变形功率.

证 将式(7-72)和式(7-73)代入式(7-76),有
$$\int_V F_i v_i^* dV + \int_S T_i v_i^* dS = -\int_V \sigma_{ij,j}^0 v_i^* dV + \int_S \sigma_{ij}^0 l_j v_i^* dS$$
$$= \int_V \sigma_{ij}^0 v_{i,j}^* dV - \int_V (\sigma_{ij}^0 v_i^*)_{,j} dV + \int_S \sigma_{ij}^0 l_j v_i^* dS$$

由格林公式可知,上式最后结果的后两项之和为零.

利用应力场 σ_{ij}^0 的对称性,有
$$\int_V F_i v_i^* dV + \int_S T_i v_i^* dS = \int_V \sigma_{ij}^0 v_{i,j}^* dV = \int_V \sigma_{ij}^0 \dot{\xi}_{ij}^* dV$$
即为是式(7-76),虚功率原理得证.

第8章 塑性力学传统方法存在的问题与解答分析

8.1 塑性力学传统方法存在的问题

1. 塑性全量理论存在的问题

全量理论的目的是直接建立总应变与瞬时应力之间的关系,即试图直接建立用全量形式表示的与加载路径无关的本构关系.第5章已说明塑性应变一般不是与加载路径无关的,所以,全量理论一般来说是不正确的.从第5章和第7章的介绍可知,最终依据单一曲线假定而形成的全量理论只能说是近似理论,除了单一曲线假定本身就是简单加载下的一个近似假定外,它还受研究中的屈服准则与强化模型的影响,所以依据它不可能获得准确解答.

全量理论的出发点与实际有异、求解方程组也复杂,与增量理论相比没有优势,在计算机技术发展之后,大家更愿应用增量理论,全量理论已很少使用.

2. 塑性增量理论存在的问题

增量理论是依据 Drucker 公设导出的如下本构方程建立的:

$$\mathrm{d}\varepsilon_{ij}^{p} = \mathrm{d}\lambda \frac{\partial \phi}{\partial \sigma_{ij}} \tag{8-1}$$

它表明,塑性应变增量的方向与加载面的外法线重合,因而塑性应变增量的分量与加载面外法线矢量的相应分量成比例,但是没有确定具体的比值 $\mathrm{d}\lambda$,这是增量理论存在的问题之一;问题二是加载面函数 ϕ 仍在研究中,目前没有确定,这也导致增量理论不可能获得所研究问题的准确解答;问题三是它的求基本方程组复杂,不引进其他假设难以解析求解,查阅后可发现目前介绍传统方法的塑性力学教科书中没有一个解析解答是真正完全应用增量理论或全量理论得出的,除了采用材料力学方法获得的一维杆系结构解答是准确的以外,其他解答都不是准确解答,且误差不好估计.

3. 增量理论有限元计算本构方程的形成与问题

有限元数值方法现已广泛应用于塑性力学问题的求解,它们可解决复杂方程组的求解问题,但也会因前述问题一和问题二的存在而出现问题.下面简单介绍文献中的增量理论有限元本构方程的形成.

对加载条件 $\phi(\sigma_{ij}, K) = 0$ 求全微分,有

$$\frac{\partial \phi}{\partial \sigma_{11}} \mathrm{d}\sigma_{11} + \frac{\partial \phi}{\partial \sigma_{12}} \mathrm{d}\sigma_{12} + \frac{\partial \phi}{\partial \sigma_{13}} \mathrm{d}\sigma_{13} + \cdots + \frac{\partial \phi}{\partial K} \mathrm{d}K = 0 \tag{8-2}$$

写成矩阵形式，得

$$\left(\frac{\partial \phi}{\partial \sigma_{ij}}\right)^T \mathrm{d}(\sigma_{ij}) + A \cdot \mathrm{d}\lambda = 0 \tag{8-3}$$

式中

$$A = \frac{\partial \phi}{\partial K} \mathrm{d}K \cdot \frac{1}{\mathrm{d}\lambda}$$

又设 K 等于塑性变形过程中所做的塑性功，便有

$$\mathrm{d}K = \sigma_{11}\mathrm{d}\varepsilon_{11}^p + \sigma_{12}\mathrm{d}\varepsilon_{12}^p + \sigma_{13}\mathrm{d}\varepsilon_{13}^p + \cdots = (\sigma_{ij})^T \mathrm{d}(\varepsilon_{ij}^p) \tag{8-4}$$

式(8-1)可写成矩阵形式

$$\mathrm{d}(\varepsilon_{ij}^p) = \mathrm{d}\lambda \left(\frac{\partial \phi}{\partial \sigma_{ij}}\right) \tag{8-5}$$

将其代入式(8-4)，得

$$\mathrm{d}K = \mathrm{d}\lambda \cdot (\sigma_{ij})^T \left(\frac{\partial \phi}{\partial \sigma_{ij}}\right) \tag{8-6}$$

再将式(8-6)代入 A 的表达式中，便有

$$A = \frac{\partial \phi}{\partial K} (\sigma_{ij})^T \left(\frac{\partial \phi}{\partial \sigma_{ij}}\right) \tag{8-7}$$

由广义胡克定律，弹性应变增量可表示为

$$\mathrm{d}(\varepsilon_{ij}^e) = (D)^{-1} \mathrm{d}(\sigma_{ij}) \tag{8-8}$$

式中

$$(D) = \frac{E(1-\mu)}{(1+\mu)(1-2\mu)} \begin{pmatrix} 1 & \frac{\mu}{1-\mu} & \frac{\mu}{1-\mu} & 0 & 0 & 0 \\ & 1 & \frac{\mu}{1-\mu} & 0 & 0 & 0 \\ & & 1 & 0 & 0 & 0 \\ & & & \frac{1-2\mu}{2(1-\mu)} & 0 & 0 \\ & 对 & & & \frac{1-2\mu}{2(1-\mu)} & 0 \\ & & 称 & & & \frac{1-2\mu}{2(1-\mu)} \end{pmatrix} \tag{8-9}$$

所以，总应变增量可表示为

$$\mathrm{d}(\varepsilon_{ij}) = (D)^{-1} \mathrm{d}(\sigma_{ij}) + \mathrm{d}\lambda \left(\frac{\partial \phi}{\partial \sigma_{ij}}\right) \tag{8-10}$$

以 $\left(\frac{\partial \phi}{\partial \sigma_{ij}}\right)^T (D)$ 乘式(8-10)，并利用式(8-3)消去 $\mathrm{d}(\sigma_{ij})$，有

$$\left(\frac{\partial \phi}{\partial \sigma_{ij}}\right)^T (D)(\mathrm{d}\varepsilon_{ij}) = -A \cdot \mathrm{d}\lambda + \left(\frac{\partial \phi}{\partial \sigma_{ij}}\right)^T (D)\left(\frac{\partial \phi}{\partial \sigma_{ij}}\right) \mathrm{d}\lambda \tag{8-11}$$

由上式求出 $\mathrm{d}\lambda$，再代入乘 $[D]$ 以后的式(8-10)，便得应力增量与应变增量的本构关系如下：

$$\mathrm{d}(\sigma_{ij}) = (D)_{ep}\mathrm{d}(\varepsilon_{ij}) \tag{8-12}$$

式中

$$(D)_{ep} = (D) + (D)\left(\frac{\partial\phi}{\partial\sigma_{ij}}\right)\left(\frac{\partial\phi}{\partial\sigma_{ij}}\right)^T (D)\left\{A - \left(\frac{\partial\phi}{\partial\sigma_{ij}}\right)^T [D]\left(\frac{\partial\phi}{\partial\sigma_{ij}}\right)\right\}^{-1} \tag{8-13}$$

我们知道,加载条件 $\phi(\sigma_{ij}, K) = 0$ 与"K 等于塑性变形过程中所做的塑性功"是尚待研究确定的内容,且研究难度很大,上面建立的本构方程与加载条件及 K 的数学表述紧密相关,因此,有限元数值方法所得结果即使单元可无穷小,理论上也不能说是准确的,误差也不好估计.所以塑性力学传统方法应用受限.

随后 5 个小节将进一步介绍目前传统方法塑性力学教科书中求解得相对较好的几个简单弹塑性问题并分析存在的问题:简单桁架的弹塑性分析、加载路径对简单桁架应力应变状态的影响及几何非线性的影响,矩形截面梁的弹塑性纯弯曲及厚壁筒弹塑性分析.这几个问题中,简单桁架是一维问题,因其屈服准则和本构关系可准确确定,传统方法所得解答是经得起推敲的准确解答,但遗憾的是求解并没有采用自身的理论进行;而另外两个问题的解答均存在不少问题.至于稍复杂的弹塑性问题,从简单问题传统方法遇到的困难,大家可以想象到应用传统方法求解的难度.

因为应用传统方法求解遇到了困难,人们提出了近似求解方法:塑性平面应变问题的近似求解方法和极限分析法,最后两节将介绍它们并分析存在的问题.

8.2 简单桁架的弹塑性分析

图 8-1 所示是一受竖直力 P 作用的三杆桁架系统,该系统各杆面积均为 A,第 2 杆长度为 L,第 1、3 两杆长度为 $L/\cos\theta$. 节点 O 受力 P 作用后的铅垂位移为 δ.

首先建立求解桁架系统所必需的方程.

1) 平衡方程

用 N_1、N_2 和 N_3 表示杆1、杆2 和杆3 的内力,则有平衡方程:

$$N_1 = N_3$$
$$N_1\cos\theta + N_2 + N_3\cos\theta = P$$

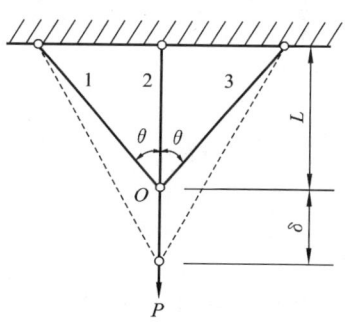

图 8-1 受竖直力的三杆桁架

消去 N_3,并用 A 通除后,得以应力表示的平衡方程:

$$\left.\begin{array}{l}\sigma_1 = \sigma_3 \\ 2\sigma_1\cos\theta + \sigma_2 = P/A\end{array}\right\} \tag{8-14}$$

2) 变形协调关系

因 $\delta = \varepsilon_2 L = \varepsilon_1 (L/\cos\theta)/\cos\theta = \varepsilon_1 L/\cos^2\theta$ 于是,有

$$\varepsilon_1 = \varepsilon_2 \cos^2\theta \tag{8-15}$$

3) 应力应变关系

先设材料为理想弹塑性材料.

(1) 当载荷较小,各杆的应力均处于弹性状态时,有应力应变关系:

$$\sigma_1 = E\varepsilon_1 \tag{8-16}$$

$$\sigma_2 = E\varepsilon_2 \tag{8-17}$$

联立方程式(8-14)～式(8-17)便可解得各杆的应力应变:

$$\left.\begin{array}{l}\sigma_2 = \dfrac{P}{A(1+2\cos^3\theta)} \\ \sigma_1 = \sigma_2\cos^2\theta \\ \varepsilon_1 = \dfrac{\sigma_1}{E} = \dfrac{\sigma_2}{E}\cos^2\theta \\ \varepsilon_2 = \dfrac{P}{EA(1+2\cos^3\theta)}\end{array}\right\} \tag{8-18}$$

当 $\sigma_2 = \sigma_s$ 时,桁架将处于弹塑性临界性状态,此时对应的 P 值为

$$P = P_e = \sigma_s A(1+2\cos^3\theta) \tag{8-19}$$

式中:P_e 称为弹性极限载荷.

当力 $P = P_e$ 时,点 O 的位移记为 δ_e,为

$$\delta_e = \varepsilon_2 L = \dfrac{\sigma_s L}{E} \tag{8-20}$$

(2) 当 $P > P_e$,杆1和杆3仍处于弹性状态时,有

$$\sigma_1 = E\varepsilon_1 \tag{8-21}$$

$$\sigma_2 = \sigma_s \tag{8-22}$$

联立方程式(8-14)～式(8-15)及式(8-21)～式(8-22),有

$$\left.\begin{array}{l}\sigma_2 = \sigma_s \\ \sigma_1 = \dfrac{P/A - \sigma_s}{2\cos\theta} \\ \varepsilon_1 = \dfrac{\sigma_1}{E} = \dfrac{P/A - \sigma_s}{2E\cos\theta} \\ \varepsilon_2 = \dfrac{\varepsilon_1}{\cos^2\theta}\end{array}\right\} \tag{8-23}$$

在这一阶段,杆2处于塑性流动阶段,但不是自由流动,而是受杆1和杆3的约束流动.随着 P 的增加,当杆1和杆3的应力也达到屈服极限 σ_s 时,三杆全部进入塑性流动阶段,此时结构丧失了进一步的承载能力,变形不再受到任何约束,对应的载荷称为塑性极限载荷 P_s,由式(8-23)第二式,有

$$P_s = \sigma_s A(1+2\cos\theta) \tag{8-24}$$

此时点 O 的位移记为 δ_s,有

$$\delta_s = \dfrac{\sigma_s L}{E\cos^2\theta} = \dfrac{\delta_e}{\cos^2\theta} \tag{8-25}$$

比较弹性极限载荷与塑性极限载荷,有

$$\dfrac{P_s}{P_e} = \dfrac{1+2\cos\theta}{1+2\cos^3\theta} \tag{8-26}$$

当 $\theta=30°$ 时,$\delta_s/\delta_e=1.33$,$P_s/P_e=1.19$;
当 $\theta=45°$ 时,$\delta_s/\delta_e=2$,$P_s/P_e=1.41$.

这表明塑性极限状态与弹性极限状态相比有较大的变形,但承载能力也有不小的提高.桁架的载荷—挠度曲线如图 8-2 所示.

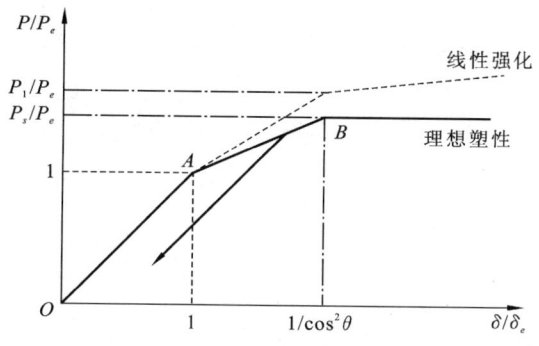

图 8-2 桁架的载荷-挠度曲线

(3) 进入弹塑性阶段后卸载.

设加载到 P^*($P_e<P^*<P_s$)后卸载,由于卸载服从弹性规律,若卸载 ΔP,杆内应力应变增量满足式(8-18),利用式(8-19),有

$$\left.\begin{aligned} \Delta\sigma_2 &= \frac{\Delta P}{P_e}\sigma_s \quad \Delta\sigma_1 = \frac{\Delta P}{P_e}\sigma_s\cos^2\theta \\ \Delta\varepsilon_2 &= \frac{\Delta\sigma_2}{E} \quad \Delta\varepsilon_1 = \frac{\Delta\sigma_1}{E} \end{aligned}\right\} \tag{8-27}$$

所以,杆中应力应变的解答为

$$\left.\begin{aligned} \sigma_2^{\Delta p} &= \sigma_2^{P^*} - \Delta\sigma_2 \quad \Delta\sigma_1^{\Delta p} = \sigma_1^{P^*} - \Delta\sigma_1 \\ \varepsilon_2^{\Delta p} &= \varepsilon_2^{P^*} - \Delta\varepsilon_2 \quad \varepsilon_1^{\Delta p} = \varepsilon_1^{P^*} - \Delta\varepsilon_1 \end{aligned}\right\} \tag{8-28}$$

式中:上标 ΔP 表示卸载量为 ΔP;上标 P^* 表示上标量对应着加载力为 P^* 时的应力应变状态.

若将 P^* 全部卸除,即 $\Delta P=P^*$,则从式(8-28)可得残余应力与残余应变如下:

$$\left.\begin{aligned} \sigma_1^0 &= \frac{(P^*-P_e)\sigma_s}{2P_e\cos\theta}>0 \\ \sigma_2^0 &= -\frac{(P^*-P_e)\sigma_s}{P_e}<0 \\ \varepsilon_1^0 &= \sigma_1^0/E>0 \\ \varepsilon_2^0 &= \varepsilon_1^0/\cos^2\theta>0 \end{aligned}\right\} \tag{8-29}$$

若材料是线性强化的,则上面的求解从 $P>P_e$ 时起需重新进行.如杆 2 应力大于屈服应力 σ_s,杆 1 和杆 3 的应力仍处于弹性区间,则杆 1 和杆 3 的本构关系仍为式(8-21),而杆 2 的应力改写如下:

$$\sigma_2 = \sigma_s + E'(\varepsilon_2-\varepsilon_s) \tag{8-30}$$

联立式(8-14)、式(8-15)、式(8-21)和式(8-30),有

$$\left.\begin{array}{l}\sigma_2=\dfrac{1}{1+2(1+KE)\cos^3\theta}\left(\dfrac{P}{A}+2KE\sigma_s\cos^3\theta\right)\\[2mm]\sigma_1=(1+KE)\sigma_2\cos^2\theta-KE\sigma_s\cos^2\theta\\[2mm]\varepsilon_1=\dfrac{\sigma_1}{E}\\[2mm]\varepsilon_2=\dfrac{\sigma_2}{E}+K(\sigma_2-\sigma_s)\end{array}\right\} \quad (8\text{-}31)$$

式中

$$K=\frac{1}{E'}-\frac{1}{E}$$

节点 O 的挠度为

$$\delta=\frac{(1+2\cos^3\theta)P/P_e-1+E'/E}{2\cos^3\theta+E'/E}\delta_e \quad (8\text{-}32)$$

随着载荷的增加,当 $\sigma_1=\sigma_3=\sigma_s$ 时,对应的载荷记为 P_1:

$$P_1=\sigma_s A\left(1+2\cos\theta+\frac{E'\tan^2\theta}{E}\right) \quad (8\text{-}33)$$

与理想塑性的 P_s 相比,有

$$\frac{P_1}{P_s}=1+\frac{E'\tan^2\theta}{E(1+2\cos\theta)} \quad (8\text{-}34)$$

若 $E'/E=0.1, \theta=30°$ 时, $P_1/P_s=1.012$; 当 $\theta=45°$ 时, $P_1/P_s=1.041$.

这表明若采用理想塑性模型,所得结果的近似性还是较好的.在线性强化情况下的 P-δ 曲线也示意于图 8-2 中.

上面的求解没有引进其他假定,所以在线性强化模型下是一准确的解答.显而易见,求解过程采用的是材料力学方法:式(8-14)是节点 O 的平衡方程,即是三杆之间的受力关系,不是弹塑性力学描述一个微元体受力的平衡方程;式(8-15)描述的也是三杆之间的变形协调关系,而不是弹塑性力学的变形协调关系或几何方程,所以上述求解没有采用塑性力学传统方法(塑性增量或全量理论).随后两小节也将采用材料力学方法介绍,这也是介绍传统塑性力学方法的教科书所采用的,它们虽然没有采用塑性力学的自身理论方法求解,但结果是正确的.

8.3 加载路径对简单桁架应力应变状态的影响

仍以 8.2 节三杆桁架系统为例,但设 $\theta=45°$,并在其交汇点 O 处作用水平力 Q 和垂直向下的力 P,如图 8-3(a)所示.

设材料为理想弹塑性材料,现在来计算两种加载路径下的应力和 O 点位移.

路径 1:外载 (Q,P) 先由 $(0,0)$ 线性变化为 $(0,P_s)$,再在垂直位移 δ_y 保持不变的条件下增加 Q 使之达到 $\sqrt{2}A\sigma_s$ ($Q=\sqrt{2}A\sigma_s$ 对应图 8-3 仅受 Q 作用时的弹性极限载荷).

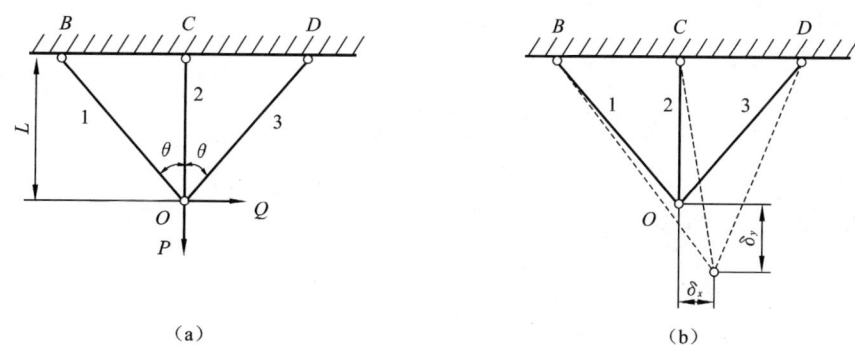

图 8-3 三杆桁架系统

路径 2：外载 (Q,P) 由 $(0,0)$ 按比例 $P=\dfrac{\sqrt{2}}{2}Q$ 单调地加载到 $(\sqrt{2}A\sigma_s, A\sigma_s)$.

以上两种加载路径如图 8-4(a)所示. 分析表明, 这两种加载路径的外载终值是一样的.

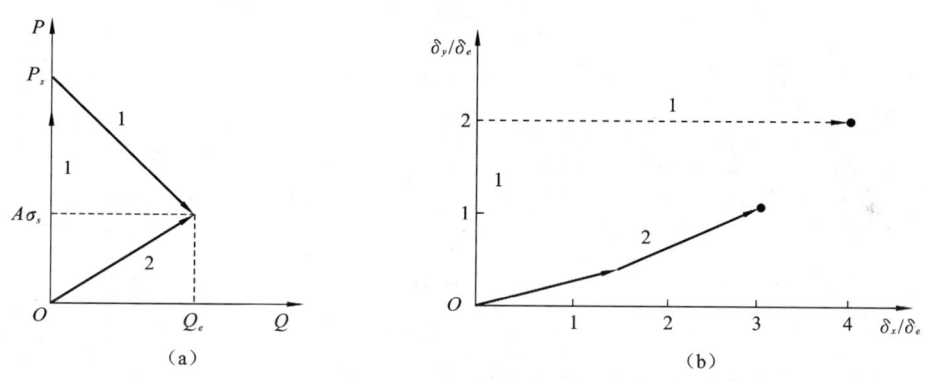

图 8-4 两种加载路径与结点 O 位移

设受力后 O 点的水平位移和垂直位移分别为 δ_x, δ_y, 如图 8-3(b)所示. 又定义第 i 根杆（$i=1,2,3$）的应力为 σ_i, 应变为 ε_i, 则有如下静力平衡方程:

$$\left.\begin{aligned}\sigma_2+\frac{\sqrt{2}}{2}(\sigma_1+\sigma_3)&=P/A\\ \frac{\sqrt{2}}{2}(\sigma_1-\sigma_3)&=Q/A\end{aligned}\right\} \quad (8\text{-}35)$$

从变形前后的位形可得以下几何关系:

$$\left.\begin{aligned}\varepsilon_1&=(\delta_y+\delta_x)/2L\\ \varepsilon_2&=\delta_y/L\\ \varepsilon_3&=(\delta_y-\delta_x)/2L\end{aligned}\right\} \quad (8\text{-}36)$$

由式(8-36)可知协调条件为

$$\varepsilon_2=\varepsilon_1+\varepsilon_3 \quad (8\text{-}37)$$

(1) 路径 1

由以前计算结果可知,当 $Q=0, P=P_s$ 时,

$$\sigma_1=\sigma_2=\sigma_3=\sigma_s \qquad \delta_y=2\delta_e=2\left(\frac{\sigma_s L}{E}\right)$$

如果保持 $\delta_y=2\delta_e$ 不变而施加水平方向的载荷 Q,使点 O 有一个水平方向的位移增量 $\Delta\delta_x=\delta_x>0$,则由几何关系式(8-36),有

$$\Delta\varepsilon_1=\frac{\Delta\delta_x}{2L}>0 \qquad \Delta\varepsilon_2=\frac{\Delta\delta_y}{L}=0 \qquad \Delta\varepsilon_3=-\frac{\Delta\delta_x}{2L}<0$$

可知第 1 杆和第 2 杆并未卸载,因此有

$$\sigma_1=\sigma_2=\sigma_s \qquad \Delta\sigma_1=\Delta\sigma_2=0$$

而第 3 杆以弹性规律卸载:

$$\Delta\sigma_3=E\Delta\varepsilon_3=-E\left(\frac{\delta_x}{2L}\right) \tag{8-38}$$

于是,由式(8-35)可求得载荷增量为

$$\Delta P=\left(\frac{\sqrt{2}A}{2}\right)\Delta\sigma_3 \qquad Q=\Delta Q=-\left(\frac{\sqrt{2}A}{2}\right)\Delta\sigma_3=-\Delta P \tag{8-39}$$

式(8-39)表明,Q 和 P 之间的变化规律是线性的.

当杆 3 卸载到 $\sigma_3=-\sigma_s$ 时,由 $\Delta\sigma_3=-2\sigma_s$,得

$$Q=\Delta Q=\sqrt{2}A\sigma_s \qquad \Delta P=-\sqrt{2}A\sigma_s \qquad P=P_s+\Delta P=A\sigma_s$$

这时三根杆恰又同时屈服,结构再次进入塑性流动状态,各杆的应力为

$$\sigma_1=\sigma_2=\sigma_s \qquad \sigma_3=-\sigma_s \tag{8-40}$$

水平位移 δ_x 可由式(8-38)取 $\Delta\sigma_3=-2\sigma_s$ 求得,垂直位移 δ_y 始终不变.因此有

$$\delta_x=4\delta_e \qquad \delta_y=2\delta_e \tag{8-41}$$

对应路径 1 的结点 O 位移的变化情况如图 8-4(b)所示.

(2) 路径 2

在第 2 种路径下,外载 (Q,P) 由 $(0,0)$ 按单调的比例加载而达到 $(\sqrt{2}A\sigma_s, A\sigma_s)$. 对应于图 8-4 中的路径 2.

由于加载时始终有关系式 $Q=\sqrt{2}P$,故当外载 (Q,P) 较小时,三杆均会处于弹性阶段,联立方程式(8-35)~式(8-37)及 $\sigma_1=E\varepsilon_1$, $\sigma_2=E\varepsilon_2$,得弹性解

$$\left.\begin{aligned}\sigma_1&=\left(\frac{1}{2+\sqrt{2}}+1\right)\frac{P}{A}>0\\\sigma_2&=\left(\frac{2}{2+\sqrt{2}}\right)\frac{P}{A}>0\\\sigma_3&=\left(\frac{1}{2+\sqrt{2}}-1\right)\frac{P}{A}<0\end{aligned}\right\} \tag{8-42}$$

式(8-42)表明:杆 1 中的应力最大,随着 P 和 $Q=\sqrt{2}P$ 的增长,杆 1 将先于其余两杆达到屈服状态,当 $\sigma_1=\sigma_s$ 时,有

第 8 章 塑性力学传统方法存在的问题与解答分析

$$P = P'_e = \left(\frac{2+\sqrt{2}}{3+\sqrt{2}}\right) A\sigma_s$$

此时各杆的应力为

$$\sigma_1^e = \sigma_s \quad \sigma_2^e = \left(\frac{2}{3+\sqrt{2}}\right)\sigma_s \quad \sigma_3^e = -\left(\frac{1+\sqrt{2}}{3+\sqrt{2}}\right)\sigma_s \tag{8-43}$$

再由各杆的应变值 $\varepsilon_i^e = \sigma_i^e/E$ ($i=1,2,3$) 和几何关系式(8-36),可求得此时 O 点的位移值为

$$\left.\begin{array}{l}\delta_x^e = 2\left(\dfrac{2+\sqrt{2}}{3+\sqrt{2}}\right)\dfrac{\sigma_s L}{E} = 2\left(\dfrac{2+\sqrt{2}}{3+\sqrt{2}}\right)\delta_e \\ \delta_y^e = \left(\dfrac{2}{3+\sqrt{2}}\right)\dfrac{\sigma_s L}{E} = \left(\dfrac{2}{3+\sqrt{2}}\right)\delta_e\end{array}\right\} \tag{8-44}$$

如果继续按比例加载,则杆 1 进入屈服流动阶段,$\sigma_1 = \sigma_s$, $\Delta\sigma_1 = 0$. 故由 $\Delta Q = \sqrt{2}\Delta P$ 和式(8-35)的增量形式有

$$\Delta\sigma_2 = (1+\sqrt{2})\frac{\Delta P}{A} > 0 \quad \Delta\sigma_3 = -2\frac{\Delta P}{A} < 0 \tag{8-45}$$

这说明杆 2 继续受拉,第 3 杆继续受压.利用式(8-43)和式(8-45),可得各杆应力为

$$\left.\begin{array}{l}\sigma_1 = \sigma_s \\ \sigma_2 = \sigma_2^e + \Delta\sigma_2 = \dfrac{2}{3+\sqrt{2}}\sigma_s + \dfrac{1+\sqrt{2}}{A}\Delta P \\ \sigma_3 = \sigma_3^e + \Delta\sigma_3 = -\dfrac{1+\sqrt{2}}{3+\sqrt{2}}\sigma_s - \dfrac{2}{A}\Delta P\end{array}\right\} \tag{8-46}$$

当

$$\Delta P = \left(\frac{1}{3+\sqrt{2}}\right) A\sigma_s$$

三杆同时进入塑性状态,代入式(8-46),有

$$\sigma_1 = \sigma_2 = \sigma_s \quad \sigma_3 = -\sigma_s \tag{8-47}$$

这和路径 1 的最终应力状态式(8-40)完全相同,此时的外载终值也和路径 1 的外载终值相同.

利用式(8-45),有

$$\Delta\varepsilon_2 = \Delta\sigma_2/E = (1+\sqrt{2})\left(\frac{\Delta P}{AE}\right)$$

$$\Delta\varepsilon_3 = \Delta\sigma_3/E = -\frac{2\Delta P}{AE}$$

再利用式(8-36)的增量形式

$$\Delta\delta_x = (\Delta\varepsilon_2 - 2\Delta\varepsilon_3)L \quad \Delta\delta_y = \Delta\varepsilon_2 L$$

便可求出对应于 $\Delta P = \left(\dfrac{1}{3+\sqrt{2}}\right)A\sigma_s$ 时的位移增量

$$\Delta\delta_x = \left(\frac{5+\sqrt{2}}{3+\sqrt{2}}\right)\delta_e \qquad \Delta\delta_y = \left(\frac{1+\sqrt{2}}{3+\sqrt{2}}\right)\delta_e \tag{8-48}$$

将式(8-48)和式(8-44)的位移叠加,便有最终位移

$$\delta_x = 3\delta_e \qquad \delta_y = \delta_e \tag{8-49}$$

比较式(8-41)和式(8-49)可知,在上述两种加载路径下,尽管外载终值和杆内最终应力值均相同,各杆的应变和 O 点最终位移值却是不同的. 路径 2 的结点 O 位移的变化情况也如图 8-4(b)所示.

上例展示了塑性力学问题的一个重要特点:应力应变的非一一对应性,它们与加载路径及历史相关.

8.4 几何非线性的影响

仍以图 8-1 所示问题为例,但取 $\theta=45°$. 该例的平衡方程式(8-14)和几何关系式(8-15)是在小变形的假设下建立的. 当杆件的塑性变形很大时,结构几何尺寸的改变将会产生显著的影响,小变形情况下的一些处理方法,如在受载前的几何位形上建立平衡方程,已是不合适的. 这时可采用真应力 $\tilde{\sigma}_i$ 和对数应变 $\tilde{\varepsilon}_i$ 来进行讨论.

假定材料是刚塑性线性强化的:

$$\tilde{\sigma}_i = E'\tilde{\varepsilon}_i + \sigma_s \quad (i=1,2,3) \tag{8-50}$$

而且满足不可压缩条件

$$\begin{cases} L_1 A_1 = L_3 A_3 = \sqrt{2} LA \\ L_2 A_2 = LA \end{cases} \tag{8-51}$$

式中:$L_i, A_i\ (i=1,2,3)$ 分别表示杆 1~3 的长度和横截面面积.

令 $\alpha = \varepsilon_2 = \delta/L$,$L_i'\ (i=1,2,3)$ 表示杆 1~3 变形后的长度,则变形后各杆长及对数应变为

$$L_1' = \sqrt{(L+\delta)^2 + L^2} = \sqrt{2}L\sqrt{1+\alpha+\frac{1}{2}\alpha^2}$$

$$L_2' = L+\delta = L(1+\alpha)$$

$$\tilde{\varepsilon}_1 = \ln(L_1'/L_1) = \frac{1}{2}\ln\left(1+\alpha+\frac{1}{2}\alpha^2\right)$$

$$\tilde{\varepsilon}_2 = \ln(L_2'/L_2) = \ln(1+\alpha)$$

用 $A_i'\ (i=1,2,3)$ 表示杆 1~3 变形后的横截面面积,θ' 表示 θ 变化后的值,利用不可压缩条件式(8-51),有

$$A_1' = AL_1/L_1' = A\bigg/\sqrt{1+\alpha+\frac{1}{2}\alpha^2}$$

$$A_2' = AL/L_2' = A/(1+\alpha)$$

$$\cos\theta' = L_2'/L_1' = (1+\alpha)\bigg/\sqrt{2\left(1+\alpha+\frac{1}{2}\alpha^2\right)}$$

再以变形后的位形建立平衡方程,有
$$2A_1'\tilde{\sigma}_1\cos\theta' + A_2'\tilde{\sigma}_2 = P$$
将式(8-50)代入上式,有
$$2A_1'(E'\tilde{\varepsilon}_1 + \sigma_s)\cos\theta' + A_2'(E'\tilde{\varepsilon}_2 + \sigma_s) = P$$
代入相关值,整理后,有
$$P = A\sigma_s\left[\frac{1}{1+\alpha} + \frac{\sqrt{2}(1+\alpha)}{1+\alpha+\frac{1}{2}\alpha^2}\right] + AE'\left[\frac{\ln(1+\alpha)}{1+\alpha} + \frac{(1+\alpha)\ln\left(1+\alpha+\frac{1}{2}\alpha^2\right)}{\sqrt{2}\left(1+\alpha+\frac{1}{2}\alpha^2\right)}\right] \quad (8\text{-}52)$$

这样便得到了 P 与 α 之间的非线性关系,如图 8-5 所示.

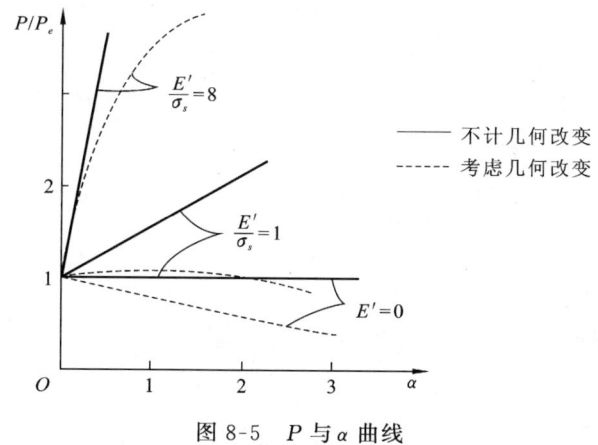

图 8-5 P 与 α 曲线

随着 $\alpha = \delta/L$ 的增长,P 的值将会由于强化效应和 θ 角的减小而提高,但也会随着杆件截面积的收缩而下降.故当 α 很大时,结构可能将变成不稳定的.

8.5 矩形截面梁的弹塑性弯曲

8.5.1 理想弹塑性梁的弯曲

1. 纯弯曲梁

纯弯曲矩形截面梁如图 8-6 所示.用传统方法求解时,首先认定材料力学中对梁的两个假定仍然成立,即

(1) 平截面假定:梁的横截面变形之后仍然保持平面.

(2) 仅横截面上的正应力是主要的,其他应力分量都可忽略.这一假定使问题变成简单应力状态的问题.

学习过弹性力学后,我们可体会到弹性力学理论与求解的严密,传统方法的上述假定

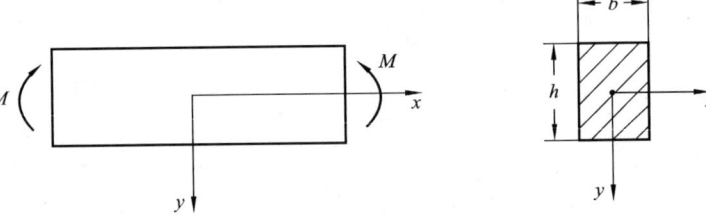

图 8-6 纯弯曲梁

使高等力学的研究方法又退回到了初等力学.

求解时,将两端的外载作等效处理,设形成纯弯曲的外载等效后的弯矩为 M,则横截面上的正应力满足以下关系:

$$b\int_{-h/2}^{h/2}\sigma(y)\mathrm{d}y = 0 \tag{8-53}$$

$$M = b\int_{-h/2}^{h/2}\sigma(y)y\mathrm{d}y = 2b\int_{0}^{h/2}\sigma(y)y\mathrm{d}y \tag{8-54}$$

由平截面假设,有

$$\varepsilon = Ky \tag{8-55}$$

式中:K 为曲率.

设挠度 w 向下为正,则在小变形情形下,有

$$K = -\frac{\mathrm{d}^2 w}{\mathrm{d}x^2} \tag{8-56}$$

随着 M 从零开始增大,截面上的应力应变先处于弹性阶段

$$\sigma = E\varepsilon = EKy \tag{8-57}$$

代入式(8-54),有

$$M = 2bEK\int_{0}^{h/2}y^2\mathrm{d}y = EIK \tag{8-58}$$

式中

$$I = 2b\int_{0}^{h/2}y^2\mathrm{d}y = \frac{1}{12}bh^3$$

是截面的惯性矩.

将式(8-58)回式(8-44),得

$$\sigma = My/I \tag{8-59}$$

这样便有截面上应力分布与 y 成比例,上、下最外层的应力最先达到屈服,对应的弯矩为弹性极限弯矩 M_e:

$$M_e = \frac{2\sigma_s I}{h} = \frac{bh^2}{6}\sigma_s \tag{8-60}$$

对应的曲率由式(8-57),得

$$K_e = \frac{2\sigma_s}{Eh} \tag{8-61}$$

当 $M>M_e$ 时,塑性区将逐步向内扩大,如图 8-7(a)所示.当弹塑性交界面处于 $|y|=\zeta h/2$ 时,截面上的弯矩 $M(\zeta)$ 为

$$M(\zeta)=\frac{M_e}{2}(3-\zeta^2) \tag{8-62}$$

随着 M 的增加,$\zeta\to 0$,最后有

$$M_s=\frac{1}{4}\sigma_s bh^2=\frac{3}{2}M_e$$

称为塑性极限弯矩,此时应力分布如图 8-7(b)所示.

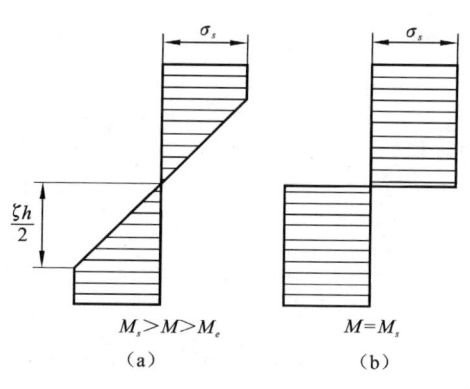

图 8-7 塑性区变化图

对于矩形截面 $M_s/M_e=1.50$. 类似地,还可求出其他对称截面梁的比值,例如,圆截面 $M_s/M_e=1.70$;薄管 $M_s/M_e=1.27$;工字梁约为 $M_s/M_e=1.07$.

当 $M>M_e$ 后,上、下边缘部分纤维进入塑性屈服流动阶段,但由于中间部分还处于弹性阶段,由平截面假定可知上、下边缘部分纤维的塑性流动是受限的,它随曲率变化而变化.这时梁的曲率完全由中间弹性部分控制,由式(8-55)可得

$$K=\frac{\varepsilon_s}{\zeta h/2}=\frac{K_e}{\zeta} \tag{8-63}$$

代回式(8-62)有

$$\frac{M}{M_e}=\frac{1}{2}\left[3-\left(\frac{K_e}{K}\right)^2\right] \tag{8-64}$$

式(8-64)的关系如图 8-8 所示,有时也把 M/M_e-K/K_e 曲线用图 8-8 中的折线 OAB 来近似表示.

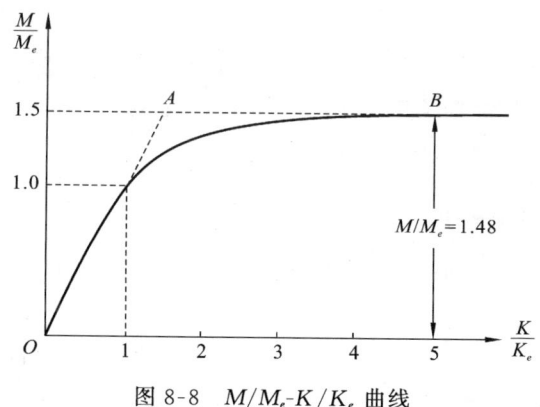

图 8-8 M/M_e-K/K_e 曲线

2. 纯弯曲梁卸载情形

卸载时 M-K 完全服从弹性规律,因此从 $M^*(>M_e)$ 卸载到零,残余曲率 K^0 就是从式(8-64)减去与 M^* 对应的弹性曲率,得

$$\frac{K^0}{K_e} = \frac{1}{\sqrt{3-2M^*/M_e}} - \frac{M^*}{M_e}$$

残余应力 σ^0 为卸载时的应力状态减去与 M^* 对应的弹性应力,如图 8-9 所示. 在 $y>0$ 的区域可表为

$$\sigma^0 = \begin{cases} \sigma_s - \dfrac{M^* y}{I}, & \dfrac{\zeta^* h}{2} \leqslant y \leqslant \dfrac{h}{2} \\ \dfrac{\sigma_s y}{\zeta^* h/2} - \dfrac{M^* y}{I}, & 0 \leqslant y \leqslant \dfrac{\zeta^* h}{2} \end{cases}$$

式中: $\zeta^* = \dfrac{K_e}{K^*}$; K^* 与 M^* 的关系满足式(8-64).

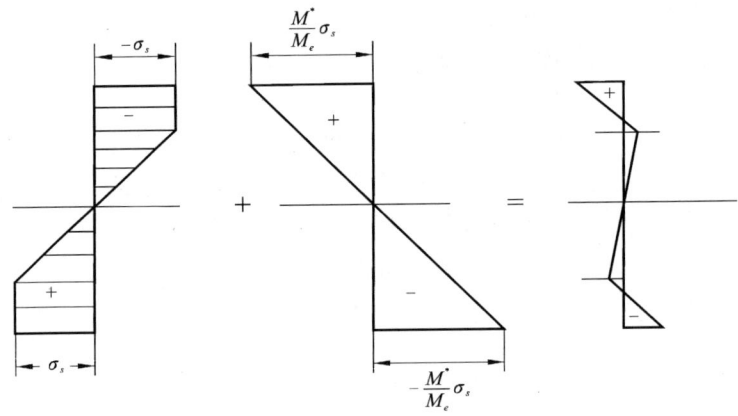

图 8-9 残余应力分布图

由于卸载时边缘上最大的应力变化为 $(M_s/M_e)\sigma_s \leqslant 1.5\sigma_s$,因此不会出现反向屈服的问题.

有一点要注意的是,当 $M \to M_s$ 时,截面上 $y = \pm 0$ 处纤维的正应力将从 $+\sigma_s$ 突变到 $-\sigma_s$,这在传统方法里称为应力间断,应用传统方法求解时常出现这种情况,这是模型带来的问题,现实中应不会出现这种情况.

3. 横向载荷作用下梁的弹塑性分析

考虑如图 8-10 所示的矩形截面悬臂梁,在端点受集中力 P 的作用. 传统方法求解时首先忽略剪应力的存在.

由于固定端弯矩最大,A 与 B 两点将首先进入塑性状态. 这时对应的弹性极限载荷 P_e,可由材料力学的结果求得

$$P_e L = M_e$$
$$P_e = \frac{M_e}{L} = \frac{\sigma_s b h^2}{6L} \tag{8-65}$$

$P > P_e$ 后弯矩分布形式仍不变,在 $x = \xi$ 处,当 $P(L-\xi) = M_e$ 时开始进入塑性阶段,在 $x \leqslant \xi$ 的各截面,都有部分进入塑性,弹塑性交界线可利用式(8-62)求得

$$\zeta(x) = \pm(3-2|M|/M_e)^{1/2}$$
$$= \pm[3-2P(L-x)/P_eL]^{1/2} \quad (x \leqslant \xi) \tag{8-66}$$

当 $x=0$ 处弯矩达到塑性极限弯矩时,也即 $M=-M_s$,或 $P=P_s=\dfrac{3}{2}P_e$ 时,梁的固定端处于塑性流动状态,曲率 K 可以任意增长,悬壁梁丧失进一步承受载能力. P_s 称为梁的塑性极限载荷. 设此时梁进入塑性状态的区段 $\xi=\xi^0$,则由

$$P_s(L-\xi^0) = M_e = P_eL$$

可得 $\xi^0 = L/3$.

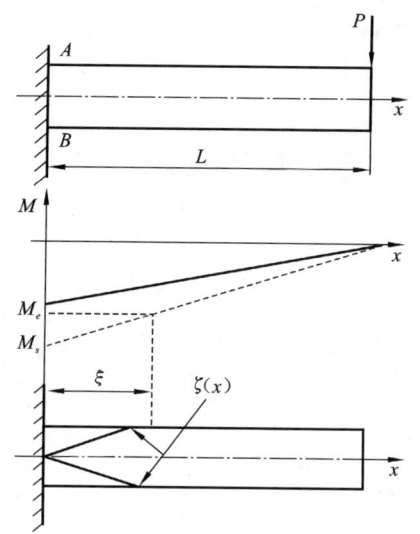

图 8-10 横向载荷作用下的矩形截面悬臂梁

当一个截面处的弯矩 M 到达塑性极限弯矩时,曲率 K 可以任意增长,就好像一个铰样,经典方法称这样的铰为塑性铰,它和通常的铰有两点区别:

(1) 通常的铰不承受弯矩,而塑性铰保持 $|M|=M_s$;

(2) 通常的铰可以两个方向弯曲,而塑性铰不能反向弯曲,当 $|M|$ 减小时产生卸载,需按弹性计算.

再来介绍梁的挠度计算.

在 $P=P_e$ 时全梁还是弹性的,各截面的曲率可用式(8-58)表示为

$$\frac{K}{K_e} = \frac{M}{M_e} = -\frac{L-x}{L}$$

因

$$\frac{d^2w}{dx^2} = -K = K_e\left(1-\frac{x}{L}\right)$$

考虑边值条件

$$w(x)\big|_{x=0} = \frac{dw(x)}{dx}\bigg|_{x=0} = 0$$

可求得 $x=L$ 处挠度

$$\delta_e = w\big|_{x=L} = K_eL^2/3 \tag{8-67}$$

当 $P=P_s$ 时,将 $P/P_e=3/2$ 代入式(8-66),得

$$\zeta(x) = \pm\sqrt{\frac{3x}{L}}$$

由式(8-63)可得塑性区 $0 \leqslant x \leqslant \xi^0 = \dfrac{L}{3}$ 的曲率方程式为

$$\frac{d^2w_1}{dx^2} = K_e\bigg/\sqrt{\frac{3x}{L}}$$

而在弹性区 $\frac{L}{3} \leqslant x \leqslant L$,曲率方程式为

$$\frac{d^2 w_2}{dx^2} = \frac{3}{2} K_e \left(1 - \frac{x}{L}\right)$$

利用边值条件和在 $\xi = L/3$ 处的连接条件,可求得

$$w_1 = \frac{4}{3\sqrt{3}} K_e (Lx^3)^{1/2}$$

$$w_2 = \frac{1}{4} K_e L^2 \left[-\left(\frac{x}{L}\right)^3 + 3\left(\frac{x}{L}\right)^2 + \left(\frac{x}{L}\right) - \frac{1}{27}\right]$$

$$\delta_s = w_2 |_{x=L} = \frac{20}{27} K_e L^2$$

于是,有

$$\frac{\delta_s}{\delta_e} = \frac{20}{9} \tag{8-68}$$

4. 求解存在的问题

求解时存在以下几个问题:

(1) 求解过程没有采用塑性力学自身的理论方法.

(2) 引进新的假定退回了材料力学方法,求解过程失去了弹性力学所有的严谨与严密,如纯弯曲时有假定:①平截面假定——梁的横截面变形之后仍然保持平面.②仅横截面上的正应力是主要的,其他应力分量都可忽略.在横向载荷作用下忽略了剪应力的存在.

(3) 纯弯曲梁完全卸载后,残余应力 σ^0 不等于零.第 9 章的准确解答表明 σ^0 应恢复至零,详见第 9 章 9.3 节.

下一小节"弹塑性强化材料矩形截面梁的弯曲"也没有应用自己的理论方法.归根结底的原因是塑性力学传统方法的方程组复杂,且有未确定好的内容,难以进行实际应用.

8.5.2 弹塑性强化材料矩形截面梁的弯曲

当采用

$$\sigma = \phi(\varepsilon) = E\varepsilon[1 - \omega(\varepsilon)]$$

作为一般强化材料的应力应变关系,式(8-54)可写为

$$M = 2bE \int_0^{h/2} \varepsilon y \, dy - 2bE \int_0^{h/2} \varepsilon \omega(\varepsilon) y \, dy \tag{8-69}$$

第一个积分是按照弹性计算的,而在弹性区内 $\omega(\varepsilon) = 0$,故利用式(8-55)和式(8-58),式(8-69)还可以写成

$$M = EIK - \frac{2bE}{K^2} \int_0^{Kh/2} \omega(\varepsilon) \varepsilon^2 \, d\varepsilon \tag{8-70}$$

若给定具体材料的 $\omega(\varepsilon)$,就可以对给定的曲率 K 求出对应的弯矩 M.反之,如果给定 M,需要用"弹性解"的迭代方法求对应的 K 和应力分布.

将式(8-69)写成

$$M = M^e - M_\omega$$

式中

$$M_\omega = 2bE \int_0^{h/2} \varepsilon\omega(\varepsilon)y\,dy$$

已知 M 时,先按纯弹性计算得 $K^{(0)} = M/EI$(也相当于先令 $\omega = 0$);再求 $\varepsilon^{(0)} = K^{(0)}y$;然后从 $\omega(\varepsilon)$ 求出实际对应的 $\omega^{(1)}$,代回式(8-69)的第二个积分求出 $M_\omega^{(1)}$.利用

$$\varepsilon^{(1)} = K^{(1)}y = \frac{M + M_\omega^{(1)}}{EI}y$$

$$\sigma_\omega^{(1)} = E\varepsilon^{(1)}(1 - \omega^{(1)})$$

可得第一次近似的应变与应力.再从 $\omega(\varepsilon)$ 求出对应的 $\omega^{(2)}$,代回(8-69)第二个积分中求出 $M_\omega^{(2)}$,再从

$$\varepsilon^{(2)} = K^{(2)}y = \frac{M + M_\omega^{(2)}}{EI}y$$

$$\sigma_\omega^{(2)} = E\varepsilon^{(2)}(1 - \omega^{(2)})$$

得第二次近似.如此类推,以求得更高次近似.

8.6 理想弹塑性材料厚壁圆柱筒的弹塑性分析

受内压的厚壁容器是工程中常见的结构物.这里只讨论圆柱形筒,例如炮筒、压力气缸和高压罐等.介绍完传统方法对此问题的求解后,我们再讨论解答存在的问题.

现考虑一个内径为 a,外径为 b 的长圆柱筒在均匀内压 p 的作用下的弹塑性变形问题.由于问题是轴对称的,故可采用柱坐标 (r, θ, z).又因为筒体很长,所以上述问题还可能简化为平面应变问题:

$$\varepsilon_z = \varepsilon_0 = \text{const} \qquad \varepsilon_{rz} = 0$$

注意到应力、应变和位移都只是半径 r 的函数,基本方程可写为

平衡方程

$$\frac{d\sigma_r}{dr} + \frac{\sigma_r - \sigma_\theta}{r} = 0 \tag{8-71}$$

几何关系

$$\varepsilon_r = \frac{du}{dr} \qquad \varepsilon_\theta = \frac{u}{r} \tag{8-72}$$

式中:u 为径向位移,由此得变形协调方程

$$\frac{d\varepsilon_\theta}{dr} + \frac{\varepsilon_\theta - \varepsilon_r}{r} = 0 \tag{8-73}$$

此外,还需补充本构关系和相应的边界条件:

$$\sigma_r = \begin{cases} -p, & r = a \\ 0, & r = b \end{cases} \tag{8-74}$$

$$T = 2\pi \int_a^b \sigma_z r\,dr \tag{8-75}$$

式(8-75)为筒体两端的圣维南应力边界条件,其中 T 为总的轴向力.

1. 弹性解

应力应变关系可写为

$$\left. \begin{array}{l} \varepsilon_r = \dfrac{1}{E}[\sigma_r - \mu(\sigma_\theta + \sigma_z)] \\[2mm] \varepsilon_\theta = \dfrac{1}{E}[\sigma_\theta - \mu(\sigma_z + \sigma_r)] \\[2mm] \varepsilon_z = \dfrac{1}{E}[\sigma_z - \mu(\sigma_r + \sigma_\theta)] = \varepsilon_0 \end{array} \right\} \quad (8\text{-}76)$$

将上式代入式(8-73)并利用平衡方程,可得

$$\frac{d(\sigma_r + \sigma_\theta)}{dr} - \mu \frac{d\sigma_z}{dr} = 0 \quad (8\text{-}77)$$

再对式(8-76)的最后一式求导,有

$$E \frac{d\varepsilon_z}{dr} = \frac{d\sigma_z}{dr} - \mu \frac{d(\sigma_r + \sigma_\theta)}{dr} = 0 \quad (8\text{-}78)$$

式(8-77)加上式(8-78)乘以 μ,有

$$\frac{d(\sigma_r + \sigma_\theta)}{dr} = 0 \qquad \frac{d\sigma_z}{dr} = 0$$

即

$$\sigma_r + \sigma_\theta = 2A = \text{const} \qquad \sigma_z = \text{const} \quad (8\text{-}79)$$

若引进应力函数 Φ:

$$\sigma_r = \frac{1}{r}\frac{d\Phi}{dr} \qquad \sigma_\theta = \frac{d^2\Phi}{dr^2}$$

上两式自动满足式(8-71)平衡方程,式(8-79)化为

$$\frac{d^2\Phi}{dr^2} + \frac{1}{r}\frac{d\Phi}{dr} = 2A$$

求解上式,有

$$\Phi = \frac{A}{2}r^2 - B\ln r + C$$

$$\sigma_r = A - \frac{B}{r^2} \qquad \sigma_\theta = A + \frac{B}{r^2}$$

利用边值条件,最终有

$$\left. \begin{array}{l} \sigma_r = \overline{p}\left(1 - \dfrac{b^2}{r^2}\right) \leqslant 0 \\[3mm] \sigma_\theta = \overline{p}\left(1 + \dfrac{b^2}{r^2}\right) > 0 \\[3mm] \sigma_z = 2\mu\overline{p} + E\varepsilon_0 = \dfrac{T}{\pi(b^2 - a^2)} \\[3mm] u = \left(\dfrac{1+\mu}{E}\right)\overline{p}\left[(1-2\mu)r + \dfrac{b^2}{r}\right] - \mu\varepsilon_0 r \end{array} \right\} \quad (8\text{-}80)$$

式中

$$\bar{p} = \frac{a^2}{b^2-a^2}p \qquad \varepsilon_0 = \frac{T-2\mu\pi a^2 p}{\pi E(b^2-a^2)}$$

式(8-80)表明,在 $r=b$ 处, $\sigma_r|_{r=b}=0$,为 σ_r 的最大值; $\sigma_\theta|_{r=b}=2\bar{p}$,为 σ_θ 的最小值.因此,当 $0 \leqslant \sigma_z \leqslant 2\bar{p}$ 时, σ_z 便为中间主应力,这相当于条件

$$0 \leqslant \frac{T}{\pi(b^2-a^2)} \leqslant \frac{2a^2 p}{b^2-a^2} \tag{8-81}$$

或

$$0 \leqslant T \leqslant 2\pi a^2 p \tag{8-82}$$

当两端自由时 $T=0$,两端封闭时 $T=\pi a^2 p$,它们均满足式(8-82),说明 σ_z 是中间主应力.这样可采用 Tresca 屈服条件确定弹性极限内压 p_e:

$$\sigma_\theta - \sigma_r = 2\bar{p}\frac{b^2}{r^2} = \sigma_s \tag{8-83}$$

在 $r=a$ 处将首先进入屈服状态,对应的内压即为

$$p_e = \frac{\sigma_s}{2}\left(1 - \frac{a^2}{b^2}\right) \tag{8-84}$$

如在弹性范围内进行设计,对给定的 a 和 σ_s,要增加筒体所能承受的内压,就必须增加壁厚(即 b 值),但 p_e 的值不可能超过 $\frac{\sigma_s}{2}$.

2. 弹塑性解

当内压 $p > p_e$ 时,塑性区将逐渐从内径 $r=a$ 处向外扩张.设弹性区和塑性区的交界处在 $r=c$,则需分别对塑性区 $a \leqslant r \leqslant c$ 和弹性区 $c \leqslant r \leqslant b$ 进行计算.

(1) 塑性区 $a \leqslant r \leqslant c$ 的解

经典方法首先假定 σ_z 仍为中间主应力(这一假定的合理性稍后再讨论).采用 Tresca 屈服条件 $\sigma_\theta - \sigma_r = \sigma_s$ 时,可将平衡方程式(8-71)写为

$$\frac{d\sigma_r}{dr} = \frac{\sigma_s}{r}$$

积分之,并利用应力边界条件 $\sigma_r|_{r=a} = -p$,求得

$$\left.\begin{array}{l}\sigma_r = -p + \sigma_s \ln\dfrac{r}{a} \\ \sigma_\theta = -p + \sigma_s\left(1 + \ln\dfrac{r}{a}\right)\end{array}\right\} \tag{8-85}$$

由于在求 σ_r, σ_θ 时只用到了屈服条件和平衡方程,并未用到几何关系,故对应力 σ_r 和 σ_θ 而言,上述简化处理方法使原本的超静定问题简化为静定问题.

(2) 弹性区 $c \leqslant r \leqslant b$ 的解

若将内层塑性区对外层弹性区的压应力 $\sigma_r|_{r=c}$ 看成作用于内径为 c、外径为 b 的弹性

圆筒上的内压力,则可直接利用式(8-80)得到相应的解,这时仅需把式(8-80)中的 a 改为 c, 内压 p 改为

$$\sigma_r|_{r=c} = \overline{p}_e = \frac{\sigma_s}{2}\left(1-\frac{c^2}{b^2}\right)$$

于是,有

$$\left.\begin{array}{l}\sigma_r = \dfrac{\sigma_s c^2}{2b^2}\left(1-\dfrac{b^2}{r^2}\right)\\[2mm] \sigma_\theta = \dfrac{\sigma_s c^2}{2b^2}\left(1+\dfrac{b^2}{r^2}\right)\\[2mm] u = \dfrac{(1+\mu)\sigma_s}{2E}\left(\dfrac{c^2}{b^2}\right)\left[(1-2\mu)r+\dfrac{b^2}{r}\right]-\mu\varepsilon_0 r\end{array}\right\} \quad (8\text{-}86)$$

利用弹塑性区交界处正应力 σ_r 的连续条件,可求得 c 和 p 之间应满足的关系式

$$\frac{p}{\sigma_s} = \ln\frac{c}{a} + \frac{1}{2}\left(1-\frac{c^2}{b^2}\right) \qquad (8\text{-}87)$$

当 $c=b$ 时,塑性区扩展到整个圆筒,内压 p 已不能再增加.

在式(8-87)中令 $c=b$,就得到塑性极限压力

$$p_s = \sigma_s \ln\frac{b}{a} \qquad (8\text{-}88)$$

以上结果是在 σ_z 为塑性区的中间主应力的假定下得到的. 现来介绍这一假定的论证.

如果在塑性区中 σ_z 为中间主应力,则屈服条件可写为

$$\sigma_\theta - \sigma_r = \sigma_s$$

由流动法则可得 $d\varepsilon_z^p = 0$,积分 $d\varepsilon_z^p$ 并注意到初始时刻的 ε_z^p 为零,有 $\varepsilon_z^p = 0$. 因此,无论在弹性区还是在塑性区,轴向塑性应变 ε_z^p 总是恒等于零,所以,有

$$\varepsilon_0 = \varepsilon_z = \varepsilon_z^e = \frac{1}{E}[\sigma_z - \mu(\sigma_r + \sigma_\theta)]$$

即

$$\sigma_z = \mu(\sigma_r + \sigma_\theta) + E\varepsilon_0 \qquad (8\text{-}89)$$

为了给出由式(8-89)表示的 σ_z 为中间主应力所需的条件,现来计算 ε_0 值.

将式(8-89)代入端条件式(8-75),有

$$\begin{aligned}T &= 2\pi\int_a^b \sigma_z r\,\mathrm{d}r\\ &= 2\pi\left\{\int_a^c\left[-2\mu p + \mu\sigma_s\left(1+2\ln\frac{r}{a}\right)\right]r\,\mathrm{d}r + \int_c^b \mu\sigma_s\frac{c^2}{b^2}r\,\mathrm{d}r + \int_a^b E\varepsilon_0 r\,\mathrm{d}r\right\}\\ &= 2\pi a^2\mu p + E\varepsilon_0\pi(b^2-a^2)\end{aligned}$$

即

$$\varepsilon_0 = \frac{T-2\mu\pi a^2 p}{\pi E(b^2-a^2)} \qquad (8\text{-}90)$$

这与弹性解式(8-80)中的 ε_0 表达式完全相同.

假定 $\mu=\dfrac{1}{2}$（实际 μ 不等于 $\dfrac{1}{2}$），可证明当 T 和 p 之间满足式(8-82)时，σ_z 是塑性区内的中间主应力，故可将 σ_z 写为

$$\sigma_z=\frac{1}{2}(\sigma_r+\sigma_\theta)+\frac{T-\pi a^2 p}{\pi(b^2-a^2)} \tag{8-91}$$

式中的 p 应满足

$$p\leqslant p_s=\sigma_s\ln\frac{b}{a}=\frac{\sigma_s}{2}\ln\left(\frac{b^2}{a^2}\right)=\frac{\sigma_s}{2}\ln\left[1+\left(\frac{b^2}{a^2}-1\right)\right]<\frac{\sigma_s}{2}\left(\frac{b^2}{a^2}-1\right)$$

或

$$\frac{a^2 p}{b^2-a^2}<\frac{\sigma_s}{2}$$

这里已用到不等式 $\ln(1+X)<X$（当 $X>0$）.

故当式(8-82)成立时，有

$$-\frac{\sigma_s}{2}<-\left(\frac{a^2 p}{b^2-a^2}\right)\leqslant\frac{T-\pi a^2 p}{\pi(b^2-a^2)}\leqslant\frac{a^2 p}{b^2-a^2}<\frac{\sigma_s}{2}$$

于是，在塑性区内由 $\sigma_\theta-\sigma_r=\sigma_s$ 和式(8-91)可知

$$\sigma_\theta-\sigma_z=\frac{1}{2}(\sigma_\theta-\sigma_r)-\frac{T-\pi a^2 p}{\pi(b^2-a^2)}$$

$$=\frac{\sigma_s}{2}-\frac{T-\pi a^2 p}{\pi(b^2-a^2)}>0$$

$$\sigma_z-\sigma_r=\frac{1}{2}(\sigma_\theta-\sigma_r)+\frac{T-\pi a^2 p}{\pi(b^2-a^2)}$$

$$=\frac{\sigma_s}{2}+\frac{T-\pi a^2 p}{\pi(b^2-a^2)}>0$$

这说明 σ_z 为中间主应力.

图 8-11 给出了式(8-85)～式(8-87)所确定的应力分布，其中已取 $\varepsilon_0=0$（$T=\pi a^2 p$），$b=2a$.

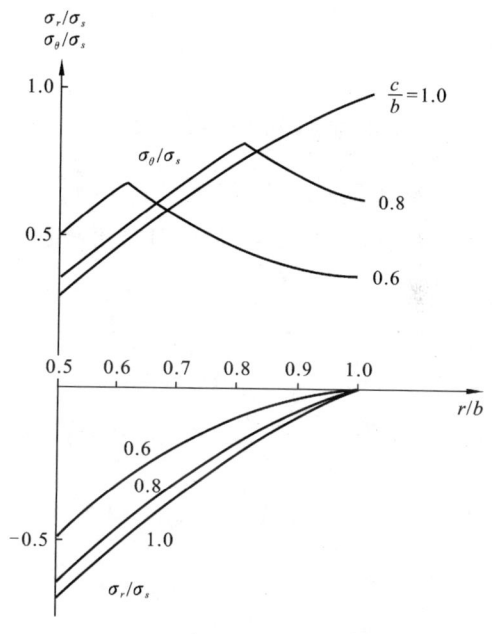

图 8-11 厚壁筒应力分布

3. 位移的计算

因为无论是弹性区还是塑性区，其体积都是以弹性规律变化的，故在计算位移时可采用下式：

$$\varepsilon_{kk}=\frac{\mathrm{d}u}{\mathrm{d}r}+\frac{u}{r}+\varepsilon_0=\left(\frac{1-2\mu}{E}\right)(\sigma_r+\sigma_\theta+\sigma_z)$$

$$=\left(\frac{1-2\mu}{E}\right)[(1+\mu)(\sigma_r+\sigma_\theta)+E\varepsilon_0]$$

或

$$\frac{1}{r}\frac{\mathrm{d}}{\mathrm{d}r}(ru) = \frac{(1-2\mu)(1+\mu)}{E}(\sigma_r+\sigma_\theta) - 2\mu\varepsilon_0 \tag{8-92}$$

在塑性区 $a \leqslant r \leqslant c$ 内,由式(8-85)和式(8-87),得

$$\sigma_r+\sigma_\theta = -2p+\sigma_s\left(1+2\ln\frac{r}{a}\right) = \sigma_s\left(\frac{c^2}{b^2}+2\ln\frac{r}{c}\right)$$

故积分式(8-92)有

$$u = \frac{(1-2\mu)(1+\mu)}{E}\sigma_s\left[\frac{r}{2}\cdot\frac{c^2}{b^2}+r\ln\frac{r}{c}-\frac{r}{2}\right]-\mu\varepsilon_0 r+\frac{c_1}{r} \tag{8-93}$$

式中:c_1 为积分常数,它需由 $r=c$ 处的位移连续性条件来确定,这是由于内层塑性区的变形受到外层弹性区的约束,故是一个约束塑性变形的问题.

在弹性区 $c \leqslant r \leqslant b$ 内的位移 u 已在式(8-86)中给出,故利用 $r=c$ 处的位移连续条件可得

$$c_1 = \frac{(1-\mu^2)\sigma_s c^2}{E}$$

4. 卸载后的残余应力

若内压加载到 $p^*(p_e < p^* < p_s)$,轴向力相应为 T^*,然后再卸载到零,则最终结果可在原有应力分布 $\sigma_r^*, \sigma_\theta^*$ 的基础上叠加一个反向弹性解得到,该反向弹性解为

$$\left.\begin{aligned}\Delta\sigma_r &= -\left(\frac{a^2 p^*}{b^2-a^2}\right)\left(1-\frac{b^2}{r^2}\right) \\ \Delta\sigma_\theta &= -\left(\frac{a^2 p^*}{b^2-a^2}\right)\left(1+\frac{b^2}{r^2}\right) = \Delta\sigma_r - \frac{2a^2 b^2 p^*}{(b^2-a^2)r^2} \\ \Delta\sigma_z &= -\frac{2\mu a^2 p^*}{b^2-a^2}-E\varepsilon_0^* = -\frac{T^*}{\pi(b^2-a^2)}\end{aligned}\right\} \tag{8-94}$$

再由式(8-85)和式(8-86),可得残余应力分布:

$$\sigma_r^0 = \sigma_r^* + \Delta\sigma_r = \begin{cases}-p^*+\sigma_s\ln\dfrac{r}{a}+\Delta\sigma_r, & a\leqslant r\leqslant c \\ \dfrac{\sigma_s c^2}{2b^2}\left(1-\dfrac{b^2}{r^2}\right)+\Delta\sigma_r, & c\leqslant r\leqslant b\end{cases}$$

$$\sigma_\theta^0 = \sigma_\theta^* + \Delta\sigma_\theta = \begin{cases}\sigma_r^0+\sigma_s-\dfrac{2a^2 b^2 p^*}{(b^2-a^2)r^2}, & a\leqslant r\leqslant c \\ \sigma_r^0+\dfrac{\sigma_s c^2}{r^2}-\dfrac{2a^2 b^2 p^*}{(b^2-a^2)r^2}, & c\leqslant r\leqslant b\end{cases} \tag{8-95}$$

因为无论是在弹性区还是塑性区,式(8-89)总成立,所以由

$$\sigma_z^* = \mu(\sigma_r^*+\sigma_\theta^*)+E\varepsilon_0^*$$

可得

$$\sigma_z^0 = \sigma_z^* + \Delta\sigma_z = \mu(\sigma_r^0+\sigma_\theta^0)$$

故当 $\mu = \dfrac{1}{2}$ 时，σ_z^0 仍然是中间主应力.

传统方法还对卸载过程中是否可能出现反向屈服的问题进行了讨论，由式(8-95)可知

$$\sigma_\theta^0 - \sigma_r^0 = \begin{cases} \sigma_s - \dfrac{2a^2 b^2 p^*}{(b^2 - a^2) r^2} < \sigma_s, & a \leqslant r \leqslant c \\ \left(\sigma_s c^2 - \dfrac{2a^2 b^2 p^*}{b^2 - a^2} \right) \dfrac{1}{r^2} < \sigma_s \dfrac{(c^2 - a^2)}{r^2} \leqslant \sigma_s \left(1 - \dfrac{a^2}{c^2} \right), & c \leqslant r \leqslant b \end{cases} \quad (8\text{-}96)$$

上式的第二式已用到条件

$$p^* > p_e = \dfrac{\sigma_s}{2} \left(\dfrac{b^2 - a^2}{b^2} \right)$$

式(8-96)说明：①残余应力状态不可能再次正向屈服. ②$\sigma_\theta^0 - \sigma_r^0$ 在 $r = c$ 处是连续的. ③r 越大，第二式的绝对值越小. 因此，反向屈服只可能在 $r = a$ 处最先开始，所需的条件为

$$(\sigma_\theta^0 - \sigma_r^0)|_{r=a} = -\sigma_s$$

或

$$p^* = \sigma_s \left(1 - \dfrac{a^2}{b^2} \right) = 2 p_e \quad (8\text{-}97)$$

于是，对一个反复经受内压作用的圆筒来说，当始终满足条件 $p = p^* \leqslant 2 p_e$ 时，就不可能产生反向屈服.

5. 传统方法弹塑性解答存在的问题

上述解答在求 σ_θ 和 σ_r 时，本应采用加载条件，却采用了理想弹塑性模型，人为地在基本方程的平衡方程中引入了屈服条件，使仅利用平衡方程就可以确定 σ_θ 和 σ_r，而不需要用到其基本方程里的几何关系等方程，这就带来了问题：

（1）求解前预先设定了应力之间的关系，求解方法从数学上讲不严格.

（2）因屈服条件尚在研究中，其准确性尚难判断，随引入的屈服准则的不同，我们可得到不同的应力场，哪一个是准确的呢？显然不好回答.

（3）解答与实际矛盾. 我们知道，在塑性区内弹性应变分量与应力仍然遵循胡克定律，就上面考虑的平面应变问题而言，有

$$\varepsilon_\theta^e = \dfrac{1+\mu}{E} [(1-\mu)\sigma_\theta - \mu \sigma_r] \quad (8\text{-}98)$$

式中：ε_θ^e 为环向弹性应变.

将应用 Tresca 屈服准则所得塑性区的 σ_θ 和 σ_r 表达式代入式(8-98)，有

$$\varepsilon_\theta^e = \dfrac{1+\mu}{E} \left[(2\mu-1)p + (1-\mu)\sigma_s + (1-2\mu)\sigma_s \ln \dfrac{r}{a} \right]$$

因实际情况下 $\mu < 1/2$，可知 $(2\mu-1)p < 0$，故当 p 增大时，$(2\mu-1)p$ 的值在减小，而 ε_θ^e 表

达式的后两项

$$(1-\mu)\sigma_s+(1-2\mu)\sigma_s\ln(r/a)$$

在 r 取定值时是一个正的常数. 这表明当 p 增大时, 环向弹性应变在恢复, 趋势是拉应变→零→压应变.

为使问题更简明, 我们考虑 $r=a$ 处的情况, 并设 $\mu=0.25$, 这样有

$$\varepsilon_\theta^e\big|_{r=a}=\frac{1+\mu}{E}[(2\mu-1)p+(1-\mu)\sigma_s]$$

设 $\varepsilon_\theta^e\big|_{r=a}=0$, 有

$$(2\mu-1)p+(1-\mu)\sigma_s=0$$

$$p=\frac{1-\mu}{1-2\mu}\sigma_s=\frac{1-0.25}{1-0.5}\sigma_s=1.5\sigma_s$$

即在 $\mu=0.25$ 的情况下, $p=1.5\sigma_s$ 时环向弹性应变 ε_θ^e 便会由拉应变恢复到零. 显然当 $p>1.5\sigma_s$ 时便会产生压应变.

再来看看在什么情况下有 $p>1.5\sigma_s$.

应用 Tresca 屈服准则所得理想弹塑性厚壁圆筒的极限内压值表达式为

$$p_s=\sigma_s\ln\frac{b}{a}$$

令 $p_s=1.5\sigma_s$, 可得 $b/a\approx 4.48$, 故当 $b/a>4.48$ 时, 有 $p_s>1.5\sigma_s$. 这说明当 $b/a>4.48$, $\mu=0.25$ 时, 在 $r=a$ 处环向会产生压缩的弹性变形. 我们知道, 在内压的作用下, 环向一直是在扩张之中, 即总应变是伸长应变. 但在一直是伸长的环向中竟然有压缩的弹性应变——这就是解答的问题之处 (应用 Mises 屈服准则所得解答经分析也有这样的问题), 这一问题显然已不好用误差来解释 (因已形成固定趋势). 所以这一结果是不符合实际的.

上述问题也可用图 8-12 来说明: 在厚壁筒内壁处取一分离体, 按常理由于外力 p 的作用而产生的内力 σ_r 和 σ_θ 都应是抵抗外力 p 的, 如图 8-12(a) 所示; 而按上面的分析结果, σ_θ 成了与外力 p 性质一样的主动力, 外力 p 与 σ_θ 均由 σ_r 来相抵形成平衡态, 如图 8-12(b) 所示, 这与常理也不符.

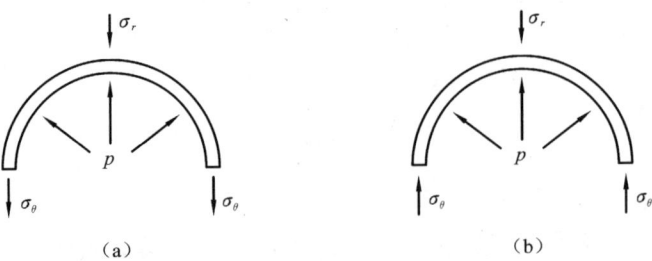

图 8-12 厚壁筒内壁分离体受力分析

(4) 上述理想弹塑性厚壁圆筒应力场解答的下述支持材料并不充分: "非弹性变形区

中的应力因满足塑性条件而相对地减小,成为应力降低区;最大的应力集中由围岩周边处转移到弹性区与塑性区的交界面上,因而弹性区也可称为应力升高区.用现代测量方法测得的巷道围岩应力分布图表明,上述理论分析是符合实际的,在巷道周围确实存在一应力减小的松动区."

我们知道,塑性理论有效的前提是连续介质,而松动区应意味着连续介质已破坏了,用松动区的测量结果来论证塑性理论的解答应该是不合适的,失去了这一佐证材料,厚壁圆筒应力场解答的正确性又多了一点疑问,因测量结果还表明在松动区以外的区域(介质未破坏区)的应力分布同于弹性理论的解答(这一介质未破坏区显然是塑性理论中的塑性区和弹性区之和).这一结果对下一章由弹塑性折线理论导出的结论将是一项支持.

(5) 完全卸载后存在残余应力.第 9 章的准确解答表明 σ^0 应恢复至零,详见第 9 章"残余应力问题"一节.

8.7 塑性平面应变问题的近似求解方法

塑性力学传统方法求解基本方程组复杂,尚有内容未完全确定,因此实际应用受限.人们在研究中发展了一些其他近似的方法,塑性平面应变问题的近似求解方法就是其中之一.

该求解方法首先假设材料满足理想刚塑性模型,在传统教科书中称为"理想刚塑性平面应变问题",即忽略弹性,不计强化,认为材料在屈服前为无变形的刚体,一旦屈服,即进入塑性流动状态,这样在物体中出现塑性区和刚性区两个区域.在刚性区应变率场等于零;应力场满足平衡方程和应力边界条件,不违背屈服条件,可以不唯一.

设柱形平面应变问题的母线为 z 轴,则其位移满足关系

$$u_x = u_x(x,y) \qquad u_y = u_y(x,y) \qquad u_z = 0 \qquad (8\text{-}99)$$

设在塑性极限载荷作用下,整个物体有速度场

$$\frac{\mathrm{d}u_x}{\mathrm{d}t} = v_x(x,y) \qquad \frac{\mathrm{d}u_y}{\mathrm{d}t} = v_y(x,y) \qquad \frac{\mathrm{d}u_z}{\mathrm{d}t} = v_z(x,y) \qquad (8\text{-}100)$$

则对应的应变率张量为

$$\dot{\varepsilon}_{ij} = \begin{bmatrix} \dfrac{\partial v_x}{\partial x} & \dfrac{1}{2}\left(\dfrac{\partial v_y}{\partial x}+\dfrac{\partial v_x}{\partial y}\right) & 0 \\ \dfrac{1}{2}\left(\dfrac{\partial v_x}{\partial y}+\dfrac{\partial v_y}{\partial x}\right) & \dfrac{\partial v_y}{\partial y} & 0 \\ 0 & 0 & 0 \end{bmatrix} \qquad (8\text{-}101)$$

下面介绍理想刚塑性平面应变问题近似求解方法塑性区的求解方程.

1. 平衡条件和屈服条件

不考虑体积力,平衡条件为

$$\left.\begin{array}{l}\dfrac{\partial \sigma_x}{\partial x}+\dfrac{\partial \tau_{xy}}{\partial y}=0\\[6pt]\dfrac{\partial \tau_{xy}}{\partial x}+\dfrac{\partial \sigma_y}{\partial y}=0\end{array}\right\} \tag{8-102}$$

采用 Mises 屈服条件与其相关联的流动法则,在理想刚塑性模型下有

$$d\varepsilon_{ij}=d\varepsilon_{ij}^{e}+d\varepsilon_{ij}^{p}=0+d\varepsilon_{ij}^{p}=d\lambda s_{ij} \tag{8-103}$$

即

$$\dot{\varepsilon}_{ij}=\dot{\lambda}s_{ij} \tag{8-104}$$

式(8-103)也称为 Levy-Mises 关系. 由 $\dot{\varepsilon}_z=0$ 得

$$s_z=\sigma_z-\sigma^a=(2\sigma_z-\sigma_x-\sigma_y)/3=0$$

所以有

$$\sigma_z=\sigma^a=\frac{1}{2}(\sigma_x+\sigma_y) \tag{8-105}$$

进一步有

$$s_x=\sigma_x-\sigma^a=\frac{\sigma_x-\sigma_y}{2}$$

$$s_y=\sigma_y-\sigma^a=-\frac{\sigma_x-\sigma_y}{2}$$

$$s_{xy}=\tau_{xy} \quad s_z=s_{xz}=s_{yz}=0$$

所以 Mises 屈服条件可表示为

$$J_2'=\frac{1}{2}s_{ij}s_{ij}=\frac{1}{2}(s_x^2+s_y^2+2s_{xy}^2)=s_x^2+s_{xy}^2=\left(\frac{\sigma_x-\sigma_y}{2}\right)^2+\tau_{xy}^2=c \tag{8-106}$$

这样,对塑性区和刚性区分别有

塑性区

$$(\sigma_x-\sigma_y)^2+4\tau_{xy}^2=4c \tag{8-107}$$

刚性区

$$(\sigma_x-\sigma_y)^2+4\tau_{xy}^2\leqslant 4c \tag{8-108}$$

应用纯剪切测定 c 时有 $c=\tau_s^2$,用简单拉伸实验测定时有 $c=\dfrac{\sigma_s^2}{3}$.

如果塑性区的边界条件均是应力边界条件,则有可能依据式(8-102)和式(8-107)中的三个方程将塑性区的应力分量 $\sigma_x,\sigma_y,\tau_{xy}$ 求出,此时不需用到其他方程,问题简化成了静定问题.

若采用 Tresca 屈服条件,因

$$\begin{matrix}\sigma_1\\\sigma_3\end{matrix}=\frac{\sigma_x+\sigma_y}{2}\pm\sqrt{\left(\frac{\sigma_x-\sigma_y}{2}\right)^2+\tau_{xy}^2}$$

$$\frac{\sigma_1-\sigma_3}{2}=\sqrt{\left(\frac{\sigma_x-\sigma_y}{2}\right)^2+\tau_{xy}^2}$$

Tresca 屈服条件可表示为

$$(\sigma_x - \sigma_y)^2 + 4\tau_{xy}^2 = 4k^2 \tag{8-109}$$

它类似于式(8-106). 式中,常数 k 若用简单拉伸实验来确定有 $k=\sigma_s/2$,用纯剪切实验确定有 $k=\tau_s$.

2. 本构关系

若有速度边界条件,则需考虑 v_x, v_y. 此时除式(8-102)和式(8-107)中的三个方程外,还需增加两个方程,一个是不可压缩条件

$$\dot\varepsilon_x + \dot\varepsilon_y + \dot\varepsilon_z = 0 \tag{8-110}$$

因 $\dot\varepsilon_z = 0$,故有

$$\frac{\partial v_x}{\partial x} + \frac{\partial v_y}{\partial y} = 0 \tag{8-111}$$

另一个是由 Levy-Mises 关系导出的方程

$$\frac{\dfrac{\partial v_y}{\partial y} - \dfrac{\partial v_x}{\partial x}}{\dfrac{\partial v_y}{\partial x} + \dfrac{\partial v_x}{\partial y}} = \frac{\dot\varepsilon_y - \dot\varepsilon_x}{\dot\gamma_{xy}} = \frac{\sigma_y - \sigma_x}{2\tau_{xy}} \tag{8-112}$$

这样共有 5 个方程用于求解 5 个未知函数:$\sigma_x, \sigma_y, \tau_{xy}, v_x, v_y$.

在传统塑性力学教科书中,能满足塑性区的上述 5 个方程、刚性区的整体平衡及应力和速度边界条件、刚塑性交界处连续条件的解被称为**完全解**. 这是因为刚性区的具体应力分布求不出,另外还受到屈服准则、不可压缩等不准确条件的影响,完全解不是真实解.

式(8-107)的屈服条件

$$(\sigma_x - \sigma_y)^2 + 4\tau_{xy}^2 = 4c$$

用材料力学中的莫尔应力圆表示,则是一个半径等于 $\sqrt c$ 的莫尔圆. 如图 8-13 所示.

用 φ 表示由 x 轴逆时针旋转到 σ_1 方向的夹角,而 α 线与 x 轴夹角为 θ,如图 8-14 所示,则有

$$\varphi = \theta + \frac{\pi}{4}$$

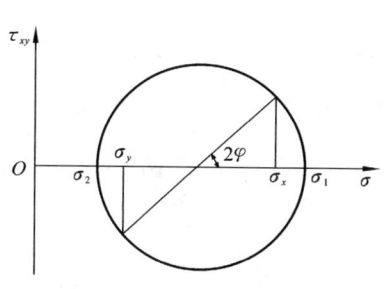

图 8-13 莫尔应力圆

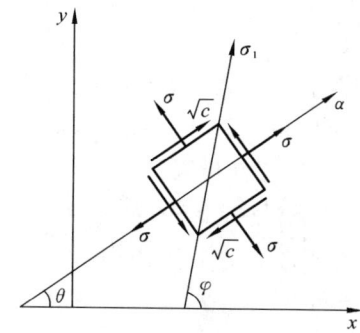

图 8-14 φ 与 α 定义及其关系图

塑性区应力可写成

$$\begin{cases} \sigma_x = \sigma + \sqrt{c}\cos 2\varphi \\ \sigma_y = \sigma - \sqrt{c}\cos 2\varphi \\ \tau_{xy} = \sqrt{c}\sin 2\varphi \end{cases} \quad (8\text{-}113)$$

式中

$$\sigma = \frac{1}{2}(\sigma_1 + \sigma_2) = \frac{1}{2}(\sigma_x + \sigma_y)$$

为莫尔圆圆心的横坐标. 这样, 求 σ_x, σ_y 和 τ_{xy} 的问题就变成了求每一点的 σ 和 θ 的问题.

将式(8-113)代入平衡方程式(8-102), 有

$$\begin{cases} \dfrac{\partial \sigma}{\partial x} - 2\sqrt{c}\left(\cos 2\theta \dfrac{\partial \theta}{\partial x} + \sin 2\theta \dfrac{\partial \theta}{\partial y}\right) = 0 \\ \dfrac{\partial \sigma}{\partial y} - 2\sqrt{c}\left(\sin 2\theta \dfrac{\partial \theta}{\partial x} - \cos 2\theta \dfrac{\partial \theta}{\partial y}\right) = 0 \end{cases} \quad (8\text{-}114)$$

这是一组双曲线方程, 用滑移线理论求解它们比较方便. 因上面介绍的理想刚塑性平面应变问题求解方法不能得到真实解, 这里不再详述滑移线理论, 具体可参考相关文献.

8.8 理想刚塑性体极限分析与上、下限定理

理想刚塑性体极限分析与上、下限定理也是人们发展的近似方法之一.

如果忽略材料的强化效应和物体由于变形引起的几何尺寸的变化, 当外载达到某一定值时, 理想塑性体可在外载不变的情况下发生塑性流动, 即发生无限制的塑性变形, 这时就称理想塑性体处于极限状态, 极限状态对应的载荷就称为理想塑性物体或结构的极限承载能力或极限载荷, 相应的速度场称为**塑性破损机构**或**流动机构**.

研究表明, 如果只关心极限载荷和相应的塑性破损机构, 而不关心达到极限状态前的弹性变形, 那么采用理想弹塑性模型和采用理想刚塑性模型所求出的极限状态将是完全一样的. 所以我们可采用刚塑性模型, 完全忽略掉弹性效应, 也就是说, 可以在完全没有变形的初始构形上讨论极限状态, 直接求解极限状态下的极限荷载, 这给极限分析带来了方便与简化.

在进行塑性极限分析时, 一般采用如下几个假设:

(1) 材料是理想刚塑性的, 即不考虑材料的弹性变形及强化效应.

(2) 处于塑性极限状态之时, 物体或结构的变形足够小, 且不会失去稳定性.

塑性极限分析上、下限定理是塑性极限分析的基础, 下面先介绍它们.

采用理想刚塑性模型. 任设一静力可能应力场 σ_{ij}^0 和任一运动可能速度场 v_i^*, 若材料的屈服条件为 $f(\sigma_{ij}) = 0$, 进一步限定:

(1) σ_{ij}^0 满足条件

$$f(\sigma_{ij}^0) \leqslant 0$$

(2) 由 v_i^* 可导出 $\dot{\xi}_{ij}^*$，对应 $\dot{\xi}_{ij}^*$ 的应力用 σ_{ij}^* 表示，σ_{ij}^* 可由 Drucker 公设 $\dot{\xi}_{ij}^* = \dot{\lambda}\dfrac{\partial f}{\partial \sigma_{ij}^*}$ 求出，所以

$$f(\sigma_{ij}^*) = 0$$

1. 上限定理

在所有运动可能速度场中，真实速度场所对应的总功率最小.

设 σ_{ij}，v_i，$\dot{\xi}_{ij}$ 为物体处于极限状态时的真实应力场、速度场、应变率，它们对应的体力为 F_i，面力为 T_i；由第 7 章虚功率原理式(7-76)，有

$$\int_V F_i v_i \, dV + \int_S T_i v_i \, dS = \int_V \sigma_{ij} \dot{\xi}_{ij} \, dV \tag{8-115}$$

又设一运动可能速度场 v_i^*，相应的应变率为 $\dot{\xi}_{ij}^*$. 由式(7-76) 又有

$$\int_V F_i v_i^* \, dV + \int_S T_i v_i^* \, dS = \int_V \sigma_{ij} \dot{\xi}_{ij}^* \, dV \tag{8-116}$$

因采用的是理想刚塑性模型，物体整体处于理想塑性状态，由前述限定条件(2)并应用 Drucker 公设，有

$$(\sigma_{ij}^* - \sigma_{ij})\dot{\xi}_{ij}^* \geqslant 0 \qquad \sigma_{ij}^* \dot{\xi}_{ij}^* \geqslant \sigma_{ij} \dot{\xi}_{ij}^*$$

$$\int_V \sigma_{ij}^* \dot{\xi}_{ij}^* \, dV \geqslant \int_V \sigma_{ij} \dot{\xi}_{ij}^* \, dV \tag{8-117}$$

将边界 S 分为应力边界 S_T 和位移边界 S_u，因运动可能速度场在 S_u 上有 $v_i^* = v_i$，利用式(8-117)，式(8-116) 可变形为

$$\int_{S_u} T_i v_i \, dS \leqslant \int_V \sigma_{ij}^* \dot{\xi}_{ij}^* \, dV - \int_V F_i v_i^* \, dV - \int_{S_T} T_i v_i^* \, dS \tag{8-118}$$

由于在 S_T 上面力 T_i 已知，V 上体力 F_i 已知，故式(8-118) 右侧的值只取决于所选运动可能速度场 v_i^*.

式(8-118) 的右侧称为与运动可能速度场 v_i^* 对应的总功率，则左侧便为与真实速度场 v_i 对应的总功率，因为由式(8-115) 可知，当 v_i^* 取为真实速度场时 v_i，σ_{ij}^* 便为 σ_{ij}，式(8-118) 的等式成立. 所以，与任意运动可能速度场对应的总功率总大于或等于真实速度场的总功率，这就是上限定理.

由上限定理可知，由运动可能速度场求得的荷载是一个上限近似值，在求极限载荷时，需在各种运动可能速度场中选取最小者才是较好的近似值.

2. 下限定理

下限定理：当物体产生塑性变形处于极限状态时，在给定速度的边界 S_u 上，真实的表面力在给定的速度上所做功率大于或等于任意静力可能应力场所对应的表面力在同一给定速度上的功率.

下限定理用公式表述为

$$\int_{S_u} T_i v_i \mathrm{d}S \geqslant \int_{S_u} T_i^* v_i \mathrm{d}S \tag{8-119}$$

设 σ_{ij}, v_i, $\dot{\xi}_{ij}$ 为物体处于极限状态时的真实应力场、速度场、应变率,它们对应的体力为 F_i,面力为 T_i;由虚功率原理式(7-76),有

$$\int_V F_i v_i \mathrm{d}V + \int_S T_i v_i \mathrm{d}S = \int_V \sigma_{ij} \dot{\xi}_{ij} \mathrm{d}V \tag{8-120}$$

又设一静力可能应力场 σ_{ij}^0,对应的表面力为 T_i^*,且在 S_T 上有 $T_i^* = T_i$. 由虚功率原理式(7-76),又有

$$\int_V F_i v_i \mathrm{d}V + \int_S T_i^* v_i \mathrm{d}S = \int_V \sigma_{ij}^0 \dot{\xi}_{ij} \mathrm{d}V \tag{8-121}$$

式(8-120)减去式(8-121),有

$$\int_S (T_i - T_i^*) v_i \mathrm{d}S = \int_{S_u} (T_i - T_i^*) v_i \mathrm{d}S = \int_V (\sigma_{ij} - \sigma_{ij}^0) \dot{\xi}_{ij} \mathrm{d}V \tag{8-122}$$

依据 Drucker 公设,有

$$(\sigma_{ij} - \sigma_{ij}^0) \dot{\xi}_{ij} \geqslant 0$$

所以,有

$$\int_{S_u} (T_i - T_i^*) v_i \mathrm{d}S \geqslant 0 \tag{8-123}$$

这就是式(8-119)表述的下限定理.

由下限定理可知,由静力可能应力场求得的荷载是一个下限近似值,在求极限载荷时,需在各种静力可能应力场中选取最大者才是较好的近似值.

上、下限定理是传统塑性力学理论的一个重要组成部分,它似乎给定了解答的区间,但实际上要想由此确定真实解是十分困难的,原因很明确,静力可能应力场和运动可能速度场理论上有很多且不好确定.另外还有以下两个方面的问题影响结果的准确性:

(1) 采用理想刚塑性模型或理想弹塑性模型与实际有一定差距.

(2) 前述限定(1)和(2)均与尚在研究中的屈服条件相关:要求 σ_{ij}^0 满足条件 $f(\sigma_{ij}^0) \leqslant 0$;以及 σ_{ij}^* 要用 Drucker 公设 $\dot{\xi}_{ij}^* = \dot{\lambda} \dfrac{\partial f}{\partial \sigma_{ij}^*}$ 求出,所以要求 $f(\sigma_{ij}^*) = 0$;其次 $\dot{\lambda}$ 的准确确定也有待进一步研究.

第 9 章 弹塑性折线理论的重要结论与典型问题解答

9.1 引言

传统塑性力学理论从形式上看是完善的,但从上一章可以看出,传统方法求解方程组的求解复杂且包含尚难以准确确定的东西,解决实际问题时尚难真正按需要满足的基本方程组求解,因此其应用深受限制. 而应用弹塑性折线理论求解实际问题,已可以像弹性力学那样做到数学上严密、严谨. 本章将先介绍一些由弹塑性折线理论导出的重要结论,然后通过实例分析来展示弹塑性折线理论的价值.

9.2 两类边界条件下弹塑性应力场的重要结论

下面来研究如下两类边界条件问题的弹塑性应力场:
(1) 边界条件全为应力边界条件.
(2) 有位移边界条件但在塑性区边界上仅有零位移边界条件(对应力边界条件没限制).

设上述边界条件下一任意物体的弹塑性分界面是 $ABCD$,如图 9-1 所示. 现在在分界面 $ABCD$ 上加上实际存在的内力,把塑性区作为一个分离体分离出来,显然此时分界面 $ABCD$ 上的内力成为了应力边界条件,整个分离体的边界条件仍在上面所定义的边界条件范围内.

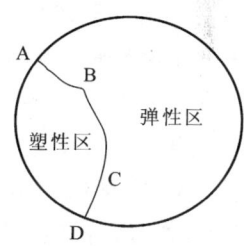

图 9-1 弹塑性分界面

现在考虑该分离体的两种状态,一种是上面所述的塑性状态,另一种为与塑性状态有相同边值条件形式的弹性状态(相同边值条件形式指边值条件形式相同,但值不同. 例如对于厚壁圆筒我们有:在内壁上 $\tau_{r\theta}=0, \sigma_r=-p$,在外壁上 $\tau_{r\theta}=0, \sigma_r=-q$,这一边值条件的形式在完全弹性、弹塑性及完全塑性阶段均相同,但对于不同的阶段,p、q 的值则不同).

当所考虑的分离体处于塑性状态时,不管加载过程是简单加载还是复杂加载,式(7-36)最终总会有如下形式的解答:

$$\left.\begin{array}{l}\sigma_{ij}=f^1(C_1',C_2',\cdots,C_m')\\ \varepsilon_{ij}^e=g^1(C_1',C_2',\cdots,C_m')\\ u_i^e=h^1(C_1',C_2',\cdots,C_m')\\ \varepsilon_{ij}^p=g^2(C_1',C_2',\cdots,C_m')\\ u_i^p=h^2(C_1',C_2',\cdots,C_m')\end{array}\right\} \quad (9-1)$$

式(9-1)中的待定常数能由边值条件完全确定.

当所考虑的分离体处于上述与塑性状态有相同边值条件形式的弹性状态时,其求解基本方程组为

$$\left.\begin{array}{l}\sigma_{ij,j}+F_i=0\\ \varepsilon_{ij}=\dfrac{1}{2}(u_{i,j}+u_{j,i})\\ \varepsilon_{ij}=\dfrac{1}{2G}\sigma_{ij}-\dfrac{3\mu}{E}\sigma^a\delta_{ij}\end{array}\right\} \quad (9\text{-}2)$$

求解式(9-2),最终也可得到如下形式的弹性解答:

$$\left.\begin{array}{l}\sigma_{ij}=f^3(C_1'',C_2'',\cdots,C_n'')\\ \varepsilon_{ij}=g^3(C_1'',C_2'',\cdots,C_n'')\\ u_i=h^3(C_1'',C_2'',\cdots,C_n'')\end{array}\right\} \quad (9\text{-}3)$$

式(9-3)中的待定常数也能由边值条件完全确定.

现在来讨论式(9-1)和式(9-3)中待定常数的确定过程.分前述两种边值条件来讨论.

第一种边值条件:因边值条件全是应力边值条件,待定常数的确定便只需用到解答中的应力场表达式,即只需用到式(9-1) 解答中的第一式:

$$\sigma_{ij}=f^1(C_1',C_2',\cdots,C_m')$$

和式(9-3)解答中的第一式:

$$\sigma_{ij}=f^3(C_1'',C_2'',\cdots,C_n'')$$

便可分别确定分离体处于塑性状态和弹性状态时的待定常数(对多连通域,要考虑位移单值条件时,需利用各自解答中的第三式,对第二种边值条件也是如此).

第二种边值条件:边界上有位移边界条件时,式(9-3)弹性解答的待定常数可利用其中的第一、三式完全确定,这是众所周知的.而对于塑性解答式(9-1),当边界上仅有零位移边界条件时,由边界上 $u_i=0$ 可导出 $u_i^e=0$,且由 $u_i=0$ 或由 $u_i^e=0$ 可得到的确定待定常数的方程数一样多,所以式(9-1)解答的待定常数也可利用其中的第一、三式完全确定.

式(9-1)前三式是完全满足式(7-36)前三式的一组解答,而式(7-36)前三式实际上就是弹性问题的求解基本方程组式(9-2),从确定式(9-1)和式(9-3)解答中待定常数的过程看,两者也完全相同,又由于确定式(9-1)和式(9-3)中待定常数的边值条件形式相同,这便表明式(9-1)前三式解答也能成为分离体处于弹性状态时的一组解答,这一结果就引发了矛盾:分离体处于弹性状态时有两组解答——式(9-1)前三式一组和式(9-3)一组,这与弹性解的唯一性相违.因此必有式(9-1)前三式与式(9-3)完全一样,这样就有

$$f^1=f^3 \quad g^1=g^3 \quad h^1=h^3 \quad (9\text{-}4)$$

所以有结论:当边界条件全为应力边界条件,或有位移边界条件但在塑性区边界上仅有零位移边界条件(对应力边界条件没限制)时,塑性力学问题的应力场表达式完全等同于把所讨论问题当成弹性问题求解所获得的应力场表达式.因此,在上述两类边界条件

下,仅求弹塑性体的应力场时,无须区分弹性区和塑性区,整体按弹性状态求解,所得应力场就是弹塑性状态下的正确应力场.

上面的研究不涉及分离体分别处于塑性状态和弹性状态时的总位移、总应变之间的关系.

单轴、二向及三轴均匀受力状态是支持上述结论的最显而易见的例子,在这几种受力状态下,不论外载作用下材料是处于弹性状态还是塑性状态,也不论是简单加载还是复杂加载,应力状态只与最终荷载有关而与加载过程无关,它们的弹性应力场表达式与塑性应力场表达式是各自相同的.但要注意,因使材料处于弹性状态及塑性状态的外载大小不同,它们的值是不同的.

依据上面的结论,可直接写出弹塑性厚壁圆筒应力场的解答如下:

$$\left.\begin{array}{l}\sigma_r = \dfrac{pa^2}{b^2-a^2}\left(1-\dfrac{b^2}{r^2}\right) - \dfrac{qb^2}{b^2-a^2}\left(1-\dfrac{a^2}{r^2}\right) \\ \sigma_\theta = \dfrac{pa^2}{b^2-a^2}\left(1+\dfrac{b^2}{r^2}\right) - \dfrac{qb^2}{b^2-a^2}\left(1+\dfrac{a^2}{r^2}\right)\end{array}\right\} \quad (9\text{-}5)$$

式中:a,b 分别为厚壁圆筒的内、外半径,p 为内壁压力,q 为外壁压力.

9.3 残余应力问题

由上一节两类边界条件下弹塑性问题应力场的结论可知,塑性问题的应力场与相同问题的弹性问题应力场表达式在形式上一致,而弹性应力场总与外载成比例,并且外载等于零时弹性应力场等于零,所以在外载回零时塑性应力场也回零,又可有如下**重要推论**:

在这两类边界条件下,外载完全卸载后,不会有残余应力存在.

在一般情况下,这一结论是否也成立呢?首先明确一下应变的弹性应变分量及塑性应变分量分别满足相容方程的结论,前面已说明位移的弹性位移分量与塑性位移分量实际存在、连续三阶可微,而由位移出发利用几何方程得出的应变分量必然满足相容方程.因此所给结论成立.

Drucker 公设是传统塑性力学的基础,从 Drucker 公设出发来也可推得应变的弹性应变分量及塑性应变分量分别满足相容方程的结论.

材料被加载至屈服面的应力状态设为 σ_{ij}^0,在 σ_{ij}^0 的基础上增加一个应力增量 $\Delta\sigma_{ij}$,使之产生一个弹性应变增量 $\Delta\varepsilon_{ij}^e$ 和一个塑性应变增量 $\Delta\varepsilon_{ij}^p$,则依 Drucker 公设有:当反向卸载 $\Delta\sigma_{ij}$ 时,材料的应力状态恢复为 σ_{ij}^0,$\Delta\varepsilon_{ij}^e$ 恢复,但 $\Delta\varepsilon_{ij}^p$ 保持不变.

从上面的叙述可知,$\Delta\varepsilon_{ij}^e$,$\Delta\varepsilon_{ij}^p$ 均分别满足变形协调方程:因为对应未加增量 $\Delta\sigma_{ij}$ 之前的应力状态 σ_{ij}^0、应变状态 ε_{ij}^0 是实际存在的,即 ε_{ij}^0 满足变形协调方程;加 $\Delta\sigma_{ij}$ 后的应力、应变状态 $\sigma_{ij}^0 + \Delta\sigma_{ij}$,$\varepsilon_{ij}^0 + \Delta\varepsilon_{ij}^e + \Delta\varepsilon_{ij}^p$ 也是实际存在的,$\varepsilon_{ij}^0 + \Delta\varepsilon_{ij}^e + \Delta\varepsilon_{ij}^p$ 满足变形协调方程;同理卸去 $\Delta\sigma_{ij}$ 所存的应变状态,$\varepsilon_{ij}^0 + \Delta\varepsilon_{ij}^p$ 也满足相容方程.将 $\varepsilon_{ij}^0 + \Delta\varepsilon_{ij}^p$ 代入相容方程,利用 ε_{ij}^0 满

足相容方程,便得出了 $\Delta\varepsilon_{ij}^e$ 满足相容方程.类似地,可得 $\Delta\varepsilon_{ij}^p$ 也满足相容方程.进一步便可得到弹性应变分量及塑性应变分量 $\sum\Delta\varepsilon_{ij}^e$,$\sum\Delta\varepsilon_{ij}^p$ 均分别满足相容方程的结论.

我们知道,应力与应变的弹性应变分量满足广义胡克定律,完全卸载时,$\sum\Delta\varepsilon_{ij}^e$ 便恢复了,即弹性应变分量恢复至零,这样便知应力状态也恢复到了零应力状态,因而不存在残余应力.可不可能弹性应变分量部分区域恢复至零而部分区域未恢复至零呢? 若存在这种状况,卸载后存在残余应力便无疑了.但上面已得出弹性应变分量满足变形协调方程,若出现部分恢复部分未恢复的情况,则卸载后的弹性应变分量必定不能满足变形协调方程方程,与事实矛盾,因而所述情况不应存在,即:完全卸载时,残余应力不存在,即为零.第 5 章中塑性变形的细观解释也支持这一结论.细观变形机制表明,滑移导致产生塑性变形的前后,晶格结构没有区别,不存在恢复原状的力,在发生塑性变形后的几何构形中便只存在弹性变形,因此塑性变形的产生不会限制弹性变形的恢复.

实际工程中,我们却常发现完全卸载后存在残余应力的情形,这又如何解释呢? 如图 9-2、图 9-3 所示.图 9-2 的块体 A 受力 P 的作用,作用力大到使点 a 向左运行超过点 c,使点 b 向右运行超过 d 后再卸载,便会处于图 9-3 的状态.由于块体 A 的凸出部分被周围物体约束住了,当外载 P 完全卸掉时,块体 A 对应于外载 P 的弹性应变分量便不可能随 P 卸至零而恢复至零,这样残余应力便产生了.本书认为,这就是残余应力产生的根源——卸载后的边界约束条件与加载前的边界约束条件相比已发生了变化.在各类工程中区域边界常是十分不规则的,相互约束是明显的,因而受外载作用后再卸去外载时,要恢复到原边界条件时是困难的,这样会产生残余应力便十分自然了.

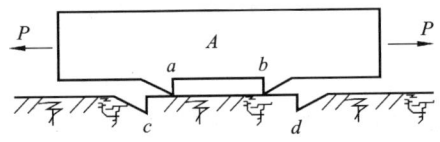
图 9-2 加载前边界条件

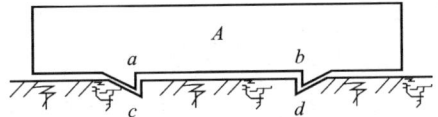
图 9-3 卸载后边界条件

前述三杆桁架在完全卸载之后存在残余应力就是上属情形的一个实例:三根杆不属于同一个连续体,在卸载过程中存在相互制约.如每一单独的杆件不受外在约束且不受外力作用后,显然杆内不会有残余应力存在.

9.4 断裂力学中的应力强度因子问题

应力强度因子的研究是断裂力学中的一个重要课题.裂纹有三种典型的扩展形式.下面来研究这三种典型裂纹的应力强度因子,所得结论具有一般性.

三种典型裂纹为张开型(Ⅰ型)、滑移型(Ⅱ型,也叫纵向剪切型)、撕裂型(Ⅲ型,也叫横向剪切型).在一般情况下裂纹面可以是空间曲面,裂纹前缘可以是空间曲线,但在实际

第 9 章　弹塑性折线理论的重要结论与典型问题解答

工程中，常遇见的基本上是平面裂纹，所以一般都是按平面裂纹处理．三种典型的裂纹如图 9-4 所示．应用弹性理论，线弹性断裂力学(linear elastic fracture mechanics, LEFM)确定了各向同性均匀无限板中有一长 2a 穿透裂纹，在其分别为 I、II 及 III 型情况下裂纹前缘的应力强度因子 K_I，K_{II} 和 K_{III}．现将结果简写如下．

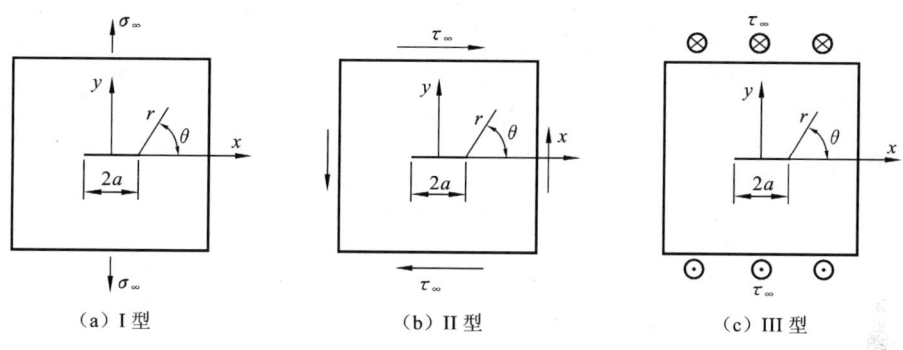

(a) I 型　　　　(b) II 型　　　　(c) III 型

图 9-4　三种裂纹的平面图

1. I 型（张开型）

边界条件为

$x = \pm \infty$：$\sigma_x = \tau_{xy} = 0$；

$y = \pm \infty$：$\sigma_y = \sigma_\infty$，$\tau_{yx} = 0$；

在裂纹面上：$\sigma_y = 0$，$\tau_{yx} = 0$．

弹性应力场解答为

$$\left.\begin{aligned}
\sigma_x &= \frac{K_I}{\sqrt{2\pi r}} \cos\frac{\theta}{2}\left(1 - \sin\frac{\theta}{2}\sin\frac{3\theta}{2}\right) \\
\sigma_y &= \frac{K_I}{\sqrt{2\pi r}} \cos\frac{\theta}{2}\left(1 + \sin\frac{\theta}{2}\sin\frac{3\theta}{2}\right) \\
\tau_{xy} &= \frac{K_I}{\sqrt{2\pi r}} \cos\frac{\theta}{2}\sin\frac{\theta}{2}\cos\frac{3\theta}{2} \\
\sigma_z &= \mu(\sigma_x + \sigma_y)\quad（平面应变）\\
\sigma_z &= 0\quad（平面应力）\\
\tau_{xz} &= 0 \\
\tau_{yz} &= 0 \\
K_I &= \sigma_\infty\sqrt{\pi a}
\end{aligned}\right\} \quad (9\text{-}6)$$

2. II 型（滑移型）

边界条件为

$x = \pm\infty$：$\sigma_x = 0, \tau_{xy} = \tau_\infty$；

$y = \pm\infty$：$\sigma_y = 0, \tau_{yx} = \tau_\infty$；

在裂纹面上：$\sigma_y = 0, \tau_{yx} = 0$.

弹性应力场解答为

$$\left.\begin{aligned}
\sigma_x &= -\frac{K_{\mathrm{II}}}{\sqrt{2\pi r}}\sin\frac{\theta}{2}\left(2+\cos\frac{\theta}{2}\cos\frac{3\theta}{2}\right) \\
\sigma_y &= \frac{K_{\mathrm{II}}}{\sqrt{2\pi r}}\sin\frac{\theta}{2}\cos\frac{\theta}{2}\cos\frac{3\theta}{2} \\
\tau_{xy} &= \frac{K_{\mathrm{II}}}{\sqrt{2\pi r}}\cos\frac{\theta}{2}\left(1-\sin\frac{\theta}{2}\sin\frac{3\theta}{2}\right) \\
\sigma_z &= \mu(\sigma_x+\sigma_y) \quad (\text{平面应变}) \\
\sigma_z &= 0 \quad (\text{平面应力}) \\
\tau_{xz} &= 0 \\
\tau_{yz} &= 0 \\
K_{\mathrm{II}} &= \sigma_\infty\sqrt{\pi a}
\end{aligned}\right\} \quad (9\text{-}7)$$

3. III 型（撕裂型）

边界条件为

$x = \pm\infty$：$\sigma_x = 0, \tau_{xy} = 0$；

$y = \pm\infty$：$\sigma_y = 0, \tau_{yx} = 0, \tau_{yz} = \tau_\infty$；

在裂纹面上：$\sigma_y = 0, \tau_{yx} = 0$.

弹性应力场解答为

$$\left.\begin{aligned}
\tau_{xz} &= \frac{K_{\mathrm{III}}}{\sqrt{2\pi r}}\sin\frac{\theta}{2} \\
\tau_{yz} &= \frac{K_{\mathrm{III}}}{\sqrt{2\pi r}}\cos\frac{\theta}{2} \\
\sigma_x &= \sigma_y = \sigma_z = \tau_{xy} = 0 \\
K_{\mathrm{III}} &= \tau_\infty\sqrt{\pi a}
\end{aligned}\right\} \quad (9\text{-}8)$$

上述三种裂纹问题的求解边界条件均是纯应力边界条件，除了上述三种典型裂纹外，断裂力学还得出了很多其他形式纯应力边界条件裂纹的应力强度因子表达式，并得到了大家认可。但问题是现时有一个公认的看法：这些以弹性力学导出的应力强度因子有一个很明显的缺点，即忽略了塑性。理由是：即使整体应力是弹性的，在已知的最脆性材料中的裂纹尖端处仍然是塑性的。因而这些应力强度因子是不准确的，应进行修正，并进而在如何修正这一问题上做了大量工作。

依据前述两类边界条件下弹塑性应力场的结论,可知上面的解答也就是它们的塑性应力场解答,因而结论是:当可忽略裂纹尖端在加载过程中的扩展引起的边界条件变化时,弹性断裂力学得出来的应力强度因子仍适用于弹塑性断裂力学,可不修正.

应力强度因子理论的实际应用表明,弹性力学导出的应力强度因子在弹塑性状态下适用性不好,就是在弹性状态下也存在不少问题,因不是要进行塑性区修正的问题,这只能说明存在其他方面的问题,例如问题可能来源于以下几个方面:

(1) 目前的裂纹力学模型使裂纹尖端存在奇异性,即外载只要不等于零,不论多小,都会导致裂纹尖端处应力值为无穷大,这与实际不符,因此裂纹的力学模型存在不合理之处.

(2) 应力强度因子理论或定义不一定全面真实地反映了裂纹的特性,存在进一步研究发展的可能.

(3) 裂纹断裂判据与实际有差异,这是大家公认的事实,因此有必要进一步研究发展裂纹断裂判据.

(4) 其他尚未明确的原因.

总之,断裂力学的研究还任重道远.

9.5 弹塑性问题应力场表达式与弹性模量的关系

在前述两类特殊边界条件下,来探讨一下弹塑性问题应力场表达式与弹性模量的关系.

如图 9-5 所示.应力-应变曲线有初始斜率 E,即 OA 或 $O'C(O'C/\!/OA)$ 的斜率,设按此斜率求出了解答;当我们调整 $O'C$ 的斜率为 $O''C$(即调整弹性模量 E),并相应地重新构造 e-p 曲线,用新构造的 e-p 曲线重新求解,应也可求出解答.因对特定的问题而言,在特定的外力作用下应力场解答只有一个,它不应随构造的弹性模量 E 变化;又在前述两类特殊边界条件下,从塑性问题应力场的解答过程可知,它只涉及广义胡克定律而不涉及弹性应变与塑性应变的关系,又广义胡克定律的表现形式是唯一的(不会因弹性模量 E 取不同的值而有不同的表现形式),所以两次求解所得解答的形式也是唯一的.这样可推知两次所得解答中不应含有弹性模量 E,否则解答会随弹性模量 E 的取值不同而不同了.

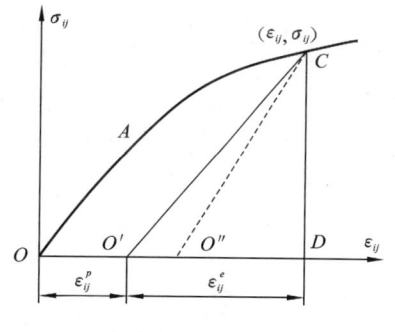

图 9-5 $\varepsilon_{ij} \sim \sigma_{ij}$ 曲线

这表明:在这两类特殊边界条件下,弹性模量 E 的变化不会影响应力场,即应力场表达式中不会含有 E.

已得到准确应力场解答的弹塑性问题均是上述结论的很好验证.例如,单轴、二向及

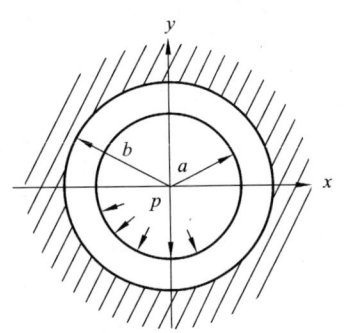

图 9-6 受刚性约束的厚壁圆筒

三轴均匀受力状态的应力场表达式,受内外均布压力的厚壁圆筒应力场表达式等,它们是纯应力边界条件的例子,它们的应力场表达式与 E 无关. 仅有零位移边界条件的实例如:在厚壁圆筒外面套以绝对刚性的外管,如图 9-6 所示,厚壁圆筒承受内压 p 的作用,已知其应力场解答为

$$\left.\begin{aligned}\sigma_r &= \frac{-\left(\dfrac{1-2\mu}{r^2}+\dfrac{1}{b^2}\right)}{\dfrac{1-2\mu}{a^2}+\dfrac{1}{b^2}}p \\ \sigma_\theta &= \frac{\dfrac{1-2\mu}{r^2}-\dfrac{1}{b^2}}{\dfrac{1-2\mu}{a^2}+\dfrac{1}{b^2}}p\end{aligned}\right\} \quad (9\text{-}9)$$

式(9-9)的应力场表达式与 E 无关.

当边界条件不是上述两类特殊边界条件时,上述结论可能不再成立,原因是由位移确定待定常数时可能会引入弹性模量,或者说此时的外力本身可能就与弹性模量 E 相关,这在以下两种情况时已是确定无疑的.

(1) 热应力问题. 原因在于热应力的大小直接与弹性模量的大小有关,弹性力学理论已表明"由于温度变化 T 所产生的位移 u,v,w 是与体积力

$$F_x = -\frac{\alpha E}{1-2\mu}\frac{\partial T}{\partial x} \qquad F_y = -\frac{\alpha E}{1-2\mu}\frac{\partial T}{\partial y} \qquad F_z = -\frac{\alpha E}{1-2\mu}\frac{\partial T}{\partial z}$$

及分布作用于表面上的正拉力 $\dfrac{\alpha ET}{1-2\mu}$ 所产生的位移相同",这些作用力本身就包含了弹性模量 E.

(2) 因有变形要求,致使作用力直接与弹性模量 E 相关.

例如,存在平行缺口的圆环,如图 9-7 所示. 要求在缺口上作用一平行于 y 轴的合力 P,使缺口 δ 闭合. 此时的弹性应力场解答为

$$\left.\begin{aligned}\sigma_r &= -\frac{E\delta}{4\pi(a^2+b^2)}\left(r+\frac{a^2b^2}{r^3}-\frac{a^2+b^2}{r}\right)\cos\theta \\ \sigma_\theta &= -\frac{E\delta}{4\pi(a^2+b^2)}\left(3r-\frac{a^2b^2}{r^3}-\frac{a^2+b^2}{r}\right)\cos\theta \\ \tau_{r\theta} &= -\frac{E\delta}{4\pi(a^2+b^2)}\left(r+\frac{a^2b^2}{r^3}-\frac{a^2+b^2}{r}\right)\sin\theta\end{aligned}\right\} \quad (9\text{-}10)$$

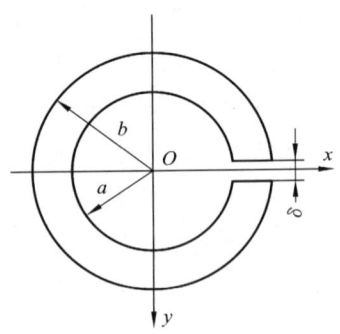

图 9-7 带缺口圆环

在这种情况下圆环内的应力与 E 相关,原因是满足要求的力 P 直接与 E 相关.

9.6 杆系结构弹塑性分析

9.6.1 采用弹性应变和塑性应变关系作为本构关系

图 9-8 是上一章介绍过的受竖向力 P 作用的三杆桁架系统,该系统各杆面积均为 A,第 2 杆长度为 L,第 1、3 两杆长度为 $L/\cos\theta$,定义的第 i 根杆($i=1,2,3$)的轴向力和应力分别为 P_i、σ_i,应变为 ε_i. 为了便于和第 8 章采用材料力学方法所得结果对比,此处采用图 9-9 的应力应变线性强化模型来解答,最后令 $E'=0$,又可得到上一章理想弹塑性的情形. 应力应变线性强化模型对应的 e-p 曲线如图 9-10 所示.

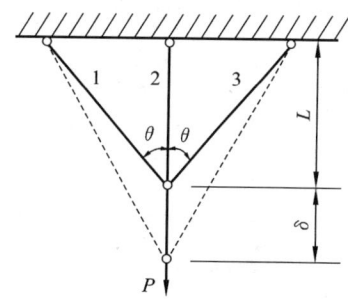

图 9-8 三杆桁架

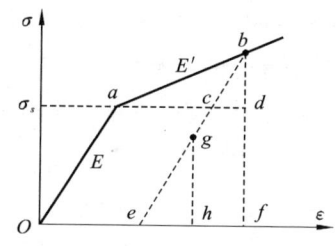

图 9-9 应力应变线性强化模型

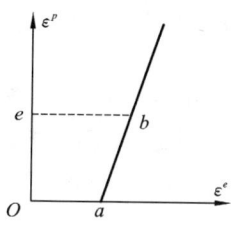

图 9-10 e-p 曲线

图示桁架结构是一维问题,对于图 9-9 的应力应变线性强化模型,可写出每一杆的 $\varepsilon_{ij}^p = F(\varepsilon_{ij}^e)$ 关系如下:

弹性阶段
$$\varepsilon^p = 0 \qquad \varepsilon^e \leqslant \sigma_s/E \qquad (9\text{-}11)$$

弹塑性阶段(例如在点 b)
$$\varepsilon^p = \overline{ad} - \overline{cd} = (E\varepsilon^e - \sigma_s)K \qquad \varepsilon^e > \sigma_s/E \qquad (9\text{-}12)$$

式中
$$K = 1/E' - 1/E$$

卸载,例如加载到点 b 时卸载至点 g,有
$$\varepsilon^p = \varepsilon_b^p \qquad \varepsilon^e = \sigma^g/E \qquad (9\text{-}13)$$

式中:ε_b^p 为是点 b 的塑性应变,σ^g 为点 g 的应力.

如图 9-11 所示,该桁架结构的每一根杆均是一个弹性或塑性体,均需满足弹塑性折线理论的基本方程组式(7-36),在受力变形的过程中它们还需满足以下边界条件:

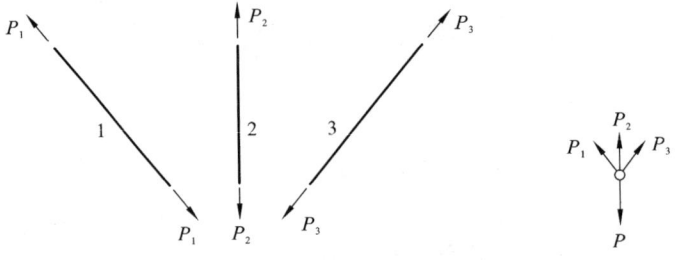

图 9-11 三杆桁架受力分析

$$P_1 = P_3 \tag{9-14}$$
$$P_1\cos\theta + P_2 + P_3\cos\theta = P \tag{9-15}$$
$$\varepsilon_1 = \varepsilon_3 = \varepsilon_2 \cos^2\theta \tag{9-16}$$

方程式(9-14)~式(9-16)可变形为

$$\sigma_1 = \sigma_3 \tag{9-17}$$
$$2\sigma_1\cos\theta + \sigma_2 = P/A \tag{9-18}$$
$$\varepsilon_1^p + \varepsilon_1^e = \varepsilon_3^p + \varepsilon_3^e = (\varepsilon_2^p + \varepsilon_2^e)\cos^2\theta \tag{9-19}$$

方程式(9-17)~式(9-19)正是用材料力学方法求解时的平衡方程和几何方程,在第8章中已说明它们并不是弹塑性力学中的平衡方程和几何方程,而是三根杆的应变与杆端应力在变形过程中要满足的条件,所以正是弹塑性力学的边界条件.

现在就用弹塑性折线理论来求解.

1. 弹性阶段

此时无塑性变形,用弹塑性折线理论求解基本方程组式(7-36)的前三式便可求解,后两式不用考虑.一维杆弹性解答已知,可直接写出如下:

$$\sigma_1 = \sigma_3 = P_1/A \quad \varepsilon_1^e = \varepsilon_3^e = \sigma_1/E \tag{9-20}$$
$$\sigma_2 = P_2/A \quad \varepsilon_2^e = \sigma_2/E \tag{9-21}$$
$$\varepsilon_1^p = \varepsilon_3^p = \varepsilon_2^p = 0 \quad \varepsilon_1 = \varepsilon_1^e \quad \varepsilon_3 = \varepsilon_3^e \quad \varepsilon_2 = \varepsilon_2^e \tag{9-22}$$

令式(9-20)~式(9-22)满足边界条件式(9-17)~式(9-19),便有如下弹性解答:

$$\left.\begin{array}{l}\sigma_2 = \dfrac{P}{A(1+2\cos^3\theta)} \\[2mm] \sigma_1 = \sigma_3 = \dfrac{P\cos^2\theta}{A(1+2\cos^3\theta)} \\[2mm] \varepsilon_2 = \dfrac{P}{EA(1+2\cos^3\theta)} \\[2mm] \varepsilon_1 = \varepsilon_3 = \dfrac{P\cos^2\theta}{EA(1+2\cos^3\theta)}\end{array}\right\} \tag{9-23}$$

当 $\sigma_2 = \sigma_s$ 时,桁架将处于弹塑性临界性状态,此时对应的 P 值记为

$$P_e = \sigma_s A(1 + 2\cos^3\theta) \tag{9-24}$$

P_e 即为弹性极限载荷.

2. 弹塑性阶段

因为式(9-23)中 $\sigma_2 > \sigma_1 = \sigma_3$,杆 2 将首先进入塑性状态. 这一阶段考虑杆 2 处于塑性状态、杆 1 和杆 3 仍处于弹性状态的情形.

此时式(7-36)的前三式的求解结果仍同式(9-20)和式(9-21),对杆 1 和杆 3 还有 $\varepsilon_1^p = \varepsilon_3^p = 0$,但杆 2 已进入塑性状态,其塑性应变不为零.

依据 $\varepsilon_{ij}^p = F(\varepsilon_{ij}^e)$ 关系的式(9-12),由杆 2 的弹性应变 ε_2^e 可以计算出对应的塑性应变 ε_2^p,设应力应变状态位于点 b,则有

$$\varepsilon_2^p = (E\varepsilon_2^e - \sigma_s)K = (\sigma_2 - \sigma_s)K \tag{9-25}$$

式中:σ_2 为杆 2 位于点 b 的应力.

至此,求得的解答为

$$\left.\begin{array}{l} \sigma_1 = \sigma_3 = P_1/A \\ \sigma_2 = P_2/A \\ \varepsilon_1 = \varepsilon_3 = \varepsilon_1^e = \varepsilon_3^e = \sigma_1/E \\ \varepsilon_2 = \varepsilon_2^e + \varepsilon_2^p = \sigma_2/E + (\sigma_2 - \sigma_s)K \end{array}\right\} \tag{9-26}$$

令式(9-26)满足边界条件式(9-17)~式(9-19),有最终解答

$$\left.\begin{array}{l} \sigma_2 = \dfrac{1}{1+2(1+KE)\cos^3\theta}\left(\dfrac{P}{A} + 2KE\sigma_s\cos^3\theta\right) \\ \sigma_1 = \sigma_3 = \dfrac{(1+KE)\cos^2\theta}{1+2(1+KE)\cos^3\theta}\left(\dfrac{P}{A} + 2KE\sigma_s\cos^3\theta\right) - KE\sigma_s\cos^2\theta \\ \varepsilon_2 = \sigma_2/E + K(\sigma_2 - \sigma_s) \\ \varepsilon_1 = \varepsilon_3 = \sigma_1/E \end{array}\right\} \tag{9-27}$$

当 $\sigma_1 = \sigma_3 = \sigma_s$ 时,三根杆就将全部进入塑性阶段了,此时的载荷用 P_s 表示,则据 σ_1 的表达式有

$$P_s = A\sigma_s \frac{1+2\cos^3\theta + KE(1+2\cos\theta)\cos^2\theta}{(1+KE)\cos^2\theta} \tag{9-28}$$

3. 卸载($P_e < P < P_s$)

设加载使杆 2 至图 9-9 中点 b 后卸载至点 g,此时杆 1 和杆 3 仍处于弹性状态. 又设使杆 2 加载至图 9-9 中点 b 对应的载荷 P 为 P^b,杆 2 对应点 b 的应力为 σ_2^b,卸载至点 g 时载荷 P 为 $P^b - \Delta P$,减少了 ΔP.

式(7-36)的前三式的求解结果仍同式(9-20)和式(9-21),对杆 1 和杆 3 也有 $\varepsilon_1^p = \varepsilon_3^p = 0$,杆 2 已进入塑性状态.

依据 $\varepsilon_{ij}^p = F(\varepsilon_{ij}^e)$ 关系的式(9-13),可知此时的塑性应变 ε_2^p 为

$$\varepsilon_2^p = \varepsilon_b^p = (\sigma_2^b - \sigma_s)K \tag{9-29}$$

因此,尚未满足边界条件的解答为

$$\left.\begin{array}{l}\sigma_1 = \sigma_3 = P_1/A \\ \sigma_2 = P_2/A \\ \varepsilon_1 = \varepsilon_3 = \varepsilon_1^e = \varepsilon_3^e = \sigma_1/E \\ \varepsilon_2 = \varepsilon_2^e + \varepsilon_2^p = \sigma_2/E + (\sigma_2^b - \sigma_s)K\end{array}\right\} \tag{9-30}$$

令式(9-30)满足边界条件式(9-17)~式(9-19),有最终解答

$$\left.\begin{array}{l}\sigma_2 = \dfrac{(P^b - \Delta P)/A - 2KE(\sigma_2^b - \sigma_s)\cos^3\theta}{1 + 2\cos^3\theta} \\ \sigma_1 = \sigma_3 = [\sigma_2 + KE(\sigma_2^b - \sigma_s)]\cos^2\theta \\ \varepsilon_2 = \sigma_2/E + K(\sigma_2^b - \sigma_s) \\ \varepsilon_1 = \varepsilon_3 = \sigma_1/E\end{array}\right\} \tag{9-31}$$

当 $\Delta P = P^b$ 时完全卸载,有

$$\left.\begin{array}{l}\sigma_2 = \dfrac{-2KE(P^b/A - \sigma_s - 2\sigma_s\cos^3\theta)\cos^3\theta}{[1 + 2(1+KE)\cos^3\theta](1 + 2\cos^3\theta)} < 0 \\ \sigma_1 = \sigma_3 = \dfrac{KE(P^b/A - \sigma_s - 2\sigma_s\cos^3\theta)\cos^2\theta}{[1 + 2(1+KE)\cos^3\theta](1 + 2\cos^3\theta)} > 0 \\ \varepsilon_2 = \dfrac{K(P^b/A - \sigma_s - 2\sigma_s\cos^3\theta)}{[1 + 2(1+KE)\cos^3\theta](1 + 2\cos^3\theta)} > 0 \\ \varepsilon_1 = \varepsilon_3 = \dfrac{K(P^b/A - \sigma_s - 2\sigma_s\cos^3\theta)\cos^2\theta}{[1 + 2(1+KE)\cos^3\theta](1 + 2\cos^3\theta)} > 0\end{array}\right\} \tag{9-32}$$

4. 三杆进入塑性状态($P > P_s$)

此时三杆均进入塑性状态,设加载过程中无卸载,类似地,可得尚未满足边界条件的解答为

$$\left.\begin{array}{l}\sigma_1 = \sigma_3 = P_1/A \\ \sigma_2 = P_2/A \\ \varepsilon_1 = \varepsilon_3 = \sigma_1/E + (\sigma_1 - \sigma_s)K \\ \varepsilon_2 = \sigma_2/E + (\sigma_2 - \sigma_s)K\end{array}\right\} \tag{9-33}$$

令式(9-33)满足边界条件式(9-17)~式(9-19),有最终解答

$$\left.\begin{array}{l}\sigma_2 = \dfrac{1}{1 + 2\cos^3\theta}\left(\dfrac{P}{A} - \dfrac{2KE\sigma_s}{1+KE}\cos\theta\sin^2\theta\right) \\ \sigma_1 = \sigma_3 = \dfrac{\cos^2\theta}{1 + 2\cos^3\theta}\left(\dfrac{P}{A} - \dfrac{2KE\sigma_s}{1+KE}\cos\theta\sin^2\theta\right) + \dfrac{KE\sigma_s}{1+KE}\sin^2\theta \\ \varepsilon_2 = \sigma_2/E + K(\sigma_2 - \sigma_s) \\ \varepsilon_1 = \varepsilon_3 = \sigma_1/E + K(\sigma_1 - \sigma_s)\end{array}\right\} \tag{9-34}$$

至此,桁架的弹塑性问题就全部解决了,上述解答完全满足了弹塑性折线理论的基本方程组,且与上一章用材料力学方法求得的线性强化模型下的解答一致.

现令上述解答中的 $E'=0$,有

$$\lim_{E'\to 0}[式(9\text{-}27)第1式] = \lim_{K\to\infty}\frac{P/A+2KE\sigma_s\cos^3\theta}{1+2(1+KE)\cos^3\theta} = \sigma_s$$

$$\lim_{E'\to 0}[式(9\text{-}27)第2式] = \lim_{K\to\infty}[(1+KE)\sigma_2\cos^2\theta - KE\sigma_s\cos^2\theta]$$
$$= \frac{P/A-\sigma_s}{2\cos\theta}$$

$$\lim_{E'\to 0}[式(9\text{-}28)] = \lim_{K\to\infty}A\sigma_S\frac{1+2\cos^3\theta+KE(1+2\cos\theta)\cos^2\theta}{(1+KE)\cos^2\theta}$$
$$= A\sigma_S(1+2\cos\theta)$$

$$\lim_{E'\to 0}[式(9\text{-}32)第1式] = \lim_{K\to\infty}\frac{2KE(\sigma_S+2\sigma_s\cos^3\theta-P^b/A)}{[1+2(1+KE)\cos^3\theta](1+2\cos^3\theta)}$$
$$= \left(1-\frac{P^b}{P_e}\right)\sigma_S$$

$$\lim_{E'\to 0}[式(9\text{-}32)第2式] = \lim_{K\to\infty}\frac{KE(P^b/A-\sigma_S-2\sigma_s\cos^3\theta)\cos^2\theta}{[1+2(1+KE)\cos^3\theta](1+2\cos^3\theta)}$$
$$= \frac{P^b/A-\sigma_S(1+2\cos^3\theta)}{2\cos\theta(1+2\cos^3\theta)}$$
$$= \left(\frac{P^b}{P_e}-1\right)\sigma_S/2\cos\theta$$

结果和上一章理想弹塑性的解答($E'=0$)也完全一致,这说明弹塑性折线理论是正确可行的.

显然,上述方法适用于所有杆系结构的弹塑性分析.

9.6.2 采用应力应变关系作为本构关系

前面已说明,弹塑性折线理论的基本方程组式(7-36)可采用弹性应变和塑性应变关系作为本构关系,也可采用应力应变关系作为本构关系. 这里以采用应力应变关系作为本构关系为例重解图 9-8 的三杆桁架结构,仍采用图 9-9 的应力应变线性强化模型.

图 9-9 的应力应变关系 $\varepsilon_{ij}=F(\sigma_{ij})$ 可写为

弹性阶段

$$\varepsilon = \sigma/E \quad \sigma \leqslant \sigma_s \tag{9-35}$$

弹塑性阶段

$$\varepsilon = \overline{ef}+\overline{ac} = \sigma/E+K(\sigma-\sigma_s) \quad \sigma > \sigma_s \tag{9-36}$$

式中

$$K = 1/E'-1/E$$

卸载,例如加载到点 b 时卸载至点 g 有

$$\varepsilon = \overline{eh} + \overline{ac} = \sigma^g/E + K(\sigma^b - \sigma_s) \tag{9-37}$$

式中:σ^g 是为 g 的应力,σ^b 为点 b 的应力.

边界条件同式(9-17)~式(9-19).

此时式(7-36)的 $\varepsilon_{ij}^p = F(\varepsilon_{ij}^e)$ 已经换为 $\varepsilon_{ij} = F(\sigma_{ij})$,现重写如下

$$\left.\begin{aligned}
&\sigma_{ij,j} + F_i = 0 \\
&\varepsilon_{ij}^e = \frac{1}{2}(u_{i,j}^e + u_{j,i}^e) \\
&\varepsilon_{ij}^e = \frac{1}{2G}\sigma_{ij} - \frac{3\mu}{E}\sigma^a \delta_{ij} \\
&\varepsilon_{ij} = F(\sigma_{ij}) \\
&\varepsilon_{ij}^p = \frac{1}{2}(u_{i,j}^p + u_{j,i}^p) \quad \text{或} \quad \varepsilon_{ij} = \frac{1}{2}(u_{i,j} + u_{j,i})
\end{aligned}\right\} \tag{9-38}$$

1. 弹性阶段

用弹塑性折线理论求解基本方程组式(9-38)的前三式便可求解,后两式不用考虑. 三根杆的式(9-38)前三式弹性解为

$$\left.\begin{aligned}
\sigma_1 = \sigma_3 = P_1/A \quad \varepsilon_1 = \varepsilon_3 = \sigma_1/E \\
\sigma_2 = P_2/A \quad \varepsilon_2 = \sigma_2/E
\end{aligned}\right\} \tag{9-39}$$

令式(9-39)满足边界条件,得最终解答

$$\left.\begin{aligned}
&\sigma_2 = \frac{P}{A(1+2\cos^3\theta)} \\
&\sigma_1 = \sigma_3 = \frac{P\cos^2\theta}{A(1+2\cos^3\theta)} \\
&\varepsilon_2 = \frac{P}{EA(1+2\cos^3\theta)} \\
&\varepsilon_1 = \varepsilon_3 = \frac{P\cos^2\theta}{EA(1+2\cos^3\theta)}
\end{aligned}\right\} \tag{9-40}$$

2. 弹塑性阶段

因 $\sigma_2 > \sigma_1 = \sigma_3$,杆 2 先进入塑性状态,这一阶段仍考虑杆 2 处于塑性状态、杆 1 和杆 3 处于弹性状态的情形.

三根杆的式(9-38)的前三式弹性解仍与式(9-39)相同,但这一阶段式(9-39)中杆 2 的应变只是实际应变的弹性部分,所以改写式(9-39)如下:

$$\left.\begin{aligned}
\sigma_1 = \sigma_3 = P_1/A \quad \varepsilon_1 = \varepsilon_3 = \sigma_1/E \\
\sigma_2 = P_2/A \quad \varepsilon_2^e = \sigma_2/E
\end{aligned}\right\} \tag{9-41}$$

杆 2 的总应变可由式(9-38)的第 4 式即式(9-36)确定

第 9 章　弹塑性折线理论的重要结论与典型问题解答

$$\varepsilon_2 = \sigma_2/E + K(\sigma_2 - \sigma_s) \tag{9-42}$$

这样，尚未满足边界条的式(9-38)解答为

$$\left.\begin{array}{l} \sigma_1 = \sigma_3 = P_1/A \quad \varepsilon_1 = \varepsilon_3 = \sigma_1/E \\ \sigma_2 = P_2/A \quad \varepsilon_2 = \sigma_2/E + K(\sigma_2 - \sigma_s) \end{array}\right\} \tag{9-43}$$

令式(9-43)满足边界条件，得最后解答

$$\left.\begin{array}{l} \sigma_2 = \dfrac{1}{1 + 2(1+KE)\cos^3\theta}\left(\dfrac{P}{A} + 2KE\sigma_s\cos^3\theta\right) \\ \sigma_1 = \sigma_3 = \dfrac{(1+KE)\cos^2\theta}{1 + 2(1+KE)\cos^3\theta}\left(\dfrac{P}{A} + 2KE\sigma_s\cos^3\theta\right) - KE\sigma_s\cos^2\theta \\ \varepsilon_2 = \sigma_2/E + K(\sigma_2 - \sigma_s) \\ \varepsilon_1 = \varepsilon_3 = \sigma_1/E \end{array}\right\} \tag{9-44}$$

3. 卸载$(P_e < P < P_s)$

同样设加载使杆 2 至图 9-9 中点 b 后卸载至点 g，此时杆 1 和杆 3 仍处于弹性状态。又设使杆 2 加载至图 9-9 中点 b 对应的载荷 P 为 P^b，杆 2 对应点 b 的应力为 σ_2^b，卸载至点 g 时载荷 P 为 $P^b - \Delta P$，减少了 ΔP。

式(9-38)前三式的求解结果同式(9-41)，此时杆 2 的总应变由式(9-38)的第 4 式即式(9-37)确定

$$\varepsilon_2 = \sigma_2/E + K(\sigma_2^b - \sigma_s) \tag{9-45}$$

因此，尚未满足边界条件的解答为

$$\left.\begin{array}{l} \sigma_1 = \sigma_3 = P_1/A \quad \varepsilon_1 = \varepsilon_3 = \sigma_1/E \\ \sigma_2 = P_2/A \quad \varepsilon_2 = \sigma_2/E + K(\sigma_2^b - \sigma_s) \end{array}\right\} \tag{9-46}$$

满足边界条件后的解答为

$$\left.\begin{array}{l} \sigma_2 = \dfrac{(P^b - \Delta P)/A - 2KE(\sigma_2^b - \sigma_s)\cos^3\theta}{1 + 2\cos^3\theta} \\ \sigma_1 = \sigma_3 = [\sigma_2 + KE(\sigma_2^b - \sigma_s)]\cos^2\theta \\ \varepsilon_2 = \sigma_2/E + K(\sigma_2^b - \sigma_s) \\ \varepsilon_1 = \varepsilon_3 = \sigma_1/E \end{array}\right\} \tag{9-47}$$

4. 三杆进入塑性状态$(P > P_s)$

此时三杆均进入塑性状态，设加载过程中无卸载，类似地，可得尚未满足边界条件的解答为

$$\left.\begin{array}{l} \sigma_1 = \sigma_3 = P_1/A \\ \sigma_2 = P_2/A \\ \varepsilon_1 = \varepsilon_3 = \sigma_1/E + (\sigma_1 - \sigma_s)K \\ \varepsilon_2 = \sigma_2/E + (\sigma_2 - \sigma_s)K \end{array}\right\} \tag{9-48}$$

满足边界条件后有最终解答

$$\left.\begin{aligned}\sigma_2 &= \frac{1}{1+2\cos^3\theta}\left(\frac{P}{A} - \frac{2KE\sigma_s}{1+KE}\cos\theta\sin^2\theta\right) \\ \sigma_1 &= \sigma_3 = \frac{\cos^2\theta}{1+2\cos^3\theta}\left(\frac{P}{A} - \frac{2KE\sigma_s}{1+KE}\cos\theta\sin^2\theta\right) + \frac{KE\sigma_s}{1+KE}\sin^2\theta \\ \varepsilon_2 &= \sigma_2/E + K(\sigma_2 - \sigma_s) \\ \varepsilon_1 &= \varepsilon_3 = \sigma_1/E + K(\sigma_1 - \sigma_s)\end{aligned}\right\} \quad (9\text{-}49)$$

上述解答与采用弹性应变和塑性应变关系作为本构关系的解答完全相同.

9.6.3 考虑应力路径的三杆桁架理想弹塑性分析

为便于与传统方法的结果对比,研究如图 9-12 所示的桁架结构,它与第 8 章 8.3 节的研究对象、目标相同. 图 9-12 中各杆材料相同,弹模为 E,杆件横截面面积均为 A,第 2 杆长度为 L,$\theta = 45°$.

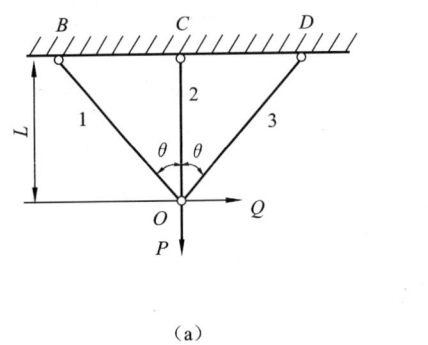
(a)

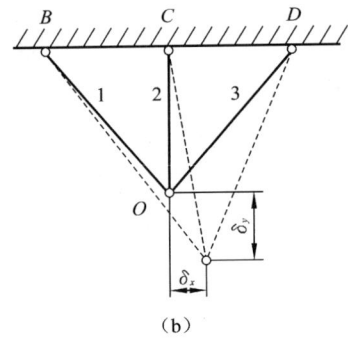
(b)

图 9-12 三杆桁架系统

也采用理想弹塑性模型求解与第 8 章 8.3 节相同的两种加载路径.

路径 1:外载 (Q,P) 先由 $(0,0)$ 线性地变化为 $(0,(1+\sqrt{2})\sigma_s A)$,再在垂直位移 δ_y 保持不变的条件下增加 Q,使之达到 $\sqrt{2}\sigma_s A$($Q=\sqrt{2}\sigma_s A$ 对应着图 9-12 仅承受 Q 作用时的弹性极限载荷).

路径 2:外载 (Q,P) 由 $(0,0)$ 按比例 $P=\sqrt{2}Q/2$ 单调地加载到 $(\sqrt{2}A\sigma_s, A\sigma_s)$.

两种加载路径图如图 9-13 所示.

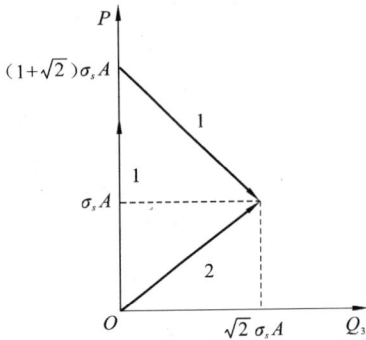

图 9-13 两种加载路径

理想弹塑性模型不同于线性强化模型,在该模型下,应变的弹性分量和塑性分量不是一一对应的,塑性分量的确定需要用到几何约束条件,这使应用弹塑性折线理论的求解具有了新的特点,展示这一特点也是本节的目的之一.

同样,定义第 i 根杆($i=1,2,3$)的轴向力和应力分别为 P_i,σ_i,应变为 ε_i,如图 9-14 所示.类似地,第 8 章 8.3 节建立的静力平衡方程与变形协调关系实为这一问题的边界条件,现重写如下:

$$\left.\begin{aligned}\sigma_2+\frac{\sqrt{2}}{2}(\sigma_1+\sigma_3)&=\frac{P}{A}\\ \frac{\sqrt{2}}{2}(\sigma_1-\sigma_3)&=\frac{Q}{A}\\ \varepsilon_2&=\varepsilon_1+\varepsilon_3\end{aligned}\right\} \quad (9\text{-}50)$$

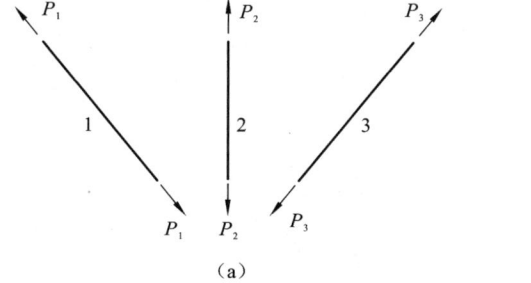
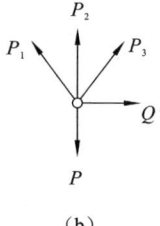

图 9-14 三杆受力分析

设 P,Q 二力作用点的水平位移和垂直位移分别为 δ_x,δ_y,如图 9-12(b)所示.式(9-50)中三杆的应变与 δ_x 和 δ_y 的关系也为

$$\left.\begin{aligned}\varepsilon_1&=\frac{1}{2L}(\delta_y+\delta_x)\\ \varepsilon_2&=\frac{\delta_y}{L}\\ \varepsilon_3&=\frac{1}{2L}(\delta_y-\delta_x)\end{aligned}\right\} \quad (9\text{-}51)$$

下面依据弹塑性折线理论的基本方程组,采用理想弹塑性模型及 e-p 曲线本构关系来求解设定的两种加载路径下的弹塑性解答.

设杆件的轴向应力为 σ,单轴屈服应力为 $\pm\sigma_s$,弹模为 E,则其理想弹塑性模型的 e-p 曲线本构关系可表示为

当 $|\varepsilon^e|<\sigma_s/E$ 时

$$\varepsilon^e=\sigma/E \qquad \varepsilon^p=0$$

当 $\varepsilon^e=\pm\sigma_s/E$ 时

$$\varepsilon^e=\pm\sigma_s/E \qquad \varepsilon^p \text{ 由约束确定}$$

式中:正负号重叠处的正号表示单轴拉伸时的值,负号为单轴压缩时的值.

1. 路径 1 弹塑性解答

(1) 外载 (Q,P) 先由 $(0,0)$ 加载到 $(0,(1+\sqrt{2})\sigma_s A)$,这一过程需分两步来研究.

第一步,当 P 较小时,杆系整体处于弹性状态,其弹性解为

$$\left.\begin{aligned} \sigma_1 &= \sigma_3 = \frac{P}{A(2+\sqrt{2})} \\ \sigma_2 &= \frac{2P}{A(2+\sqrt{2})} \\ \varepsilon_1 &= \varepsilon_3 = \frac{P}{EA(2+\sqrt{2})} \\ \varepsilon_2 &= \frac{2P}{EA(2+\sqrt{2})} \end{aligned}\right\} \quad (9\text{-}52)$$

当

$$P = \frac{(2+\sqrt{2})}{2}\sigma_s A \quad \sigma_2 = \sigma_s$$

时,杆系达弹性极限状态.

第二步,再增大 P,可知杆 2 应力将保持 $\sigma_2=\sigma_s$ 不变,杆 1 和杆 3 仍处于弹性状态. 每根杆均是一独立的连续体,需应用弹塑性力学的基本方程对每根杆单独求解.

对三根杆单独应用塑性力学基本方程组式(7-36)前三式求弹性解,有

$$\left.\begin{aligned} \sigma_1 &= \frac{P_1}{A} & \varepsilon_1^e &= \frac{\sigma_1}{E} \\ \sigma_2 &= \frac{P_2}{A} = \sigma_s & \varepsilon_2^e &= \frac{\sigma_2}{E} = \frac{\sigma_s}{E} \\ \sigma_3 &= \frac{P_3}{A} & \varepsilon_3^e &= \frac{\sigma_3}{E} = \frac{P_3}{E} \end{aligned}\right\} \quad (9\text{-}53)$$

然后由式(7-36)后两式确定塑性分量,因是理想弹塑性,杆 2 的塑性分量不能与弹性分量建立联系,它现在需作为一个待定量,稍后由边界条件确定(这正是理想弹塑性模型的特点). 考虑塑性后的式(7-36)解答暂可表示如下:

$$\left.\begin{aligned} \sigma_1 &= \frac{P_1}{A} & \varepsilon_1 &= \varepsilon_1^e = \frac{P_1}{EA} \\ \sigma_2 &= \frac{P_2}{A} = \sigma_s & \varepsilon_2 &= \varepsilon_2^e + \varepsilon_2^p = \frac{\sigma_s}{E} + \varepsilon_2^p \\ \sigma_3 &= \frac{P_3}{A} & \varepsilon_3 &= \varepsilon_3^e = \frac{P_3}{EA} \end{aligned}\right\} \quad (9\text{-}54)$$

令式(9-54)满足边界条件式(9-50),有

$$\left.\begin{aligned} &\sigma_s+\frac{\sqrt{2}}{2}\left(\frac{P_1}{A}+\frac{P_3}{A}\right)=\frac{P}{A} \\ &\frac{\sqrt{2}}{2}\left(\frac{P_1}{A}-\frac{P_3}{A}\right)=0 \\ &\frac{\sigma_s}{E}+\varepsilon_2^p=\frac{P_1}{EA}+\frac{P_3}{EA} \end{aligned}\right\} \quad (9\text{-}55)$$

求解式(9-55),得

$$\left.\begin{aligned} &P_1=P_3=\frac{\sqrt{2}}{2}(P-\sigma_s A) \\ &\varepsilon_2^p=\frac{\sqrt{2}}{EA}(P-\sigma_s A)-\frac{\sigma_s}{E} \end{aligned}\right\} \quad (9\text{-}56)$$

将式(9-56)回代式(9-54),便得这一阶段的解答

$$\left.\begin{aligned} &\sigma_1=\sigma_3=\frac{\sqrt{2}}{2A}(P-\sigma_s A) \\ &\varepsilon_1=\varepsilon_3=\frac{\sqrt{2}}{2EA}(P-\sigma_s A) \\ &\sigma_2=\sigma_s \\ &\varepsilon_2=\frac{\sqrt{2}}{EA}(P-\sigma_s A) \end{aligned}\right\} \quad (9\text{-}57)$$

当 $P=(1+\sqrt{2})\sigma_s A$ 时(此值正好是式(8-24)表示的 P_s),杆 1 和杆 3 正好屈服,有

$$\left.\begin{aligned} &\sigma_1=\sigma_2=\sigma_3=\sigma_s \\ &\delta_y=2\delta_e=2\left(\frac{\sigma_s L}{E}\right) \end{aligned}\right\} \quad (9\text{-}58)$$

式中

$$\delta_e=\frac{\sigma_s L}{E}$$

(2) 在过程(1)的基础上进一步加载时,保持 $\delta_y=2\delta_e$ 不变而施加水平方向的载荷 Q,使 P,Q 二力作用点有一个水平方向的位移增量 $\Delta\delta_x=\delta_x>0$,则由几何关系式(9-51),有

$$\left.\begin{aligned} &\Delta\varepsilon_1=\frac{\Delta\delta_x}{2L}>0 \\ &\Delta\varepsilon_2=\frac{\Delta\delta_y}{L}=0 \\ &\Delta\varepsilon_3=-\frac{\Delta\delta_x}{2L}<0 \end{aligned}\right\} \quad (9\text{-}59)$$

可知杆 1 和杆 2 未卸载,$\sigma_1=\sigma_2=\sigma_s$,而杆 3 以弹性规律卸载.

每根杆这一阶段式(7-36)前三式的弹性解为

$$\left.\begin{array}{ll} \sigma_1=\dfrac{P_1}{A}=\sigma_s & \varepsilon_1^e=\dfrac{\sigma_1}{E}=\dfrac{\sigma_s}{E} \\[6pt] \sigma_2=\dfrac{P_2}{A}=\sigma_s & \varepsilon_2^e=\dfrac{\sigma_2}{E}=\dfrac{\sigma_s}{E} \\[6pt] \sigma_3=\dfrac{P_3}{A} & \varepsilon_3^e=\dfrac{\sigma_3}{E}=\dfrac{P_3}{E} \end{array}\right\} \quad (9\text{-}60)$$

此时，杆 1 和杆 2 处于塑性流动状态，ε_1^p 和 ε_2^p 需由边界条件确定．杆 3 在这一阶段处于卸载状态，其塑性应变分量 ε_3^p 保持不变，且同卸载开始前瞬间的塑性应变值 ε_3^{p*}，

$$\varepsilon_3^{p*}=\varepsilon_3^*-\varepsilon_3^{e*}=\dfrac{\delta_y^*}{2L}-\dfrac{\sigma_s}{E}=\dfrac{1}{2L}\cdot\dfrac{2\sigma_s L}{E}-\dfrac{\sigma_s}{E}=0 \quad (9\text{-}61)$$

即有 $\varepsilon_3^p=0$．上标"*"表示对应卸载开始前瞬间的应力应变状态．

因此，考虑式(7-36)后两式的解答可表示为

$$\left.\begin{array}{ll} \sigma_1=\dfrac{P_1}{A}=\sigma_s & \varepsilon_1=\varepsilon_1^e+\varepsilon_1^p=\dfrac{\sigma_s}{E}+\varepsilon_1^p \\[6pt] \sigma_2=\dfrac{P_2}{A}=\sigma_s & \varepsilon_2=\varepsilon_2^e+\varepsilon_2^p=\dfrac{\sigma_s}{E}+\varepsilon_2^p \\[6pt] \sigma_3=\dfrac{P_3}{A} & \varepsilon_3=\varepsilon_3^e+\varepsilon_3^p=\dfrac{\sigma_3}{E}=\dfrac{P_3}{E} \end{array}\right\} \quad (9\text{-}62)$$

令式(9-62)解答满足边界条件，有

$$\left.\begin{array}{l} \sigma_s+\dfrac{\sqrt{2}}{2}\left(\sigma_s+\dfrac{P_3}{A}\right)=\dfrac{P}{A} \\[6pt] \dfrac{\sqrt{2}}{2}\left(\sigma_s-\dfrac{P_3}{A}\right)=\dfrac{Q}{A} \end{array}\right\} \quad (9\text{-}63)$$

$$\varepsilon_2=\dfrac{\sigma_s}{E}+\varepsilon_2^p=\dfrac{\delta_y}{L}=\dfrac{2\sigma_s}{E} \quad (9\text{-}64)$$

$$\varepsilon_2=\dfrac{2\sigma_s}{E}=\dfrac{\sigma_s}{E}+\varepsilon_1^p+\dfrac{P_3}{EA}=\varepsilon_1+\varepsilon_3 \quad (9\text{-}65)$$

由式(9-63)～式(9-65)可解得

$$\left.\begin{array}{l} P_3=\sqrt{2}P-(1+\sqrt{2})\sigma_s A \quad \text{或} \quad P_3=\sigma_s A-\sqrt{2}Q \\[6pt] \varepsilon_1^p=\dfrac{\sigma_s}{E}-\dfrac{1}{EA}[\sqrt{2}P-(1+\sqrt{2})\sigma_s A] \quad \varepsilon_2^p=\dfrac{\sigma_s}{E} \end{array}\right\} \quad (9\text{-}66)$$

因 P_3 是唯一的，所以由式(9-66)第一行两个表达式，有

$$P=(1+\sqrt{2})\sigma_s A-Q \quad (9\text{-}67)$$

当 $P=\sigma_s A$ 时，$Q=\sqrt{2}\sigma_s A$，杆 3 正好反向屈服．所以最终解答为

$$\left.\begin{aligned}\sigma_1&=\frac{P_1}{A}=\sigma_s & \varepsilon_1&=\varepsilon_1^e+\varepsilon_1^p=\frac{3\sigma_s}{E}\\ \sigma_2&=\frac{P_2}{A}=\sigma_s & \varepsilon_2&=\varepsilon_2^e+\varepsilon_2^p=\frac{2\sigma_s}{E}\\ \sigma_3&=\frac{P_3}{A}=-\sigma_s & \varepsilon_3&=\varepsilon_3^e+\varepsilon_3^p=-\frac{\sigma_s}{E}\end{aligned}\right\} \tag{9-68}$$

利用式(9-51)可计算此时的 δ_x,δ_y

$$\delta_x=4\delta_e \qquad \delta_y=2\delta_e \tag{9-69}$$

2. 路径 2 弹塑性解答

在第二种路径下,外载 (Q,P) 由 $(0,0)$ 按单调的比例 $Q=\sqrt{2}P$ 加载而达到 $(\sqrt{2}A\sigma_s, A\sigma_s)$. 这对应于图 9-13 中的路径 2.

(1) 由于加载时始终有关系式 $Q=\sqrt{2}P$,故当外载 (Q,P) 较小时,三杆均会处于弹性阶段,对每根杆应用式(7-36)的前三式求解,有弹性解

$$\left.\begin{aligned}\sigma_1&=\frac{P_1}{A} & \varepsilon_1&=\frac{\sigma_1}{E}\\ \sigma_2&=\frac{P_2}{A} & \varepsilon_2&=\frac{\sigma_2}{E}\\ \sigma_3&=\frac{P_3}{A} & \varepsilon_3&=\frac{\sigma_3}{E}\end{aligned}\right\} \tag{9-70}$$

将式(9-70)代入边界条件,有

$$\left.\begin{aligned}P_2+\frac{\sqrt{2}}{2}(P_1+P_3)&=P\\ \frac{\sqrt{2}}{2}(P_1-P_3)&=Q\\ P_2&=P_1+P_3\end{aligned}\right\} \tag{9-71}$$

由式(9-71)可求出 P_1,P_2 和 P_3,将它们代入式(9-70)并利用关系 $Q=\sqrt{2}P$,有

$$\left.\begin{aligned}\sigma_1&=\left(\frac{1}{2+\sqrt{2}}+1\right)\frac{P}{A}>0\\ \sigma_2&=\left(\frac{2}{2+\sqrt{2}}\right)\frac{P}{A}>0\\ \sigma_3&=\left(\frac{1}{2+\sqrt{2}}-1\right)\frac{P}{A}<0\end{aligned}\right\} \tag{9-72}$$

上式表明:杆 1 中的应力最大,随着 P 和 $Q=\sqrt{2}P$ 的增长,杆 1 将先于其余两杆达到屈服状态,当 $\sigma_1=\sigma_s$ 时,有

$$P=\left(\frac{2+\sqrt{2}}{3+\sqrt{2}}\right)\sigma_s A \qquad (9\text{-}73)$$

此时各杆的应力为

$$\sigma_1=\sigma_s \qquad \sigma_2=\left(\frac{2}{3+\sqrt{2}}\right)\sigma_s \qquad \sigma_3=-\left(\frac{1+\sqrt{2}}{3+\sqrt{2}}\right)\sigma_s \qquad (9\text{-}74)$$

(2) 在(1)的基础上进一步加载时,利用边界条件式(9-50)的应力增量形式可判断出:三根杆的变形趋势不变,即杆 1 和杆 2 继续伸长,杆 3 继续压缩;且因杆 2 和杆 3 中的应力小于屈服应力 σ_s,所以这两根杆继续处于弹性状态,而杆 1 不卸载,保持 σ_s 不变. 类似地,可得这一过程的弹塑性解答如下

$$\left.\begin{aligned}
\sigma_1 &= \frac{P_1}{A} = \sigma_s \\
\varepsilon_1 &= \varepsilon_1^e + \varepsilon_1^p = \frac{\sigma_1}{E} + \varepsilon_1^p = \frac{\sigma_s}{E} + \varepsilon_1^p \\
\sigma_2 &= \frac{P_2}{A} \quad \varepsilon_2 = \varepsilon_2^e = \frac{\sigma_2}{E} \\
\sigma_3 &= \frac{P_3}{A} \quad \varepsilon_3 = \varepsilon_3^e = \frac{\sigma_3}{E}
\end{aligned}\right\} \qquad (9\text{-}75)$$

式中: ε_1^p 也需用边界条件确定.

将式(9-75)代入边界条件有

$$\left.\begin{aligned}
\frac{P_2}{A} + \frac{\sqrt{2}}{2}\left(\sigma_s + \frac{P_3}{A}\right) &= \frac{P}{A} \\
\frac{\sqrt{2}}{2}\left(\sigma_s - \frac{P_3}{A}\right) &= \frac{Q}{A} \\
\frac{P_2}{EA} &= \left(\frac{\sigma_s}{E} + \varepsilon_1^p\right) + \frac{P_3}{EA}
\end{aligned}\right\} \qquad (9\text{-}76)$$

求解式(9-76)得 ε_1^p, P_2 和 P_3,将它们代入式(9-75)得最终解答

$$\left.\begin{aligned}
\sigma_1 &= \sigma_s \\
\varepsilon_1 &= \varepsilon_1^e + \varepsilon_1^p \\
&= \frac{1}{EA}[P + (1+\sqrt{2})Q - (1+\sqrt{2})\sigma_s A] \\
\sigma_2 &= \frac{1}{A}(P + Q - \sqrt{2}\sigma_s A) \\
\varepsilon_2 &= \varepsilon_2^e = \frac{1}{EA}(P + Q - \sqrt{2}\sigma_s A) \\
\sigma_3 &= \frac{1}{A}(\sigma_s A - \sqrt{2}Q) \\
\varepsilon_3 &= \varepsilon_3^e = \frac{1}{EA}(\sigma_s A - \sqrt{2}Q)
\end{aligned}\right\} \qquad (9\text{-}77)$$

当 $P=\sigma_s A$ 时,利用 $Q=\sqrt{2}P$,由式(9-77)得最终解答

$$\left.\begin{array}{ll} \sigma_1=\sigma_s & \varepsilon_1=\varepsilon_1^e+\varepsilon_1^p=\dfrac{2\sigma_s}{E} \\[2mm] \sigma_2=\sigma_s & \varepsilon_2=\varepsilon_2^e=\dfrac{\sigma_s}{E} \\[2mm] \sigma_3=-\sigma_s & \varepsilon_3=\varepsilon_3^e=-\dfrac{\sigma_s}{E} \end{array}\right\} \tag{9-78}$$

这和路径 1 中式(9-68)的最终应力状态完全相同,此时的外载终值也和路径 1 的外载终值相同. 再由式(9-51)可求得,此时 P,Q 二力作用点的位移值为

$$\delta_x=3\delta_e \qquad \delta_y=\delta_e \tag{9-79}$$

上面的求解结果与第 8 章 8.3 节采用材料力学方法所得也完全一致.

本例方法适用于所有杆系结构的理想弹塑性分析.

9.7 弹塑性纯弯曲梁的求解

考虑如图 9-15 所示的平面应力问题纯弯曲梁.

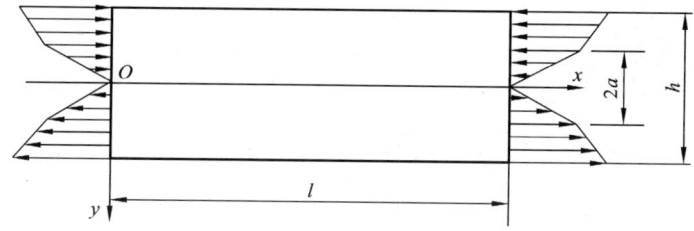

图 9-15 纯弯曲梁受力模型

问题的边界条件为

$$\sigma_y\big|_{y=\pm\frac{h}{2}}=0 \quad \tau_{yx}\big|_{y=\pm\frac{h}{2}}=\tau_{xy}\big|_{x=0}=\tau_{xy}\big|_{x=l}=0$$

$$\sigma_x\big|_{x=0}=\sigma_x\big|_{x=l}=\begin{cases} B_2 y+q, & \dfrac{h}{2}\geqslant y>a \\[1mm] B_1 y, & a\geqslant y\geqslant -a \\[1mm] B_2 y-q, & -a>y\geqslant -\dfrac{h}{2} \end{cases}$$

$$B_1 a=B_2 a+q \quad (q>0)$$

据纯弯曲梁的弹性力学解答可知:梁的塑性区是由边缘逐渐向 x 轴扩展的,在梁未达到完全塑性前,x 轴附近是处于弹性状态的.

现在考虑这样一种状态:$y=\pm a$ 是弹塑性交界面,区域 $|y|\leqslant a$ 是弹性区,$|y|>a$ 是塑性区.

考虑简单加载情况.

9.7.1 弹性区解答

先设想弹性力学的解答仍适用于此时的弹性区，这样有

$$\left.\begin{aligned}
&\sigma_x = B_1 y \quad \sigma_y = 0 \quad \tau_{xy} = \tau_{yx} = 0 \\
&\varepsilon_x = \frac{B_1 y}{E} \quad \varepsilon_y = -\frac{\mu B_1 y}{E} \\
&\gamma_{xy} = \frac{\tau_{xy}}{G} = 0 \\
&u = \frac{B_1 x y}{E} - \omega y + u_0 \\
&\nu = -\mu \frac{B_1 y^2}{2E} - \frac{B_1 x^2}{2E} + \omega x + \nu_0
\end{aligned}\right\} \quad (9\text{-}80)$$

式中：ω, u_0 和 ν_0 为常数.

式(9-80)中的解答除了未考虑与塑性区交界面的连续条件外，其他边界条件均已满足，所以若后续求得的塑性区解答能在弹塑性交界面处与弹性区解答连续且又满足自身的边界条件，便可表明所得两个区域的解答为本问题的正确解答.

9.7.2 塑性区解答

依据弹塑性折线理论，可知塑性区可先按弹性力学问题求解，求解过程详见弹性力学有关文献.

取应力函数 $\varphi = A'y^3 \pm A''y^2$，便有解答

$$\left.\begin{aligned}
&\sigma_x = 6A'y \pm 2A'' \quad A' = \frac{B_2}{6} \quad A'' = \frac{q}{2} \\
&\sigma_y = 0 \quad \tau_{xy} = \tau_{yx} = 0 \\
&\varepsilon_x^e = \frac{B_2 y \pm q}{E} \quad \varepsilon_y^e = -\mu \frac{B_2 y \pm q}{E} \quad \gamma_{xy} = 0
\end{aligned}\right\} \quad (9\text{-}81)$$

式中：正负号重叠处上方符号表示受拉侧解答，下方符号表示受压侧解答，下同.

现在需要做的是确定塑性区解答中的塑性分量. 从式(9-81)可知，塑性区里各点均处于单向应力状态，这表明在外载施加过程中，梁内各点的同名称的应力-应变曲线将是同一曲线.

设 σ_s 为单轴拉伸的弹性极限应力，即屈服应力，$-\sigma_s$ 为单轴压缩的弹性极限应力，则有加载过程中的弹性极限应变为

$$\varepsilon_x^L = \pm \frac{\sigma_s}{E} \quad \varepsilon_y^L = \mp \mu \frac{\sigma_s}{E}$$

因 $\gamma_{xy}^e = 0$，有

$$\gamma_{xy}^p = 0 \qquad \gamma_{xy} = 0$$

采用图 9-16 所示的应力应变线性强化模型,其对应的 e-p 曲线如图 9-17 所示. 取此 e-p 曲线为基准 e-p 曲线,则有

$$\varepsilon^p = K(E\varepsilon^e - \sigma_s) \qquad K = \frac{1}{E'} - \frac{1}{E} \tag{9-82}$$

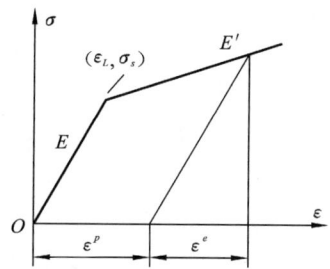

图 9-16 应力应变线性强化模型

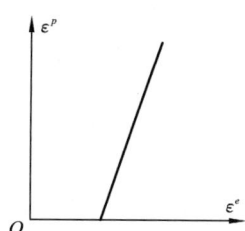

图 9-17 线性强化模型 e-p 曲线

进而有

$$L_x = \varepsilon_L - \varepsilon_x^L = \frac{\sigma_s}{E} \mp \frac{\sigma_s}{E}$$

$$L_y = \varepsilon_L - \varepsilon_y^L = \frac{\sigma_s}{E}(1 \pm \mu)$$

$$\varepsilon_x^p = K[E(\varepsilon_x^e + L_x) - \sigma_s] = KE\varepsilon_x^e \mp K\sigma_s$$

$$\varepsilon_y^p = K[E(\varepsilon_y^e + L_y) - \sigma_s] = KE\varepsilon_y^e \pm K\mu\sigma_s$$

所以,有

$$\left.\begin{aligned}\varepsilon_x &= \varepsilon_x^e + \varepsilon_x^p = (1+KE)\varepsilon_x^e \mp K\sigma_s \\ \varepsilon_y &= \varepsilon_y^e + \varepsilon_y^p = (1+KE)\varepsilon_y^e \pm K\mu\sigma_s\end{aligned}\right\} \tag{9-83}$$

现在再来确定位移分量,因有

$$\left.\begin{aligned}\frac{\partial u}{\partial x} &= \varepsilon_x = (1+KE)\varepsilon_x^e \mp K\sigma_s \\ &= (1+KE)\frac{B_2 y \pm q}{E} \mp K\sigma_s \\ \frac{\partial v}{\partial y} &= \varepsilon_y = (1+KE)\varepsilon_y^e \pm K\mu\sigma_s \\ &= -(1+KE)\mu\frac{B_2 y \pm q}{E} \pm K\mu\sigma_s \\ \frac{\partial v}{\partial x} &+ \frac{\partial u}{\partial y} = 0\end{aligned}\right\} \tag{9-84}$$

求解式(9-84),可得

$$\left.\begin{aligned}u &= (1+KE)\frac{B_2 y \pm q}{E}x \mp K\sigma_s x - cy + s_2 \\ v &= -(1+KE)\mu\frac{(B_2 y \pm q)^2}{2EB_2} \pm K\mu\sigma_s y \\ &\quad - \frac{(1+KE)B_2}{2E}x^2 + cx + s_1\end{aligned}\right\} \quad (9\text{-}85)$$

式中:c, s_1, s_2 为常数.

综合起来,可得塑性区解答

$$\left.\begin{aligned}&\sigma_x = B_2 y \pm q \quad \sigma_y = \tau_{xy} = \tau_{yx} = 0 \\ &\varepsilon_x = (1+KE)\frac{B_2 y \pm q}{E} \mp K\sigma_s \\ &\varepsilon_y = -(1+KE)\mu\frac{B_2 y \pm q}{E} \pm K\mu\sigma_s \\ &\gamma_{xy} = 0 \\ &u = (1+KE)\frac{B_2 y \pm q}{E}x \mp K\sigma_s x - cy + s_2 \\ &v = -(1+KE)\mu\frac{(B_2 y \pm q)^2}{2EB_2} \pm K\mu\sigma_s y - \frac{(1+KE)B_2}{2E}x^2 + cx + s_1\end{aligned}\right\} \quad (9\text{-}86)$$

式(9-86)已满足了应力边界条件.

现在需要考虑的是在 $y=\pm a$ 处弹性解答和塑性解答的连续条件. 应力应变的连续是显然的,现在仅需讨论位移连续条件:在 $y=\pm a$ 时,$u_{弹}=u_{塑}$ 以及 $v_{弹}=v_{塑}$. 要满足位移连续条件,仅需令

$$\left.\begin{aligned}&c = \omega \quad s_2 = u_0 \quad (1+KE)B_2 = B_1 \\ &s_1 = v_0 + \frac{K\mu\sigma_s^2(B_2-B_1)}{2B_1 B_2}\end{aligned}\right\} \quad (9\text{-}87)$$

这些条件与题意不矛盾,所以可知,满足式(9-87)的解答式(9-80)和式(9-86)为本问题的正确解答.

值得说明的是,式(9-87)的条件中引进了对外载的限制,要求 $(1+KE)B_2=B_1$,这是线性强化模型及外载的不连续变化引起的. 弹性极限边缘处应力-应变曲线斜率及外载斜率的突然改变,会导致梁的弹性区和塑性区的挠曲不一致,因而为满足连续条件对外载有一定的限制是合理的.

9.8 半空间体在水平边界上受均布压力

设有半空间体，容重为 p，在水平边界上受均布压力 q，如图 9-18 所示。以边界面为 xy 面，z 轴铅直向下，这样体力分量为

$$F_x = 0 \quad F_y = 0 \quad F_z = p.$$

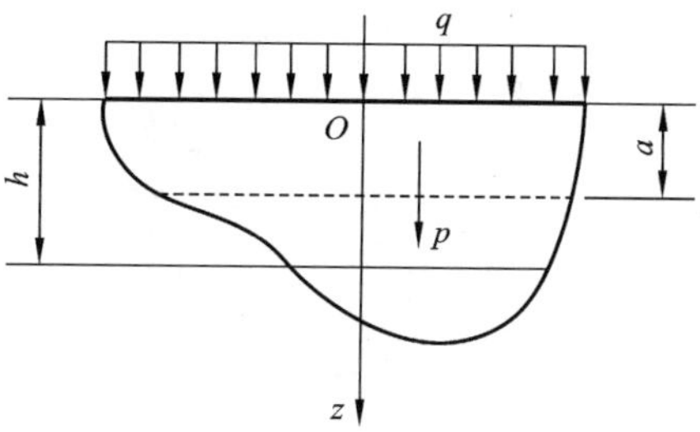

9.8.1 弹性阶段

当半空间体在外力作用下处于弹性状态时，已有弹性解答

图 9-18 半空间体受均布压力

$$\left.\begin{aligned}
& \sigma_x = \sigma_y = -\frac{\mu}{1-\mu} p(z+A) \\
& \sigma_z = -p(z+A) \\
& \tau_{xy} = \tau_{zx} = \tau_{yz} = 0 \\
& u = 0 \quad v = 0 \\
& w = -\frac{(1+\mu)(1-2\mu)p}{2E(1-\mu)}(z+A)^2 + B
\end{aligned}\right\} \quad (9\text{-}88)$$

利用应力边界条件 $-\sigma_z|_{z=0} = q$ 和位移边界条件，假定半空间体在距边界为 h 处没有位移（图 9-18），可确定 A 和 B

$$A = q/p$$
$$B = \frac{(1+\mu)(1-2\mu)p}{2E(1-\mu)}\left(h+\frac{q}{p}\right)^2$$

9.8.2 弹塑性阶段

当半空间体已处于弹塑性状态时，依据弹性解答应力随着 z 的增大渐增的趋势和 Mises 屈服准则可知，塑性区和弹性区有一分界面，设该面为 $z=a$。

先认定前面的弹性解答式(9-88)仍适用于弹塑性状态的弹性区（$z \leqslant a$），若后续求得的塑性区解答在 $z=a$ 处能与弹性区解答连续，便可证明弹性区解答与塑性区解答均是正确解答。

对于塑性区，依据弹塑性折线理论，可得式(7-36)前三式的解答如下：

$$\left.\begin{aligned}
&\sigma_x = \sigma_y = -\frac{\mu}{1-\mu}p(z+A_1) \quad \sigma_z = -p(z+A_1) \\
&\tau_{xy} = \tau_{zx} = \tau_{yz} = 0 \\
&u^e = 0 \quad v^e = 0 \quad w^e = -\frac{(1+\mu)(1-2\mu)p}{2E(1-\mu)}(z+A_1)^2 + B_1 \\
&\varepsilon_x^e = \varepsilon_y^e = 0 \\
&\varepsilon_z^e = -\frac{(1+\mu)(1-2\mu)p}{E(1-\mu)}(z+A_1) \\
&\gamma_{yz}^e = \gamma_{xz}^e = \gamma_{xy}^e = 0
\end{aligned}\right\} \quad (9\text{-}89)$$

式中：A_1, B_1 为待定常数.

由于 $u^e = v^e = 0$，所以 $u = v = 0$，我们只需求 w. 这就要利用式(7-36)的后两个式子. 这里也采用图 9-16 和图 9-17 的线性强化模型，基准 e-p 曲线的函数形式为

$$\varepsilon^p = K(E\varepsilon^e - \sigma_s)$$

式中

$$K = 1/E' - 1/E$$

σ_s 为单轴拉伸弹性极限应力.

考虑简单加载情况. 在讨论的半空间体问题中各点的应力相互间均遵循同一比例，这可从式(9-89)中看出，这表明当应力应变发展时各点的同名称应力应变曲线将遵循同一曲线，因而进入塑性状态各点的弹性极限应变 ε_z^L 是同一值. 在 $z = a$ 处是弹塑性交界面，即此处刚好处于弹性极限状态，将式(9-88)微分，可得

$$\varepsilon_z = \frac{\partial w}{\partial z} = -\frac{(1+\mu)(1-2\mu)p}{E(1-\mu)}(z+A) \quad (9\text{-}90)$$

将 $z = a$ 代入，有

$$\varepsilon_z^L = -\frac{(1+\mu)(1-2\mu)p}{E(1-\mu)}(a+A) \quad (9\text{-}91)$$

因基准 e-p 曲线的 $\varepsilon_L = \dfrac{\sigma_s}{E}$，所以

$$L_z = \varepsilon_L - \varepsilon_z^L = \frac{\sigma_s}{E} + \frac{(1+\mu)(1-2\mu)p}{E(1-\mu)}(a+A) \quad (9\text{-}92)$$

从而有

$$\begin{aligned}
\varepsilon_z^p &= f(\varepsilon_z^e + L_z) = K[E(\varepsilon_z^e + L_z) - \sigma_s] \\
&= -\frac{K(1+\mu)(1-2\mu)p}{(1-\mu)}(z+A_1-a-A)
\end{aligned}$$

$$\begin{aligned}
\varepsilon_z &= \varepsilon_z^e + \varepsilon_z^p \\
&= -\frac{(1+\mu)(1-2\mu)p}{E(1-\mu)}[(1+KE)(z+A_1) - KE(a+A)]
\end{aligned}$$

$$w = \int \varepsilon_z \, dz$$
$$= -\frac{(1+\mu)(1-2\mu)p}{E(1-\mu)}\left[\frac{(1+KE)}{2}(z+A_1)^2 - KE(a+A)z\right] + C \tag{9-93}$$

所以,塑性区最终有解答 $(z \geqslant a)$

$$\left.\begin{aligned}
&\sigma_x = \sigma_y = -\frac{\mu}{1-\mu}p(z+A_1) \quad \sigma_z = -p(z+A_1) \\
&\tau_{xy} = \tau_{zx} = \tau_{yz} = 0 \\
&u = 0 \quad v = 0 \\
&w = -\frac{(1+\mu)(1-2\mu)p}{E(1-\mu)}\left[\frac{1+KE}{2}(z+A_1)^2 - KE(a+A)z\right] + C \\
&\varepsilon_x = \varepsilon_y = 0 \\
&\varepsilon_z = -\frac{(1+\mu)(1-2\mu)p}{E(1-\mu)}\left[(1+KE)(z+A_1) - KE(a+A)\right] \\
&\gamma_{yz} = \gamma_{xz} = \gamma_{xy} = 0
\end{aligned}\right\} \tag{9-94}$$

考虑应力边界条件 $-\sigma_z|_{z=0} = q$ 和位移边界条件,假定半空间体在距边界为 h 处没有位移及在 $z=a$ 处弹性区解答和塑性区解答的连续条件,只需令常数

$$\left.\begin{aligned}
&A = A_1 = \frac{q}{p} \\
&B = B_1 = -\frac{(1+\mu)(1-2\mu)p}{E(1-\mu)}\left[\frac{KE}{2}\left(a+\frac{q}{p}\right)^2 - KE\left(a+\frac{q}{p}\right)a\right] + C \\
&C = \frac{(1+\mu)(1-2\mu)p}{E(1-\mu)}\left[\frac{1+KE}{2}\left(h+\frac{q}{p}\right)^2 - KE\left(a+\frac{q}{p}\right)h\right]
\end{aligned}\right\} \tag{9-95}$$

便能使所有条件均满足,因而式(9-88)和式(9-94)是弹塑性状态的正确解答.

利用 Mises 屈服准则

$$\left[(\sigma_x - \sigma_y)^2 + (\sigma_y - \sigma_z)^2 + (\sigma_z - \sigma_x)^2\right] = 2\sigma_s^2 \tag{9-96}$$

可以确定弹塑性交界面为 $z=a$ 时的外载 q,将 $A=q/p$ 代入式(9-88)然后再代入式(9-96),有

$$q = \frac{1-\mu}{1-2\mu}\sigma_s - pa \tag{9-97}$$

9.8.3 完全塑性状态

令式(9-97)中的 $a=0$,此时的 q 值便是半空间体刚进入完全塑性时的值 $\left(q=\frac{1-\mu}{1-2\mu}\sigma_s\right)$,当 q 值进一步增大时,塑性区里的应力应变将进一步发展.所以半空间体处于完全塑性的标志是

$$q \geqslant \frac{1-\mu}{1-2\mu}\sigma_s \tag{9-98}$$

进入完全塑性之后,式(7-36)前三式的解答显然仍然如式(9-89)所示,由于 $u^e=v^e=0$,所以 $u=v=0$,也只需利用式(7-36)的后两式求 w.

在弹塑性阶段求解时已说明进入塑性状态各点的弹性极限应变是同一值,因而可利用弹塑性阶段求得的 ε_z^L 值,将式(9-95)、式(9-97)代入式(9-91),有

$$\varepsilon_z^L = -\frac{(1+\mu)}{E}\sigma_s \tag{9-99}$$

与弹塑性阶段类似,可求得

$$\varepsilon_z = -\frac{(1+\mu)(1-2\mu)p}{E(1-\mu)}(1+KE)(z+A_1) + K(1+\mu)\sigma_s$$

$$w = -\frac{(1+\mu)(1-2\mu)p}{2E(1-\mu)}(1+KE)(z+A_1)^2 + K(1+\mu)\sigma_s z + C_1$$

所以完全塑性状态有解答

$$\left.\begin{array}{l} \sigma_x = \sigma_y = -\dfrac{\mu}{1-\mu}p(z+A_1) \quad \sigma_z = -p(z+A_1) \\[2mm] \tau_{xy} = \tau_{zx} = \tau_{yz} = 0 \\[2mm] u = 0 \quad v = 0 \\[2mm] w = -(1+KE)\dfrac{(1+\mu)(1-2\mu)p}{E(1-\mu)}(z+A_1)^2 + K(1+\mu)\sigma_s z + C_1 \\[2mm] \varepsilon_x = \varepsilon_y = 0 \\[2mm] \varepsilon_z = -\dfrac{(1+\mu)(1-2\mu)p}{E(1-\mu)}(1+KE)(z+A_1) - K(1+\mu)\sigma_s \\[2mm] \gamma_{yz} = \gamma_{xz} = \gamma_{xy} = 0 \end{array}\right\} \tag{9-100}$$

式中:常数 A_1, C_1 根据边界条件可确定如下:

$$A_1 = \frac{q}{p}$$

$$C_1 = -(1+KE)\frac{(1+\mu)(1-2\mu)p}{2E(1-\mu)}\left(h+\frac{q}{p}\right)^2 - K(1+\mu)\sigma_s h$$

从9.6节~9.8节中的求解实例可以看出,弹塑性折线理论的求解条理清楚,过程简洁,数学上严谨,可以求解一些传统理论难以得到解析解的问题.当材料的本构关系已确定时,一个问题只要已有了弹性力学解答,其塑性力学解答的获得已没有了数学上的困难.特别是采用弹性应变与塑性应变相互关系作为本构方程时,求解过程不需引入屈服条件或加载条件,仅在获得解答后需用屈服条件判定塑性区,也就是说避开了尚不准确、仍在研究中的屈服条件或加载条件对解答准确性的影响.所以相对传统理论而言,弹塑性折线理论具有明显的优势.

9.9 塑性力学问题的一种近似解法

9.9.1 近似解法的思路

在弹塑性折线理论的物理解释里已说明了其求解 σ_{ij}，$\varepsilon_{ij}=\varepsilon_{ij}^e+\varepsilon_{ij}^p$ 和 $u_i=u_i^e+u_i^p$ 的过程，近似方法的求解过程基本与其类似，不同之处仅在于：精确方法是在求得 σ_{ij}，ε_{ij} 和 u_i 的表达式之后利用边界条件确定 σ_{ij}，ε_{ij} 和 u_i 表达式里的待定常数，使 σ_{ij}，ε_{ij} 和 u_i 的表达式成为准确解答的；而近似方法的思路是：利用式(7-36)或式(7-71)的前三式求解得出 ε_{ij}^e，σ_{ij} 和 u_i^e 后，将 ε_{ij}^e，u_i^e 近似理解成 ε_{ij}，u_i，利用边界条件确定 ε_{ij}^e，σ_{ij} 和 u_i^e 表达式里的待定常数，而后再利用 $\varepsilon_{ij}^e \sim \varepsilon_{ij}^p$ 之间的关系求出 ε_{ij}^p 的值，并最终求得解答 σ_{ij}，$\varepsilon_{ij}=\varepsilon_{ij}^e+\varepsilon_{ij}^p$ 和 $u_i=u_i^e+u_i^p$.

从求解析解的角度出发，近似方法与准确方法相比并不具有什么可取性，因为二者的求解过程基本相同，同样的过程能求得准确解当然没有理由放弃准确解. 但问题是目前应力应变关系、弹性应变与塑性应变关系尚未准确确定，一般情况下尚不能求得准确解；利用有限元方法求数值解时还可发现，若采用上述近似方法，则无须修改现有弹性力学有限元的主体程序结构，仅需在弹性有限元得出的数值结果 ε_{ij}^e 上叠加一项 ε_{ij}^p 即可，这无疑大大简化了非线性计算编程的工作量，有可取性.

9.9.2 近似算法算例

前面已求得了一维的三杆桁架系统准确的弹塑性解答（线性强化模型），这是塑性力学理论解决得比较完满的问题，与上面介绍的近似方法的结果相比可信度高，所以这里就以三杆桁架系统为例来说明近似方法的可应用性.

为便于阅读，将前面已得出的几个重要公式列出.

1. 弹性阶段

$$\left.\begin{aligned}\sigma_2 &= \frac{P}{A(1+2\cos^3\theta)} \\ \sigma_1 &= \sigma_2\cos^2\theta \\ \varepsilon_1 &= \frac{\sigma_2}{E}\cos^2\theta \\ \varepsilon_2 &= \frac{P}{EA(1+2\cos^3\theta)}\end{aligned}\right\} \qquad (9\text{-}101)$$

当 $\sigma_2 = \sigma_s$ 时,桁架处于弹塑性临界状态,有

$$P_e = \sigma_s A(1 + 2\cos^3\theta) \tag{9-102}$$

2. 弹塑性阶段($P > P_e$)

$$\left.\begin{aligned}
\sigma_2 &= \frac{1}{1 + 2(1+KE)\cos^3\theta}\left(\frac{P}{A} + 2KE\sigma_s\cos^3\theta\right) \\
\sigma_1 &= (1+KE)\sigma_2\cos^2\theta - KE\sigma_s\cos^2\theta \\
\varepsilon_1 &= \varepsilon_1^e = \frac{\sigma_1}{E} \\
\varepsilon_2 &= \varepsilon_2^e + \varepsilon_2^p = \frac{\sigma_2}{E} + K(\sigma_2 - \sigma_s)
\end{aligned}\right\} \tag{9-103}$$

当 $\sigma_1 = \sigma_3 = \sigma_s$ 时,三杆就将全部进入塑性状态了,有

$$P_s = A\sigma_s \frac{1 + 2\cos^3\theta + KE(1+2\cos\theta)\cos^2\theta}{(1+KE)\cos^2\theta} \tag{9-104}$$

3. 三杆均进入塑性状态($P > P_s$)

$$\left.\begin{aligned}
\sigma_2 &= \left(\frac{P}{A} - \frac{2KE\sigma_s}{1+KE}\sin^2\theta\cos\theta\right)\bigg/(1+2\cos^3\theta) \\
\sigma_1 &= \frac{\cos^2\theta}{1+2\cos^3\theta}\left(\frac{P}{A} - \frac{2KE\sigma_s}{1+KE}\sin^2\theta\cos\theta\right) + \frac{KE\sigma_s}{1+KE}\sin^2\theta \\
\varepsilon_1 &= \frac{\sigma_1}{E} + K(\sigma_1 - \sigma_s) \\
\varepsilon_2 &= \frac{\sigma_2}{E} + K(\sigma_2 - \sigma_s)
\end{aligned}\right\} \tag{9-105}$$

例 设 $E = 10^7$ kPa, $A = 10^{-4}$ m², $\sigma_s = 10^5$ kPa, $\theta = 45°$,由此可算出 $\varepsilon_s = 0.01$,取 $K = 10^{-8}$ (1/kPa)($E' \approx 90\% E$),这样有

$$\begin{aligned}
P_e &= \sigma_s A(1 + 2\cos^3\theta) \\
&= 10^5 \times 10^{-4} \times (1 + 2 \times \cos^3 45°) = 17.07 \text{(kN)}
\end{aligned}$$

$$P_s = A\sigma_s \frac{1 + 2\cos^3\theta + KE(1+2\cos\theta)\cos^2\theta}{(1+KE)\cos^2\theta} = 33.23 \text{(kN)}$$

先计算 $P = 18.0$ kN,此时杆系进入弹塑性阶段,按式(9-103)可求得精确解答为

$$\sigma_1 = 52\ 873.843\ 92 \text{ kPa} \qquad \sigma_2 = 105\ 225.043\ 22 \text{ kPa}$$

$$\varepsilon_1 = 5.287\ 38 \times 10^{-3} \qquad \varepsilon_2 = 1.057\ 47 \times 10^{-2}$$

而用近似解法,按弹性阶段的公式(9-101)可求出

$$\sigma_1 = 52\ 720.805\ 87\ \text{kPa} \qquad \sigma_2 = 105\ 441.471\ 85\ \text{kPa}$$
$$\varepsilon_1^e = 5.272\ 08 \times 10^{-3} \qquad \varepsilon_2^e = 1.054\ 41 \times 10^{-2}$$

因 $\varepsilon_2^e > \varepsilon_s = 0.01$，所以利用弹性应变与塑性应变之间的关系求取塑性应变部分：

$$\varepsilon_2^p = K(E\varepsilon_2^e - \sigma_s) = 10^{-8}(10^7 \times 1.054\ 41 \times 10^{-2} - 10^5) = 5.441 \times 10^{-5}$$

从而修正后的总应变为

$$\varepsilon_1 = \varepsilon_1^e = 5.272\ 08 \times 10^{-3} \qquad \varepsilon_2 = \varepsilon_2^e + \varepsilon_2^p = 1.059\ 85 \times 10^{-3}$$

其他对比计算结果详见表 9-1。取 $E' = 0.8E$，其他参数保持不变，有

$$P_e = 17.07\ \text{kN} \qquad P_s = 32.14\ \text{kN}$$

重新计算的结果见表 9-2。

由表 9-1 和表 9-2 可见，近似解与精确解的吻合程度相当好，超出弹性极限载荷 22.93 kN 时(达 234% P_e，此时塑性变形已较大)，近似解与精确解的相对误差 <7%。这表明当塑性变形不大时，近似解法应用于实际工程是可行的。

表 9-1 近似解与精确解对照($E' \approx 0.9E, P_e = 17.07\ \text{kN}, P_s = 33.23\ \text{kN}$)

P	精确解	近似解	$\dfrac{\text{近似解} - \text{精确解}}{\text{精确解}}$
18	$\sigma_1 = 52\ 873.843\ 92$	$\sigma_1 = 52\ 720.805\ 87$	-2.89×10^{-3}
	$\sigma_2 = 105\ 225.043\ 22$	$\sigma_2 = 105\ 441.471\ 85$	2.06×10^{-3}
	$\varepsilon_1 = 5.287\ 8 \times 10^{-3}$	$\varepsilon_1 = 5.272\ 08 \times 10^{-3}$	-2.89×10^{-3}
	$\varepsilon_2 = 1.057\ 47 \times 10^{-2}$	$\varepsilon_2 = 1.059\ 85 \times 10^{-2}$	2.252×10^{-3}
20	$\sigma_1 = 59\ 061.208\ 63$	$\sigma_1 = 58\ 578.673\ 19$	-8.17×10^{-3}
	$\sigma_2 = 116\ 474.782\ 32$	$\sigma_2 = 117\ 157.190\ 94$	5.85×10^{-3}
	$\varepsilon_1 = 5.906\ 12 \times 10^{-3}$	$\varepsilon_1 = 5.857\ 86 \times 10^{-3}$	-8.17×10^{-3}
	$\varepsilon_2 = 1.181\ 22 \times 10^{-2}$	$\varepsilon_2 = 1.188\ 72 \times 10^{-2}$	6.35×10^{-3}
35	$\sigma_1 = 105\ 175.337\ 98$	$\sigma_1 = 102\ 512.678\ 09$	-2.53×10^{-2}
	$\sigma_2 = 201\ 259.511\ 91$	$\sigma_2 = 205\ 025.084\ 15$	1.87×10^{-2}
	$\varepsilon_1 = 1.056\ 92 \times 10^{-2}$	$\varepsilon_1 = 1.027\ 63 \times 10^{-2}$	-2.77×10^{-2}
	$\varepsilon_2 = 2.113\ 85 \times 10^{-2}$	$\varepsilon_2 = 2.155\ 27 \times 10^{-2}$	1.95×10^{-2}
40	$\sigma_1 = 119\ 820.006\ 28$	$\sigma_1 = 117\ 157.346\ 38$	-2.22×10^{-2}
	$\sigma_2 = 230\ 548.809\ 65$	$\sigma_2 = 234\ 314.381\ 89$	1.63×10^{-2}
	$\varepsilon_1 = 1.218\ 02 \times 10^{-2}$	$\varepsilon_1 = 1.188\ 73 \times 10^{-2}$	-2.40×10^{-2}
	$\varepsilon_2 = 2.436\ 03 \times 10^{-2}$	$\varepsilon_2 = 2.477\ 45 \times 10^{-2}$	1.70×10^{-2}

表 9-2　近似解与精确解对照（$E'=0.8E, P_e=17.07\text{ kN}, P_s=32.14\text{ kN}$）

P	精确解	近似解	$\dfrac{\text{近似解}-\text{精确解}}{\text{精确解}}$
18	$\sigma_1=53\ 081.860\ 18$	$\sigma_1=52\ 720.805\ 87$	-6.80×10^{-3}
	$\sigma_2=104\ 930.863\ 60$	$\sigma_2=105\ 441.471\ 85$	4.86×10^{-3}
	$\varepsilon_1=5.308\ 18\times10^{-3}$	$\varepsilon_1=5.272\ 08\times10^{-3}$	-6.80×10^{-3}
	$\varepsilon_2=1.061\ 63\times10^{-2}$	$\varepsilon_2=1.068\ 01\times10^{-2}$	6.01×10^{-3}
20	$\sigma_1=59\ 717.092\ 70$	$\sigma_1=58\ 578.673\ 19$	-1.90×10^{-2}
	$\sigma_2=115\ 547.221\ 56$	$\sigma_2=117\ 157.190\ 94$	1.39×10^{-2}
	$\varepsilon_1=5.971\ 70\times10^{-3}$	$\varepsilon_1=5.857\ 86\times10^{-3}$	-1.90×10^{-2}
	$\varepsilon_2=1.194\ 34\times10^{-2}$	$\varepsilon_2=1.214\ 46\times10^{-2}$	1.68×10^{-2}
35	$\sigma_1=108\ 370.529\ 86$	$\sigma_1=102\ 512.678\ 09$	-5.40×10^{-2}
	$\sigma_2=196\ 740.825\ 23$	$\sigma_2=205\ 025.084\ 15$	4.21×10^{-2}
	$\varepsilon_1=1.104\ 63\times10^{-2}$	$\varepsilon_1=1.031\ 40\times10^{-2}$	-6.62×10^{-2}
	$\varepsilon_2=2.209\ 26\times10^{-2}$	$\varepsilon_2=2.312\ 81\times10^{-2}$	4.68×10^{-2}
40	$\sigma_1=123\ 015.198\ 16$	$\sigma_1=117\ 157.346\ 38$	-4.76×10^{-2}
	$\sigma_2=226\ 030.122\ 96$	$\sigma_2=234\ 314.381\ 89$	3.66×10^{-2}
	$\varepsilon_1=1.287\ 68\times10^{-2}$	$\varepsilon_1=1.214\ 46\times10^{-2}$	-5.68×10^{-2}
	$\varepsilon_2=2.575\ 37\times10^{-2}$	$\varepsilon_2=2.678\ 92\times10^{-2}$	4.02×10^{-2}

第 10 章 工程应用专题
——圆形巷道应力场与相关问题

10.1 引 言

在地下工程中,圆形截面是常见的巷道截面形式之一. 在较大的围岩应力作用下,圆形(截面)巷道的围岩局部会进入塑性状态甚至处于破坏状态,为保证巷道的稳定性,人们应用传统塑性力学方法对其进行过不少研究,但从前面几章的介绍可知,传统塑性力学方法不能准确确定围岩进入塑性状态后的应力场,因此影响了人们对圆形巷道围岩应力的认识,进一步也就影响了人们的支护决策. 下面将依据弹塑性折线理论在两类特定边界条件下所得应力场成果,重新研究圆形巷道围岩应力分布规律及与之相关的问题,为巷道支护设计提供理论依据.

本章采用岩石力学的压应力为正、拉应力为负约定;但有限元数值计算所得应力云图除外,它们直接由软件给出,未按岩石力学约定处理,仍是拉应力为正、压应力为负.

10.2 圆形巷道围岩弹塑性应力场已有结果与问题分析

应用传统塑性力学方法获得的且有较多应用的圆形巷道围岩弹塑性应力场解答有厚壁筒解答和卡斯特纳(Kastner)解答. 厚壁筒解答存在的问题已在第 8 章中予以分析介绍,下面来分析卡斯特纳解答存在的问题.

卡斯特纳(Kastner)解答的力学模型如图 10-1 所示. 该解答假设圆形巷道在无穷远处作用着相等的侧压 q,不计自重,这属于轴对称平面应变问题,并设围岩符合莫尔-库仑屈服准则,内聚力和内摩擦角分别用 c 和 φ 表示. 图中 a 为圆形巷道的半径,R 为井巷围岩弹塑性交界线的半径,p 为井巷支护作用于围岩的反力.

1. 塑性区($a \leqslant r \leqslant R$)应力的确定

塑性区要满足的平衡方程为

$$\frac{\partial \sigma_r}{\partial r}+\frac{\sigma_r-\sigma_\theta}{r}=0 \qquad (10\text{-}1)$$

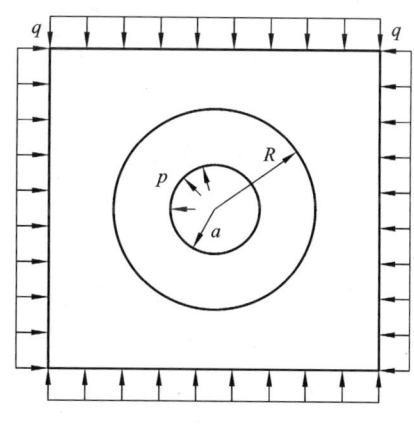

图 10-1 圆形巷道的受力模型之一

莫尔-库仑屈服准则的表述为

$$\frac{\sigma_\theta-\sigma_r}{2}=(c\cot\varphi+\sigma_r)\frac{\sin\varphi}{1-\sin\varphi} \tag{10-2}$$

联立式(10-1)和式(10-2)求解,并利用边界条件 $\sigma_r|_{r=a}=p$,可得塑性区应力

$$\left.\begin{aligned}\sigma_r&=(p+c\cot\varphi)\left(\frac{r}{a}\right)^{\frac{2\sin\varphi}{1-\sin\varphi}}-c\cot\varphi\\ \sigma_\theta&=(p+c\cot\varphi)\frac{1+\sin\varphi}{1-\sin\varphi}\left(\frac{r}{a}\right)^{\frac{2\sin\varphi}{1-\sin\varphi}}-c\cot\varphi\end{aligned}\right\} \tag{10-3}$$

2. 弹性区($R \leqslant r \leqslant \infty$)应力的确定

弹性区已有如下解答

$$\left.\begin{aligned}\sigma_r&=q+\frac{B}{r^2}\\ \sigma_\theta&=q-\frac{B}{r^2}\end{aligned}\right\} \tag{10-4}$$

式中:B 为待定常数.

利用 $r=R$ 处弹性区和塑性区应力的连续条件可得

$$R=a\left[\frac{q+c\cot\varphi}{p+c\cot\varphi}(1-\sin\varphi)\right]^{\frac{1-\sin\varphi}{2\sin\varphi}} \tag{10-5}$$

$$B=-(q\sin\varphi+c\cos\varphi)a^2\left[\frac{q+c\cot\varphi}{p+c\cot\varphi}(1-\sin\varphi)\right]^{\frac{1-\sin\varphi}{\sin\varphi}} \tag{10-6}$$

所以最终有弹性区应力

$$\left.\begin{aligned}\sigma_r&=q-\frac{R^2}{r^2}(q+c\cot\varphi)\sin\varphi\\ \sigma_\theta&=q+\frac{R^2}{r^2}(q+c\cot\varphi)\sin\varphi\end{aligned}\right\} \tag{10-7}$$

3. 存在的问题

(1) 塑性区应力解答在平衡方程中引入屈服条件,即预先设定了应力之间的关系,使仅利用平衡方程就可以确定 σ_θ 和 σ_r,而不需要用到其基本方程里的几何关系等方程,没有完全满足传统方法的求解基本方程组.

(2) 塑性区的应力场式(10-3)只与内压 p 有关,与外压 q 无关,与实际不符.

(3) 莫尔-库仑准则尚在研究中,其准确性尚难判断.

(4) 我们知道,在塑性区内弹性应变分量与应力仍然遵循胡克定律,就上面考虑的平面应变问题而言,有

$$\varepsilon_\theta^e=\frac{1+\mu}{E}[(1-\mu)\sigma_\theta-\mu\sigma_r] \tag{10-8}$$

式中:ε_θ^e 为环向弹性应变.

将式(10-3)代入式(10-8),有

$$\varepsilon_\theta^e = \frac{1+\mu}{E}\left[\frac{1-2\mu+\sin\varphi}{1-\sin\varphi}(p+c\cot\varphi)\left(\frac{r}{a}\right)^{\frac{2\sin\varphi}{1-\sin\varphi}} + (2\mu-1)c\cot\varphi\right] \tag{10-9}$$

令上述解答中的 $q=0, p>0$,并可使厚壁圆筒内壁进入塑性状态时,可确定环向处于向外扩张状态. 为使问题更简明,考虑 $r=a$ 处的情况,即

$$\varepsilon_\theta^e\big|_{r=a} = \frac{1+\mu}{E} \cdot \frac{(1-2\mu+\sin\varphi)p + 2(1-\mu)c\cot\varphi\sin\varphi}{1-\sin\varphi} \tag{10-10}$$

因对实际工程而言

$$c>0 \qquad 1-\sin\varphi>0 \qquad \mu<1/2$$

所以

$$\frac{(1-2\mu+\sin\varphi)p + 2(1-\mu)c\cot\varphi\sin\varphi}{1-\sin\varphi} > 0 \tag{10-11}$$

这表明, $\varepsilon_\theta^e\big|_{r=a}$ 的值始终大于零,处于压应变状态,和前述的环向处于向外扩张的状态矛盾. 因而上述解答存在问题.

也有基于传统塑性力学方法借助有限元等数值方法计算巷道围岩弹塑性应力场的,前已说明传统塑性力学方法本身存在问题,所以据其获得的数值解是不可能准确的,后面会介绍它作为与弹塑性折线理论结果的对比.

10.3 基于弹塑性折线理论的圆形巷道弹塑性应力场解析解

图 10-1 所示圆形巷道受力模型是纯应力边界条件,依据弹塑性折线理论在两类特定边界条件下所得应力场成果,可直接写出其准确的弹塑性应力场解答如下:

$$\left.\begin{aligned}\sigma_r &= q + \frac{a^2}{r^2}(p-q)\\ \sigma_\theta &= q - \frac{a^2}{r^2}(p-q)\end{aligned}\right\} \tag{10-12}$$

另有一种圆形巷道受力模型也常采用,该模型不受内压,也不计自重,在无穷远处的水平侧压和铅垂侧压不相等,分别为 q 和 p,如图 10-2 所示,其 p,q 按以下方式确定:

弹性理论已求得半空间体在自重应力场作用下的应力场

$$\sigma_z = \gamma z \qquad \sigma_x = \sigma_y = \frac{\mu}{1-\mu}\gamma z \tag{10-13}$$

式中: γ, μ 分别为各向同性均质材料的容重和泊松比,式(10-13)的坐标指向为 z 轴铅垂向下, x 和 y 位于水平面内.

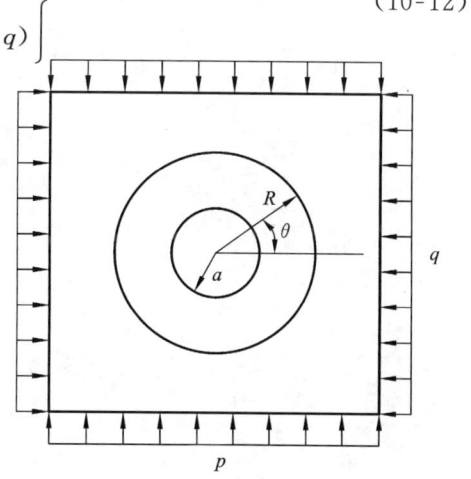

图 10-2 圆形巷道的受力模型之二

设圆形巷道圆心位于深度 h 处,且巷道处于平面应变状态,因远处的应力场不受干扰,依据式(10-13)解答和圣维南原理,可将图 10-2 中的 p 和 q 近似表示为

$$p=\gamma h \qquad q=\frac{\mu}{1-\mu}\gamma h \tag{10-14}$$

求解时重置 z 轴过图 10-2 的圆心并垂直于 r 和 θ 构成的平面,该问题的弹性应力场已有,为

$$\left.\begin{aligned}\sigma_r &= \frac{1}{2}(p+q)\left(1-\frac{a^2}{r^2}\right)+\frac{1}{2}(q-p)\times\left(1-4\frac{a^2}{r^2}+3\frac{a^4}{r^4}\right)\cos2\theta \\ \sigma_\theta &= \frac{1}{2}(p+q)\left(1+\frac{a^2}{r^2}\right)-\frac{1}{2}(q-p)\times\left(1+3\frac{a^4}{r^4}\right)\cos2\theta \\ \tau_{r\theta} &= \frac{1}{2}(p-q)\left(1+2\frac{a^2}{r^2}-3\frac{a^4}{r^4}\right)\sin2\theta \\ \sigma_z &= \mu(p+q)-2\mu(q-p)\frac{a^2}{r^2}\cos2\theta\end{aligned}\right\} \tag{10-15}$$

图 10-2 模型也是纯应力边界条件,它处于弹塑性或完全塑性状态后,依据弹塑性折线理论两类特定边界条件下所得应力场成果知,式(10-15)就是图 10-2 模型处于弹塑性或完全塑性状态的准确应力场.传统塑性力学方法未能给出图 10-2 模型的塑性区应力解答.

10.4 基于弹塑性折线理论的圆形巷道弹塑性应力场数值解

因为一般情况下解析求解困难,图 10-1 和图 10-2 力学模型作了简化,与实际工程边界条件有差异.下面将采用有限元数值方法进行研究,考虑真实的自重影响下的边界条件和自重体积力,并和依据传统方法所得结果进行对比.

为避免规律性的东西被复杂的地质现象掩盖,考虑地层为单一均质各向同性地层.设地层中有一半径为 5 m 的圆形巷道,处于平面应变状态,其圆心处的埋深为 h.数值计算区域取 100×100 m²,考虑到开挖影响的局部性,可认为计算模型底部及两侧不受开挖影响,无位移.这样,有限元建模时在底部约束铅垂向位移,在两侧约束水平位移.模型上边界的应力边界条件可按公式 $\sigma_v=\gamma(h-50)$ 计算.通过设置不同的 h 值,可实现隧道在不同埋深时的应力场及其规律研究.此问题有零位移边界和应力边界,也属于前述应力场研究定义的两类特殊边界之列.

按弹塑性折线理论的成果,可知确定应力场时无须考虑围岩的弹塑性分区,统一按弹性状态求解即可,因此计算中可将材料特性定义

图 10-3 圆形巷道有限元网格

第10章 工程应用专题——圆形巷道应力场与相关问题

为弹性.有限元网格如图10-3所示.

下面采用 ANSYS 有限元软件对上述计算模型进行有限元分析,确定围岩应力场.地层的力学参数如表10-1所示.

表 10-1 地层的力学参数

地层容重(kN/m³)	内聚力(MPa)	内摩擦角(°)	弹性模量(GPa)	泊松比 μ	抗压强度(MPa)
26.3	1.2	38.5	2.85	0.25	20.5

先设埋深为300 m,分别采用弹塑性折线理论、传统塑性力学理论确定图10-3计算模型的应力场并进行对比分析.两者均考虑自重应力.

用传统塑性力学方法确定图10-3计算模型的解应力场,与弹塑性折线理论的区别在于材料模型的选取,这里选取 ANSYS 软件中的 D-P 材料(即满足 Drucker-Prager 屈服准则的材料)作为岩石的材料属性.

因应用莫尔-库仑强度(破坏)准则判定围岩稳定性时,仅用最大主应力 σ_1、最小主应力 σ_3,所以下面仅给出 σ_1,σ_3 的分析结果.弹塑性折线理论计算所得主应力 σ_1,σ_3 云图如图10-4、图10-5所示.

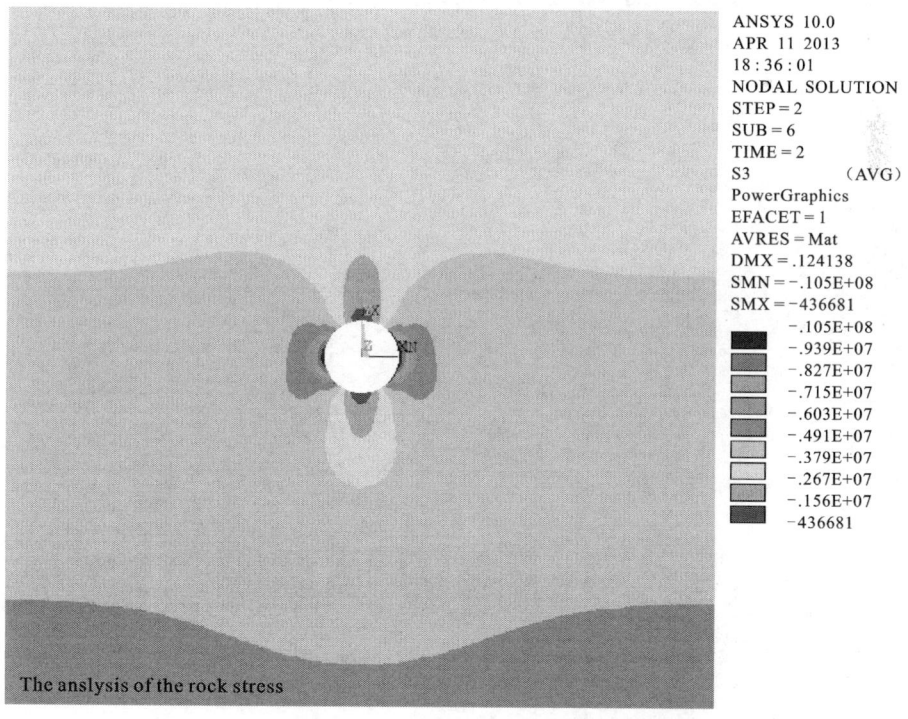

图 10-4 基于 ANSYS 的折线理论 σ_1 云图

传统塑性力学理论计算所得主应力 σ_1、σ_3 云图如图10-6、图10-7所示.

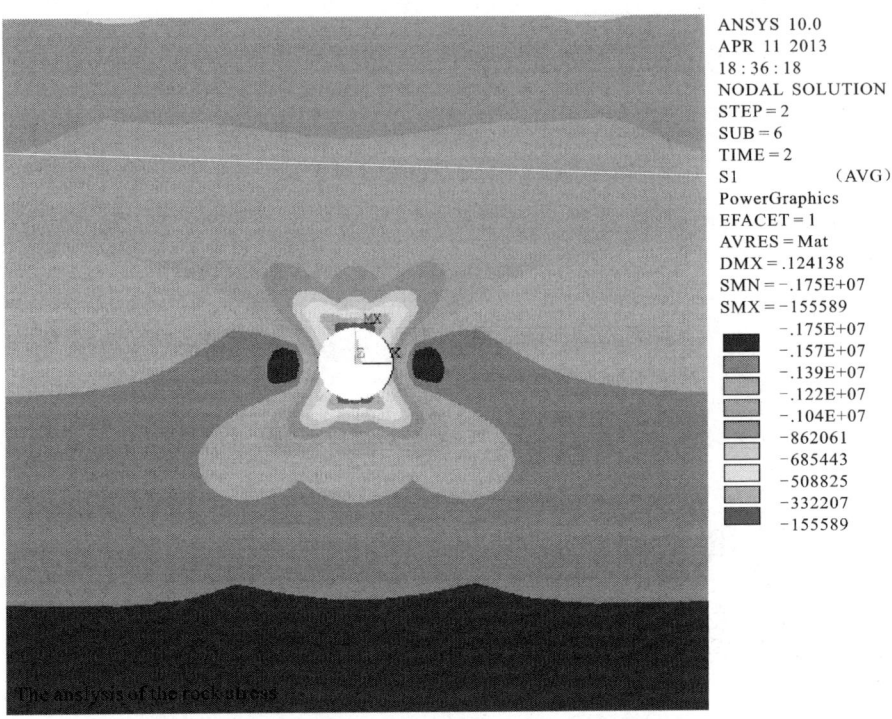

图 10-5 基于 ANSYS 的折线理论 σ_3 云图

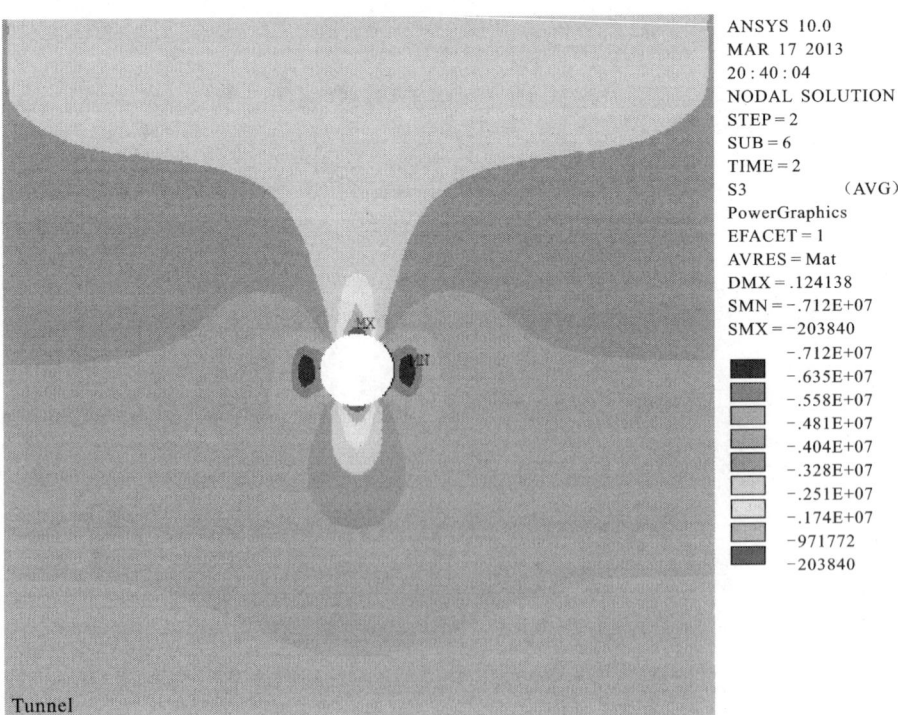

图 10-6 基于 ANSYS 的传统方法的 σ_1 云图

第 10 章 工程应用专题——圆形巷道应力场与相关问题

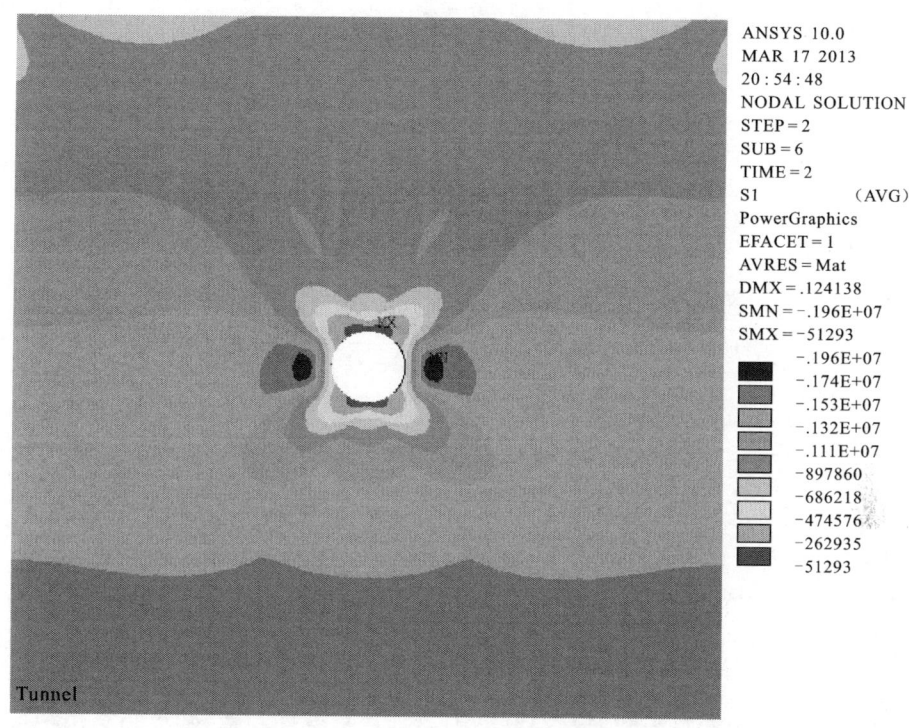

图 10-7 基于 ANSYS 的传统方法的 σ_3 云图

计算结果表明,两种方法所得的云图不同,也即应力分布规律不同.因弹塑性折线理论确定应力场仅需按弹性计算,两者不同就表明计算埋深下计算区域进入了弹塑性状态.为更明确显示两者的差异,建立极坐标系,矢径 $\theta=0°$ 位于过圆心向右的水平线处,θ 角逆时针转动为正.如此可作出一些典型剖面的应力分布图,如图 10-8~图 10-13 所示.

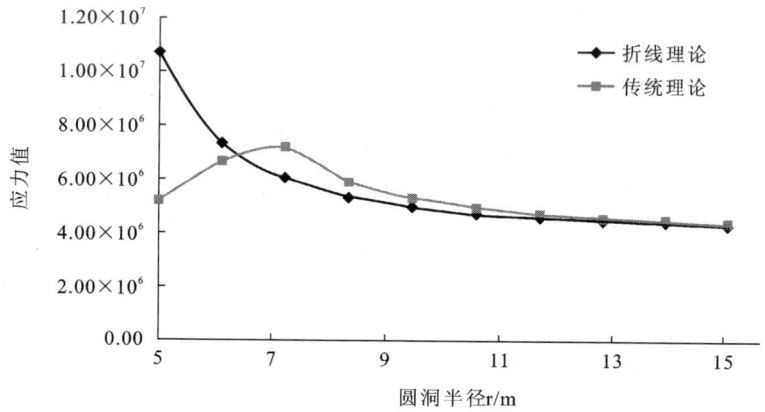

图 10-8 $\theta=0°$ 位置基于两种方法的 σ_1 对比

在图 10-8 和图 10-9 所示 $\theta=0°$ 处有:①弹塑性折线理论 σ_1 随远离洞壁应力单调

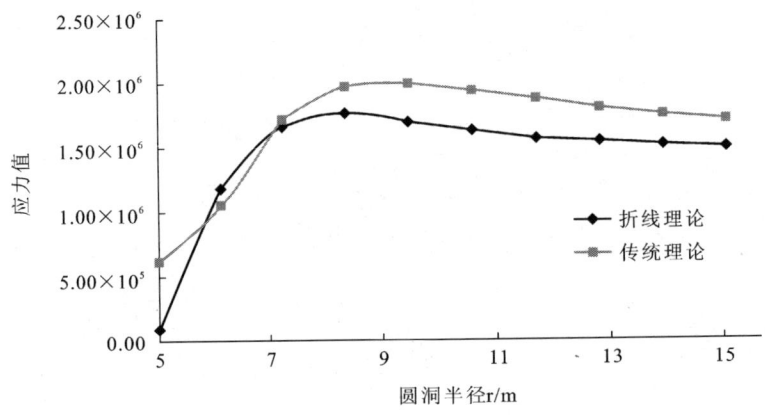

图 10-9　$\theta=0°$ 位置基于两种方法的 σ_3 对比

减小,而传统理论 σ_1 随远离洞壁应力先单调增大后单调减小.②两种理论所得的最大主应力峰值出现的位置不同,折线理论的最大主应力峰值出现在洞壁,而传统理论的 σ_1 峰值离洞壁约 2.25 m.③洞壁附近区域折线理论的 σ_1 大于传统理论的;而 σ_3 则反之,折线理论的 σ_3 小于传统理论的.④离洞壁约大于 2.25 m 后,传统理论的 σ_3 大于折线理论的.

以莫尔-库仑强度准则为判据对洞壁处围岩进行稳定性判定,结果为采用传统方法时洞壁处围岩稳定,而采用弹塑性折线理论时洞壁处 $\theta=0°$ 围岩不稳定.因为由弹塑性折线理论确定的应力场理论上是准确的,这说明采用传统方法的结果较不安全.另一方面,实践也表明,洞壁围岩最先破坏,上面传统理论的最大应力不在洞壁而在围岩内部,导致按传统理论围岩内部某处会先于洞壁破坏,这与实际不符.

在图 10-10～图 10-13 所示的剖面处,弹塑性折线理论的 σ_1 在洞壁附近区域均大于传统塑性理论的相应值,而对于 σ_3,两者差别不大.

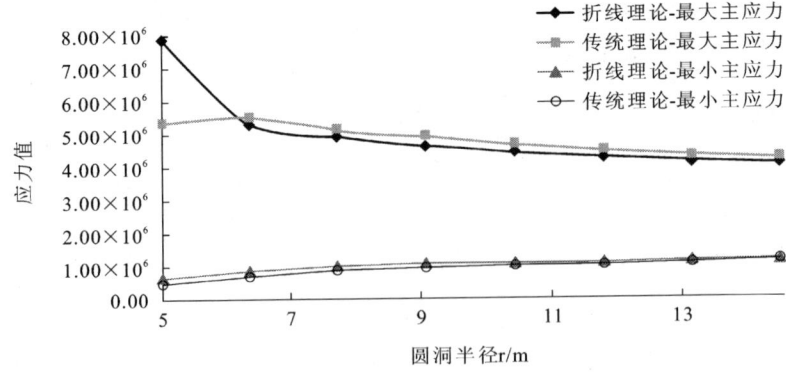

图 10-10　$\theta=30°$ 位置基于两种方法的 σ_1,σ_3 对比

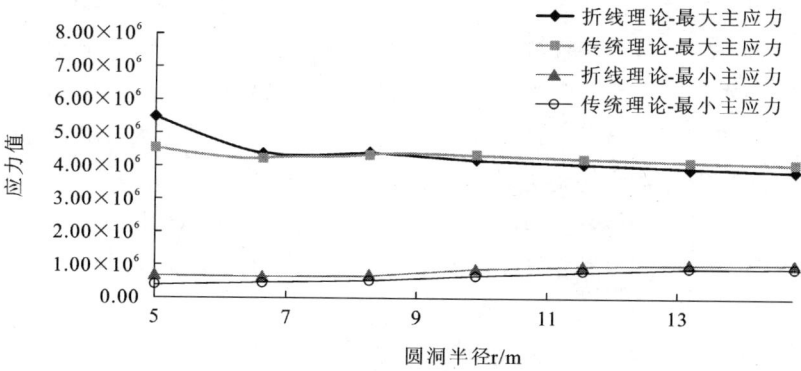

图 10-11　$\theta=45°$ 位置基于两种方法的 σ_1、σ_3 对比

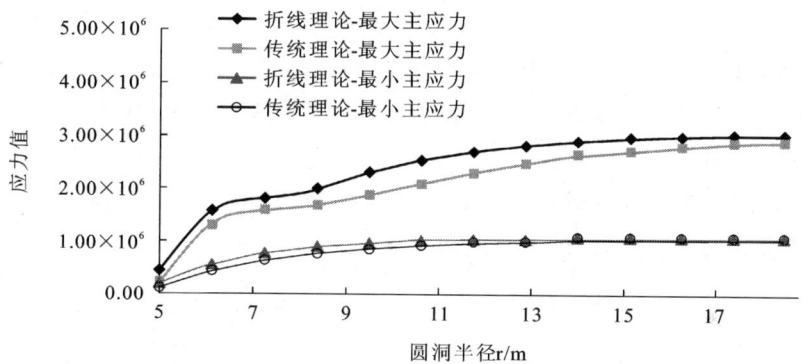

图 10-12　$\theta=60°$ 位置基于两种方法的 σ_1、σ_3 对比

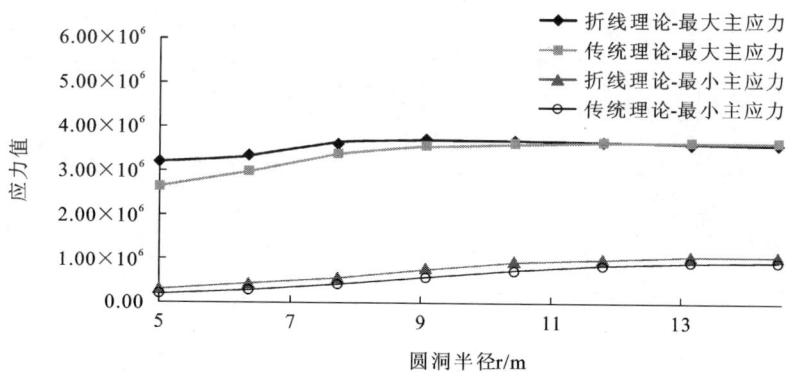

图 10-13　$\theta=90°$ 位置基于两种方法的 σ_1、σ_3 对比

又取 h 分为别为 100 m、200 m、500 m、600 m 和 1 000 m 五种情况进行计算,结果表明,在 $h\leqslant 200$ m 时弹塑性折线理论和传统塑性理论两者的结果相同,说明此时计算区域处于弹性状态;$h\geqslant 500$ m 与 $h=300$ m 时相比应力值增大了,但应力分布规律相似,因均是弹性计算,这一结论是必然的,所以可得 $h=300$ m 时的类似结论.

由于考虑构造应力时边界条件可是应力边界条件或是零位移边界条件加应力边界条件,依据弹塑性折线理论,弹塑性应力场也是由弹性方法确定,而弹性分析结果已有,因此我们也可得出一些关于塑性区的新结论,例如有:①峰值应力在洞壁处,洞壁附近区域没有应力降低区,洞壁会最先破坏.②定义未开挖前圆岩的 11(平压力与铅垂压力之比侧压力系数,则)随着侧压力系数的增大,围岩的最大主应力(环向应力)峰值由洞壁两侧转移到洞顶或洞底.③应用传统塑性力学方法所得结果评价巷道稳定性时偏于不安全.这些结论与传统塑性力学方法所得结论不同,今后在实践中应引起重视,否则会对巷道的稳定性带来不利的影响.

10.5 圆形巷道破损区估算

应用强度(破坏)准则如莫尔-库仑强度准则可确定圆形巷道的临界破坏深度(圆形巷道围岩不破坏的最大埋深),当圆形巷道埋深处于临界破坏深度之下,破损会形成一个区域.我们采用如下方法来估算破损区的大小:按围岩无破坏时的应力场满足强度准则的情况确定破损区的最外围(最大)值.

当 $r > a$ 时,图 10-2 应力场的表达式(10-15)不再全是主应力.若应用莫尔-库仑强度准则,不仅得求出三个主应力,还得判断出中间主应力.式(10-15)对应的三个主应力为

$$\sigma' = \gamma h \left\{ \frac{1}{2(1-\mu)} \left[1 + (2\mu-1) \times \left(1 - 4\frac{a^2}{r^2}\right) \cos 2\theta \right] \right\} \\ + \frac{\gamma h}{2(1-\mu)} \left\{ \left[\left(-\frac{a^2}{r^2}\right) + (2\mu-1) \times \left(1 - 2\frac{a^2}{r^2} + 3\frac{a^4}{r^4}\right) \cos 2\theta \right]^2 \\ + \left[(1-2\mu) \times \left(1 + 2\frac{a^2}{r^2} - 3\frac{a^4}{r^4}\right) \sin 2\theta \right]^2 \right\}^{1/2} \quad (10\text{-}16)$$

$$\sigma'' = \gamma h \left\{ \frac{1}{2(1-\mu)} \left[1 + (2\mu-1) \left(1 - 4\frac{a^2}{r^2}\right) \cos 2\theta \right] \right\} \\ - \frac{\gamma h}{2(1-\mu)} \left\{ \left[\left(-\frac{a^2}{r^2}\right) + (2\mu-1) \left(1 - 2 + \frac{a^2}{r^2} + 3\frac{a^4}{r^4}\right) \cos 2\theta \right]^2 \\ + \left[(1-2\mu) \times (1 + 2\frac{a^2}{r^2} - 3\frac{a^4}{r^4}) \sin 2\theta \right]^2 \right\}^{1/2} \quad (10\text{-}17)$$

$$\sigma''' = \sigma_z = \gamma h \frac{1}{(1-\mu)} \left[\mu - 2\mu(2\mu-1)\frac{a^2}{r^2} \cos 2\theta \right] \quad (10\text{-}18)$$

设 $a = 3.0$ m,$\gamma = 25$ kN/m³,$\mu = 0.25$;c,φ 采用淮南矿区深部岩巷 III 类围岩的力学参数,$c = 1.0$ MPa,$\varphi = 35°$.分别考虑埋深 $h = 900$ m、1 000 m、1 100 m、1 200 m、1 300 m、1 400 m、1 500 m 7 种情况下的破损区分布,则应用莫尔-库仑强度准则式(10-2)计算的最小破损区半径如图 10-14 所示.

从图 10-14 可以看出,最小破损区半径与埋深的关系基本呈线性关系且最大破损区位于 $\theta = 45°$ 处,1 000 m 处最小破损半径超过 8 m,1 500 m 处已接近 9 m,已近于 3 倍圆形

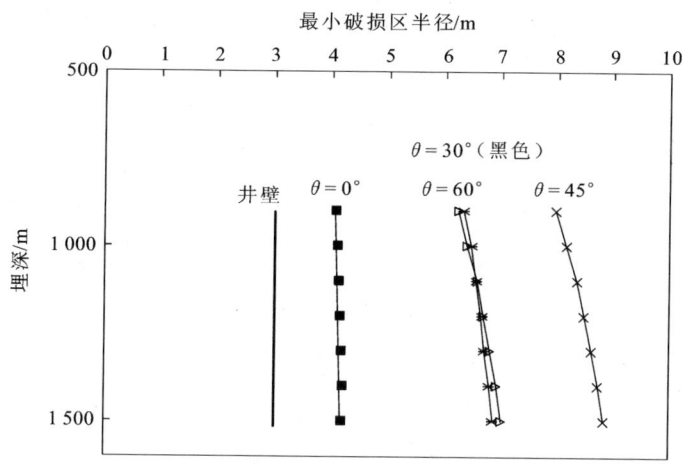

图 10-14　最小破损区半径随埋深变化的关系

巷道半径.这一结果可以给我们一个启示:在现有矿山支护中,锚杆的长度大多是不随开采深度变化的,有固定长度.依据上面的分析结果可以看出,锚杆长度不变,当开采深度增大时,锚杆在 $\theta=45°$ 邻近区域就可能整体处于破损区中,这虽对提高破损区的残余强度有益,但却难以控制巷道的收敛变形量,原因是锚杆的锚固部分不处于稳固的地层中,它会整体随着破损区向巷道的自由空间移动,因此易于发生大变形,不能发挥预想的支护效果.

10.6　地层残余强度、支护设计压力与破损区近似关系

巷道开挖后,洞周有开挖扰动一般均会形成一个破损区.因岩体破坏后有残余强度并不会直接垮落,加上及时施加的支护,在未破坏区和破坏区的交界面处,破坏区会对连续完好区产生作用力,起到支护作用.

设圆形断面巷道受力如图 10-2 模型所示,围岩压力 P 和 q 如式(10-14)所示,当其圆心在深度 h_0 处时,未破坏区和破坏区的交界面与初始圆形断面为同心圆,破坏区为 $a \leqslant r \leqslant c$,破坏区对连续完好区产生的均布内压,用符号 T 表示,在外压和内压共同作用下,$r \geqslant c$ 区域应力场可由叠加原理得出即可由式(10-15)叠加上受内压 T 的外径无限大厚壁筒解答给出:

$$\left.\begin{aligned}
\sigma_r &= \gamma h_0 \frac{1}{2(1-\mu)}\left[1-\frac{c^2}{r^2}+(2\mu-1)\times\left(1-4\frac{c^2}{r^2}+3\frac{c^4}{r^4}\right)\cos2\theta\right]+T\frac{c^2}{r^2} \\
\sigma_\theta &= \gamma h_0 \frac{1}{2(1-\mu)}\left[1+\frac{c^2}{r^2}-(2\mu-1)\times\left(1+3\frac{c^4}{r^4}\right)\cos2\theta\right]-T\frac{c^2}{r^2} \\
\tau_{r\theta} &= \gamma h_0 \frac{1-2\mu}{2(1-\mu)}\left(1+2\frac{c^2}{r^2}-3\frac{c^4}{r^4}\right)\sin2\theta \\
\sigma_z &= \gamma h_0 \frac{1}{(1-\mu)}\left[\mu-2\mu(2\mu-1)\frac{c^2}{r^2}\cos2\theta\right]
\end{aligned}\right\} \quad (10\text{-}19)$$

在压力 T 作用下,巷道正好在 $r=c$ 处于临界破坏状态,由此可推求出 T 与 h_0 的关系.

经分析式(10-19)同样在 $r=c, \theta=0°$ 处最先处于临界状态,此处的应力场为

$$\left.\begin{aligned}\sigma_r &= T \\ \sigma_\theta &= \gamma h_0 \frac{1}{(1-\mu)}(3-4\mu) - T \\ \tau_{r\theta} &= 0 \\ \sigma_z &= \gamma h_0 \frac{\mu}{(1-\mu)}(3-4\mu)\end{aligned}\right\} \quad (10\text{-}20)$$

岩体的泊松比通常为 $0.2\sim0.3$,又支护应力 T 理论上应小于自重应力 γh_0,据此有

$$\sigma_\theta > \gamma h_0 \frac{3-4\mu_{\max}}{1-\mu_{\min}} - \gamma h_0$$

$$= \gamma h_0 \frac{3-4\times0.3}{1-0.2} - \gamma h_0 = 1.25\gamma h_0 > \sigma_r$$

$$\sigma_z < \gamma h_0 \frac{\mu_{\max}(3-4\mu_{\min})}{1-\mu_{\max}}$$

$$= \gamma h_0 \frac{0.3\times(3-4\times0.2)}{1-0.3} = 0.94\gamma h_0 < \sigma_\theta$$

$$\sigma_z > \gamma h_0 \frac{\mu_{\min}(3-4\mu_{\max})}{1-\mu_{\min}}$$

$$= \gamma h_0 \frac{0.2\times(3-4\times0.3)}{1-0.2} = 0.45\gamma h_0$$

所以 σ_θ 是第一主应力,第二和第三主应力则随支护应力 T 的不同可能是 σ_r,也可能是 σ_z.下面按通常情况,设 σ_z 是中间主应力(若不是,分析可类似进行).

应用莫尔-库仑强度准则,有

$$\frac{1}{2}\left[\gamma h_0 \frac{1}{(1-\mu)}(3-4\mu) - 2T\right] = C\cos\varphi + \frac{1}{2}\left[\gamma h_0 \frac{1}{(1-\mu)}(3-4\mu)\right]\sin\varphi$$

即有

$$T = \frac{3-4\mu}{2(1-\mu)}\gamma h_0 - C\cos\varphi - \frac{3-4\mu}{2(1-\mu)}\gamma h_0 \sin\varphi \quad (10\text{-}21)$$

将破坏区近似按强度降低了的连续介质等效处理(等效处理方法详见朱维申和何满潮的著作),其残余强度参数以 C_0, φ_0 表示,设支护施加于内壁的压力为 S.在 S 和 T 的共同作用下,破坏区内壁 $r=a$ 处正好处于临界破坏状态,此时 $a \leqslant r \leqslant c$ 区间的应力场为

$$\left.\begin{aligned}\sigma_r &= \frac{Tc^2}{c^2-a^2}\left(1-\frac{a^2}{r^2}\right) - \frac{Sa^2}{c^2-a^2}\left(1-\frac{c^2}{r^2}\right) \\ \sigma_\theta &= \frac{Tc^2}{c^2-a^2}\left(1+\frac{a^2}{r^2}\right) - \frac{Sa^2}{c^2-a^2}\left(1+\frac{c^2}{r^2}\right)\end{aligned}\right\} \quad (10\text{-}22)$$

内壁 $(r=a)$ 应力为

第10章 工程应用专题——圆形巷道应力场与相关问题

$$\left.\begin{aligned}\sigma_r &= -\frac{Sa^2}{c^2-a^2}\left(1-\frac{c^2}{a^2}\right)=S \\ \sigma_\theta &= \frac{2Tc^2}{c^2-a^2}-\frac{S(c^2+a^2)}{c^2-a^2}\end{aligned}\right\} \quad (10\text{-}23)$$

因围岩有向巷道内移动的趋势,故应有 $T \geqslant S$,此时有

$$\sigma_\theta = \frac{2Tc^2-S(a^2+c^2)}{c^2-a^2} = \frac{2Tc^2-S(2a^2-a^2+c^2)}{c^2-a^2} \geqslant 2T-S \geqslant \sigma_r = S$$

$$\sigma_z = \mu(\sigma_\theta+\sigma_r) = \frac{2\mu(Tc^2-Sa^2)}{c^2-a^2}$$

因此三个主应力的大小尚难直接判定,需在应用中依据具体情况计算而定. 按通常情况,若

$$\sigma_1 = \sigma_\theta \qquad \sigma_2 = \sigma_z \qquad \sigma_3 = \sigma_r$$

则应用莫尔-库仑强度准则有

$$\frac{Tc^2-Sc^2}{c^2-a^2} = C_0\cos\varphi_0 + \frac{(Tc^2-Sa^2)}{c^2-a^2}\sin\varphi_0$$

$$S = \frac{Tc^2(1-\sin\varphi_0)-C_0(c^2-a^2)\cos\varphi_0}{c^2-a^2\sin\varphi_0} \quad (10\text{-}24)$$

将式(10-21)代入式(10-24),有

$$\begin{aligned}S = & c^2[\gamma h_0(3-4\mu)(1-\sin\varphi)-2(1-\mu)C\cos\varphi] \\ & \times(1-\sin\varphi_0)-2(1-\mu)C_0(c^2-a^2)\cos\varphi_0 \\ & \times \frac{1}{2(1-\mu)(c^2-a^2\sin\varphi_0)}\end{aligned} \quad (10\text{-}25)$$

式(10-25)建立了人工支护需提供的压力 S 与巷道埋深、围岩强度、围岩破坏后残余强度及围岩泊松比和容重之间的关系,它可为支护设计提供重要参考依据.

设 $a=3.0$ m, $\gamma=25$ kN/m³, $\mu=0.25$, $C=15$ MPa, $\varphi=35°$, $C_0=0.5$ MPa, $\varphi_0=30°$. 应用上面的公式可确定 $h_0=1\,000$ m 时支护设计压力 S 与破损区半径 c 的关系,数据如表 10-2 所示.

从表 10-2 数据可以看出,随着破坏区的增大,地层残余强度的支护作用也在增大,所需的支护设计压力显著减小,这与新奥法的变形让压原理是一致的.

表 10-2 支护设计压力 S 与破损区半径 c 的关系

c/m	S/MPa	σ_θ/MPa	σ_z/MPa
3.2	1.63	6.66	2.07
3.4	1.42	6.02	1.86
3.6	1.27	5.57	1.71

c/m	S/MPa	σ_θ/MPa	σ_z/MPa
3.8	1.16	5.24	1.60
4	1.08	4.97	1.51
4.2	1.01	4.77	1.44

10.7 圆形巷道围岩应力扰动区

地下工程开挖可致围岩应力重分布,重分布的结果是洞周出现应力集中,而离开挖洞室较远处,应力基本保持不变.通常将开挖前后应力变化小于5%的区域认为没有受到开挖影响,而变化大于5%的区域则认为是开挖影响区,并称为扰动区.人们由生产实践总结出的应力重分布规律为:扰动区范围一般是"井巷或采场最大直线尺寸的3~5倍".基于这一认识,大量的地下工程在进行稳定性分析时,选取分析区域的最小尺寸就是由开挖洞室最大直线尺寸的3~5倍来控制的.在不影响分析结果准确度的前提下,选取尽可能小的分析区域能有效减小计算分析工作量,因此扰动区的确定有非常重要的意义.

扰动区范围在很多情况下可能是"井巷或采场最大直线尺寸的3~5倍",不过下面针对圆形巷道的研究表明结果有时会有所不同,也就是扰动区的范围会超过"井巷或采场最大直线尺寸的3~5倍",这提示我们在确定分析区域时应视情况区别对待,否则会影响分析结果的可信度.

下面以图10-2模型的应力场式(10-15)来说明.

图10-2在未开洞之前的原始应力场为

铅垂方向
$$p = \gamma h$$

水平方向
$$q = \frac{\mu}{1-\mu}\gamma h$$

为简单起见,我们研究 $\theta = 0°$ 处的情况,经分析此处应力扰动区范围可由下式控制

$$\frac{\sigma_r|_{\theta=0} - q}{q} = 5\% \tag{10-26}$$

即

$$\left\{\gamma h \frac{1}{2(1-\mu)}\left[1 - \frac{a^2}{r^2} + (2\mu-1)\left(1 - 4\frac{a^2}{r^2} + 3\frac{a^4}{r^4}\right)\right] - \frac{\mu}{1-\mu}\gamma h\right\} \bigg/ \left[\frac{\mu}{1-\mu}\gamma h\right] = 5\% \tag{10-27}$$

第 10 章 工程应用专题——圆形巷道应力场与相关问题

化简得

$$\frac{1}{2\mu}\left[1-\frac{a^2}{r^2}+(2\mu-1)\left(1-4\frac{a^2}{r^2}+3\frac{a^4}{r^4}\right)\right]-1=5\% \tag{10-28}$$

求解式(10-28)即可得出扰动区半径 r,几种情况下的结果如表 10-3 所示。从表中数值可以看出,图 10-2 所示力学模型的扰动区超出了一般而言的洞室最大直线尺寸的 3~5 倍。表中所列几种情况下,最大扰动区半径达到了圆洞半径的 8.3 倍,也就是扰动区范围达到了圆洞最大直线尺寸的 8.3 倍,而且它是随着泊松比变化而变化的。

表 10-3 几种情况下的扰动区半径

序号	a	μ	扰动区半径/m	扰动区半径/a
1	2	0.2	16.57	8.3
		0.25	12.40	6.2
		0.3	8.42	4.2
2	2.5	0.2	20.71	8.3
		0.25	15.51	6.2
		0.3	10.53	4.2
3	3.0	0.2	24.85	8.3
		0.25	18.60	6.2
		0.3	12.65	4.2
4	3.5	0.2	29.02	8.3
		0.25	21.70	6.2
		0.3	14.75	4.2

当图 10-2 所示力学模型的 $p=q$ 时,其应力场可简化为

$$\left.\begin{array}{l}\sigma_r=p\left(1-\dfrac{a^2}{r^2}\right)\\[2mm]\sigma_\theta=p\left(1+\dfrac{a^2}{r^2}\right)\\[2mm]\tau_{r\theta}=0\end{array}\right\} \tag{10-29}$$

根据定义,可由下面两个式子来确定应力扰动区范围

$$\frac{|\sigma_r-p|}{p}=5\% \quad \frac{|\sigma_\theta-p|}{p}=5\% \tag{10-30}$$

上两个式子化简后均为

$$\frac{a^2}{r^2}=5\% \tag{10-31}$$

所以应力扰动区半径为

$$r=\sqrt{\frac{1}{5\%}}a=\sqrt{20}a=4.47a \tag{10-32}$$

此时扰动区半径与一般而言的洞室最大直线尺寸的 3~5 倍相符合.

以上分析表明,应力扰动区范围在一些情况下,它可能是"井巷或采场最大直线尺寸的 3~5 倍",但不是一成不变的.上面分析的两种情况同属圆形巷道,几何尺寸相同,但外载不同时,有的符合现有结论,有的就超出了这个范围,因此设计中应注意这一点.这一现象对应力场处于弹性状态的浅部开采支护设计不会产生大的影响,因为此时井巷没有进入弹塑性或破坏状态,整体稳定性不受影响.当进入深部开采时,深部应力场进入了弹塑性状态,此时若井巷周边产生了破损区,应力扰动范围仍按"井巷或采场最大直线尺寸的 3~5 倍"来考虑,则有可能导致不利的后果,因为此时应力扰动区可能远超井巷或采场最大直线尺寸的 3~5 倍,若仍按以往采用的计算区域来分析计算,就有可能达不到预想效果.

由以上分析可得结论:数值分析的计算域应视受力的不同采用不同的大小且随采深增大而扩大,否则计算结果会与实际不符.

参 考 文 献

范天佑,1978.断裂力学基础.南京:江苏科技出版社.
高磊,等,1979.矿山岩体力学.北京:冶金工业出版社.
葛修润,等,1992.电液伺服自适应控制岩石力学试验机及其对岩石力学某些问题研究的意义.岩土力学,13(2/3):8-13.
龚晓南,1990.土塑性力学.杭州:浙江大学出版社.
郭仲衡,1988.张量:理论和应用.北京:科学出版社.
哈宽富,1983.金属力学性质的微观理论.北京:科学出版社.
何肇基,1982.金属的力学性质.北京:冶金工业出版社.
洪晶,1964.固体的力学与热学性质.北京:人民教育出版社.
贾乃文,1992.塑性力学.重庆:重庆大学出版社.
贾乃文,云天铨,1990.弹性力学.广州:华南理工大学出版社.
蒋泳秋,穆霞英,1981.塑性力学基础.北京:机械工业出版社.
考特兰尔 A H,1960.晶体中的位错与范性流变.葛庭燧,译.北京:科学出版社.
李咏偕,施泽华,1987.塑性力学.北京:水利电力出版社.
李铀,1988.材料强度理论新探.工程力学,5(1):15-17.
李铀,1992.塑性力学的一种新方法及在应力强度因子研究中的应用.岩土力学,13(2/3):128-134.
李铀,1994.纯应力边界条件下小变形塑性问题的应力场求法//杨德品,等.工程力学及其应用.南昌:江西高校出版社:83-85.
李铀,2002.塑性力学问题的一种求解新方法及应用.北京:中国科学院研究生院.
李铀,等,1988.材料弹性变形与塑性变形相互关系的探讨.岩土力学,9(3):41-50.
李铀,等,1990.杆系结构弹塑性小变形分析的一种新方法.力学与实践,12(3):48-51.
李铀,等,2001.以 e-p 曲线为基础的塑性力学新方法的物理解释及应用实例.岩土工程学报,23(6):704～707.
李铀,等,2003.塑性力学问题的一种近似算法.岩石力学与工程学报,22(3):378-382.
李铀,等,2006a.关于一些特殊边界条件下的弹塑性应力场.岩土力学,27(增):55-58.
李铀,等,2006b.论圆形断面井巷围岩弹塑性应力莫尔-库仑准则解答.土工基础,20(2):71-72,88.
李铀,等,2014.深部开采圆形巷道围岩破损区与支护压力的确定.岩土力学,35(1):226-231.
李铀,等,2016.圆形巷道围岩扰动区及其临界破坏深度的确定.采矿与安全工程学报,33(5):795-799.
塞格 A,1963.晶体的范性及其理论.张宏图,译.北京:科学出版社.
皮萨林科 Г С,列别捷夫 А А,1982.复杂应力状态下的材料变形与强度.江明行,译.北京:科学出版社.
孙志编,1985.物理中的张量.北京:北京师范大学出版社.
陶振宇,潘别桐,1991.岩石力学原理与方法.武汉:中国地质大学出版社.
铁木生可 S P,1961.材料力学史.常振檄,译.上海:上海科技出版社,1961
王福江,杨新华,姚宝树,1983.房山大理岩的三轴压缩实验.地震(5):15-19.
王龙甫,1979.弹性理论.北京:科学出版社.

王仁,等,1982a.塑性力学引论.北京:北京大学出版社.
王仁,等,1982b.塑性力学基础.北京:科学出版社.
王仁,等,1988.塑性力学进展.北京:中国铁道出版社.
王仁,等,1992.塑性力学引论:修订版.北京:北京大学出版社.
吴家龙,1987.弹性力学.上海:同济大学出版社.
熊祝华,洪善桃,1985.塑性力学.上海:上海科技出版社.
徐秉业,1981.弹性与塑性力学:例题和习题.北京:机械工业出版社.
徐秉业,刘信声,1995.应用弹塑性力学.北京:清华大学出版社.
徐芝纶,1982.弹性力学:上册.北京:人民教育出版社.
严宗达,1988.塑性力学.天津:天津大学出版社.
杨桂通,树学锋,2000.塑性力学.北京:中国建材工业出版社.
耶格 J C,库克 N G W,1983.岩石力学基础.中国科学院工程力学研究所,译.北京:科学出版社.
尹双增,1992.断裂、损伤理论与应用.北京:清华大学出版社.
姚延化,2013.基于塑性力学新方法的围岩稳定分析与优化研究.长沙:中南大学.
俞茂宏,1992.强度理论新体系.西安:西安交通大学出版社.
俞茂宏,1999.工程强度理论.北京:高等教育出版社.
余同希,1989.塑性力学.北京:高等教育出版社.
赵祖武,1963.塑性理论基础.北京:人民教育出版社.
周维垣,1990.高等岩石力学.北京:水利电力出版社.
郑颖人,沈珠江,1998.岩土塑性力学原理.北京:中国人民解放军后勤工程学院.
朱伯芳,1998.有限单元法原理与应用.2版.北京:水利电力出版社.
朱维申,何满潮,1996.复杂条件下围岩稳定性与岩体动态施工力学.北京:科学出版社.
KACHANOV L M,1971. Foundation of the Theory of Plasticity. London: North-Holland Publication Company.
HILL R,1950. Mathematical Theory of Plasticity. London: Oxford University Press.
LI Y,2003. New Research on the stress field of elastic-plastic small deformation problems. Journal of Materials Processing Technology,138(1/3):508-512.
LI Y,2014. Development of strength and yield criteria based on the relationship between elastic and plastic strains. Strength of Materials,46(4):526-530.
LI Y,2012. Elastoplastic analysis of structure composed of columns based on the basic equation system. Applied Mechanics and Materials,166-169:159-163.
LI Y,PENG Y,2013. Another solving equation of elastoplastic problem based on stress strain relation. Applied Mechanics and Materials,353-356:3350-3354.
MARTIN J B,1975. Plasticity: Fundamentals and General Results. Cambridge, Massachusetts: MIT Press.
PRAGER W,Hodge P G,1951. Theory of Perfectly Plastic Solids. New York: Wiley.
TIMOSHENKO S P,GOODIER J N,1960. Theory of Elasticity. New York: McGraw Hill Book Company.